本书为2014年国家社科基金项目
"新型城镇化进程中生态补偿地方样本的法治化研究"(14BFX106)、
2013年教育部人文社会科学研究青年基金项目
"生态补偿法律制度建设疑难问题研究"(13YJC820102)、
2014年山西省软科学研究项目
"山西省生态补偿与司法鉴定机制研究"(2014041018-5)的资助研究成果。

生态环境法的理论与实践

张 钧/著

人民出版社

序　言

理论研究离不开社会实践，后人乘凉必须有前人栽树。近些年，国内外经济社会发展过程中生态环境保护的法治实践不断积累、演进和变化，推动了生态环境法学理论研究的不断创新。生态环境法学的理论研究，是一个积渐所至的过程；生态环境法的社会实践，是另一个积渐所至的过程。所有这些，都是本书成型的基础。

一、生态环境法学理论研究的积渐所至

自20世纪六七十年代环境问题突显并引起人类反思时开始，环境保护就成为人类共同关注的一个新课题。无论是在自然科学领域还是在社会科学领域，也无论是抽象的哲学探讨还是具体的科学研究，"环境"都算得上是高频出现的关键词了。生态环境法及其相关的理论研究正是在这个大背景下应运而生的。从英国学者加勒特·哈丁的"公地悲剧"理论模型，到美国学者约瑟夫·萨克斯教授的"环境共有和公共信托"理论，再到《东京宣言》和日本律师提出的"环境权"概念，生态环境法的理论是在不断吸收和借鉴其他学科研究成果的基础上逐渐形成和发展起来的。

就目前在中国知网检索到的信息看，国内最早关注生态环境法的研究始于20世纪70年代后期，以文伯平、韩德培、金瑞林、蔡守秋等老一辈学者为代表。最初的研究多是围绕"国外生态环境法的介绍和比较"、"国内生态环境法独立地位探讨"、"生态环境法的基本概念和原则辨析"等选题进行的。根据中国知网的"指数统计"数据分析，从1980

年至1997年的18年间，生态环境法学研究的文章发表数量始终稳定在每年10篇以下（1987年和1993年除外）；从1998年开始有了明显增加，到2004年的7年间，年平均发文30篇；从2005年开始至2013年，生态环境法研究的发文量上升到一个新的高度，较之前翻了一倍还多，年平均发文量达到了70余篇。在生态环境法论文数量不断攀升的同时，也涌现出一批又一批杰出的生态环境法研究学人，大家的选题也不再像当初那样集中，而是逐渐分散和细化，开始关注生态环境法理论的深层次问题，并不断将生态环境法学研究推向新的高度。

然而，我们也不得不承认，在生态环境法学理论研究不断推进的过程中，仍有相当数量的基础理论问题没有得到彻底的解决，甚至在学者之间都没能达成必要的共识。这些遗留问题已经开始成为生态环境法学理论研究再进步的障碍，必须要尽快得到解决。笔者尝试在本书中选取了部分学界有争议的选题进行探讨，以期引起大家的共鸣。

二、生态环境法治实践的积渐所至

就目前学者的共识而言，1972年斯德哥尔摩人类环境大会的召开是世界各国广泛开展生态环境相关法律实践的标志。无论是发达国家还是发展中国家、无论是国际组织还是区域联盟，全人类对于生态环境法治的追求都是相同的。中国政府派团参会后，国务院于翌年召开了新中国第一次全国环境保护会议，并通过了《关于保护和改善环境的若干规定（试行）》，提出了32字的"环保方针"。四十多年来，我们国家生态环境法的社会实践经历了萌芽、初创、发展和完善四个时期，在生态环境立法、执法、司法和守法方面不断取得进步，同时也积累了丰富的经验。

在国家立法层面，《中华人民共和国环境保护法》是在生态环境保护领域制定的基本法，从1979年的试行法到1989年正式立法，再到2014年的深度修订，其在生态环境法制体系中的基本法地位得到了明确和加强，也必将在未来的生态环境保护法治实践中发挥更核心的作用。从20世纪80年代起，我们制定了一系列环境要素保护和污染防治的单行法。

在社会经济发展不断给我们提出环境保护新课题的同时，我们也努力吸收和借鉴全球生态环境法治发展的新成果，不断完善国内的生态环境法律体系，包括与民法、刑法等相关部门法的协调和衔接。

在地方立法层面，国家立法授权并鼓励各地方开展与本地生态环境保护相适应的地方生态环境立法。以山西省为例，从2008年开始明显加大了制定和修改与生态环境保护相关的地方立法的力度。据不完全统计，在2008年至2014年6年多的时间里，山西省的生态环境相关立法就多达12部，年平均两部，基本占到省人大常委会年均立法任务的1/5以上。这个惊人的比率已经充分说明了山西省对于地方生态环境立法的高度重视。

在机构设置方面，环境行政监管体制机制的变化是显而易见的。1973年成立了"国务院环境保护领导小组办公室（简称国环办）"；1982年经过第一次机构改革，成立"环境保护局"，归属当时的城乡建设环境保护部（即建设部）；1984年更名"国家环保局"，但依旧在建设部管理范围内；1988年再更名为"国家环境保护局"，从城乡建设环境保护部中独立出来，成为国务院直属机构（副部级）；1998年升格为正部级；2008年机构改革成立了"国家环境保护部"，升格成为国务院的组成部门。四十年里六次升格，不能不说体现了国家和政府对于生态环境保护行政执法重要性的认可。

在司法改革方面，我国最高人民法院环境资源法庭于2014年7月4日正式成立。这是我国首次就某一司法领域设置专门法庭，是破解生态环境诉讼案件的"立案难"、"取证难"等问题的新尝试，进一步加大了生态环境司法审判的力度，对于促进和保障生态环境法律的全面正确施行，统一生态环境司法裁判尺度，切实维护人民群众生态环境权益，遏制生态环境形势进一步恶化等方面必将产生积极而深远的影响，是中国生态环境司法历史上的一个里程碑。

三、积渐所至：生态环境法的理论与实践

本书以极富时代气息的环境立法案例分析作为开篇，探讨了全国人

大常委会刚刚修订颁布并于 2015 年 1 月 1 日正式实施的《中华人民共和国环境保护法》的进步与保守，以极大的学术批判的勇气深刻检讨了新法中一个值得商榷的新概念——"生态保护补偿"的得与失。之后，对中国环境法学近三十年的研究进行了回顾，论证了环境法在和谐社会构建中的地位与作用，并对生态补偿法和矿产资源法的研究前沿进行了梳理。

本书的中篇是理论篇，从生态补偿法律化的必要性及推进思路、生态补偿立法的伦理学困境与出路、环境强制保险制度、行业生态补偿基金制度四个角度对生态环境法的理论热点问题进行了细致入微的分析和研究。

本书的下篇是实践篇，从中部六省环境立法的比较，到山西省近十年环境立法地方经验的反思，再到国务院节能条例和渤海湾康菲溢油事件的环境法分析，均是对生态环境法立法与实践的案例进行的整理和审读。

在本书的最后，作者还从自己多年参与山西省地方环境立法所留存的珍贵历史档案中，精选出一些较有影响力和代表性的立法修改建议，作为附录原汁原味地展现给读者，配合本书的主要内容以还原生态环境法在社会实践中的原貌。

本书内容丰富、说理透彻；书中的观点既有时代气息，又有历史纵深；对观点的论证过程既有理论探讨，又不乏案例分析；书中内容既有对学科前沿的梳理，又有对社会热点的透视；既有宏观思考，又有微观分析；语言通俗易懂，学术规范严谨。整体读来，其布局谋篇的用心和行文风格的清新令人回味；仔细品味，其观点的犀利和研究方法的创新，也令人为之一振，这些都是在年轻学者中不多见的。

本书的作者是我学术团队的骨干成员之一，也是我曾经培养的优秀硕士研究生之一。我赞赏其专业的学术背景、丰富的工作经历、平衡的知识结构和拼搏的人生态度，再加上一点天生的学术灵气，毕竟高层次的科研创新是需要跨专业复合型人才的。更令人欣慰的是，他没有迷失

序 言

在日常行政工作和社会事务的繁忙中，而能沉下心来认真积累，努力科研。从教育部课题到国家社科基金项目，他正逐渐找到自己的研究领域和进取方向，本书即可视为其科研转型的代表性成果之一。适逢作者相邀，欣然命笔，为之序。

王继军

2014年国庆，于山西大学蕴华庄

目 录

上篇：从新修订的《中华人民共和国环境保护法》说起

第一章　进步与保守：开启中国环保法治的新篇章 ……………… 3
　一、见证历史：曾经的修法建议 ……………………………………… 3
　二、辉煌今朝：新法的进步与平衡 …………………………………… 16
　三、留待明日：新法中提出"生态保护补偿"这个全新概念
　　　值得商榷 …………………………………………………………… 21

第二章　回顾与展望：对中国环境法学研究的反思 ……………… 25
　一、对中国环境法学研究的整体情况的判断 ………………………… 26
　二、环境法学研究的阶级性、幼稚性和局限性分析 ………………… 28
　三、中国环境法学研究展望 …………………………………………… 34

第三章　地位与作用：环境法在我国和谐社会构建中的角色 …… 36
　一、实现经济与环境的协调发展是和谐社会构建的必由之路
　　　和终极目标之一 …………………………………………………… 36
　二、环境法是"中部崛起"战略成功实施的充要条件 ……………… 38

三、环境法在我国和谐社会构建中发挥着不可替代的重要作用 …… 42
四、我国和谐社会的构建应当充分发挥环境法的作用 ………… 43

第四章 前沿与热点：生态补偿与资源能源法的新时代 ………… 45
一、生态补偿法律制度的理论考察 ………………………………… 45
二、矿产资源法研究前沿问题综述 ………………………………… 57

中篇：生态环境法理论与热点问题微探讨

第五章 生态补偿法律化的必要性及推进思路 …………………… 75
一、生态补偿法律概念的重塑 ……………………………………… 75
二、生态补偿法律关系的厘清 ……………………………………… 84
三、生态补偿法律模式的甄别 ……………………………………… 95
四、生态补偿基本原则的确立 ……………………………………… 100
五、生态补偿法治化的路径选择 …………………………………… 108

第六章 生态补偿立法的伦理学困境与出路 ……………………… 125
一、法理与伦理的冲突：
　　确立人与自然之间法律关系的理论障碍 …………………… 126
二、人类中心主义与非人类中心主义：
　　确立人与自然之间法律关系的选择困难 …………………… 129
三、权利同源：
　　系统论语境下人与自然之间法律关系的价值基础 ………… 133
四、辩证统一：生态补偿立法的伦理考量 ………………………… 135

第七章 "中部崛起"战略中环境强制保险法律问题研究 ……… 139
一、中部地区率先设立环境强制保险的必要性 …………………… 139
二、中部地区环境强制保险法律制度现状 ………………………… 142
三、国外环境强制责任保险制度及启示 …………………………… 145

四、中部六省环境强制保险的构建 ············· 150
第八章 我国的行业生态补偿基金问题研究 ············· 157
一、行业生态补偿基金的内涵 ············· 157
二、山西省行业生态补偿基金的实践及存在的问题 ············· 159
三、推进和完善我国行业生态补偿基金的设想 ············· 164

下篇：生态环境法立法与实践案例再反思

第九章 区域治理比较——中部地区环境立法现状与对策建议 ······ 171
一、中部地区的环境与资源问题分析 ············· 171
二、中部地区环境立法现状分析 ············· 176
三、中部地区环境立法的缺陷 ············· 179
四、中部地区环境立法的对策建议 ············· 182

第十章 地方经验反思——山西省环境立法的历史考察与分析 ····· 184
一、山西省环境立法十年回顾 ············· 184
二、山西省能源条例修订案例 ············· 197
三、环境立法在山西地方治理中的实践与反思 ············· 206

第十一章 社会热点透视——环境立法的主动与被动 ············· 211
一、国务院两部节能条例的重大意义 ············· 211
二、关于废旧节能灯处理难的思考 ············· 213
三、渤海湾康菲溢油事件的环境法分析 ············· 218

附录：2009—2014年山西省地方环境立法案例论证意见精选 ······ 222
附录1：《山西省气象灾害防御条例》修改建议 ············· 222
附录2：《山西省减少污染物排放条例（草案）》修改建议 ········· 225

附录3：《山西省排放污染物许可证管理办法》（修订草案）
　　　　专家论证意见 ·· 248
附录4：《山西省主要水污染物初始排污权分配指导意见》
　　　　修改建议 ·· 252
附录5：《山西省气候资源条例》修改建议 ····················· 257
附录6：《山西省节约用水条例》修改建议 ····················· 268
附录7：《山西省森林公园条例》修改建议 ····················· 272
附录8：《山西省土地整治条例（草案）》修改建议 ·········· 275
附录9：《山西省矿产资源开发生态环境补偿办法（草案）》
　　　　修改建议 ·· 279
附录10：山西省人大推动转型综改区建设立法调研座谈会——
　　　　煤炭领域立法建议 ··· 284

参考文献 ·· 288

后　记 ·· 296

上篇：

从新修订的
《中华人民共和国环境保护法》说起

第一章 进步与保守：开启中国环保法治的新篇章

"环境保护法的修改是针对目前我国严峻环境现实的一记重拳，是在环境保护领域内的重大制度建设，对于环保工作以及整个环境质量的提升都将产生重要的作用。"

——全国人大常委会法工委副主任信春鹰

2014年4月24日，十二届全国人大常委会第八次会议审议通过了新修订的《中华人民共和国环境保护法》。这是环境保护法从1989年公布实施25年以来的第一次修改。各主流媒体进行了广泛报道，一致认为——新修订的环境保护法在环境保护基本理念、公众参与、法律责任等方面都做出了重要修改；为环境保护提供更有力的法律依据；公众参与、公众监督成为修法亮点；被专家称为"史上最严"的环境保护法等等。

客观地讲，新修订的环境保护法的确是开启了中国环境保护法治的新篇章，取得了跨越式的进步，但同时也有很多保守之处，留有不少需要进一步完善的空间。当然，媒体报道作为积极地正面宣传是必不可少的，但如果单纯从学术研究的视角来看，则需要对新环境法进行更深入地分析，为日后的完善做好准备。

一、见证历史：曾经的修法建议

我国第一部正式颁行的环保法是1989年12月26日由第七届全国人民代表大会常务委员会第十一次会议通过的。2011年，环保法的修订被列入十一届全国人大的立法计划，2012年8月、2013年6月、2013年10月、2014年4月，全国人大常委会对环保法修正、修订草案进行了四次审议。在环保法修订的四年时间里，全国人大还广泛征求了社会各界的意见和建议。

2013年3月26日，全国人民代表大会常务委员会法制工作委员会（以下简称"全国人大法工委"）与中华人民共和国环境保护部（简称"环保部"）政策法规司一同赴山西省进行修法的调研工作，笔者有幸受邀参加了当时的座谈会，并进行了主题发言，简要提出了立法修改建议。为还原历史，现将当时的发言提纲原文摘录如下：

《中华人民共和国环境保护法修正案（草案）》修改建议
山西大学法学院　张钧
2013年3月26日

一、修改的重大意义

重大意义[①]只强调一点：即基本法地位

《环境保护法》长期处于有名无实的状态，这与当年的立法背景（迎合世界环境立法大趋势的应景之作）、之后的社会发展需求（生产力提高而非环境质量好）、国家政策导向（经济建设为中心）、公民意识（经济增长癖和过度增长癖）等均有不同程度的关系。

这次修订任务的重中之重就是真正赋予该法应有的"基本法"地位[②]，从立法程序上予以确认。否则，再怎么修订也只能是隔靴搔痒，不会有质的改变。

[①] 不言而喻——各种的不适应、各种的已过时、各种的有欠缺、各种的不完备……否则，修正之事也不会提上全国人大的议事日程，还有今天的专题调研。

[②] 理由有二，一是《环境保护法》本身的内容具有基本法属性；二是环境问题已经成为我们打造中国经济升级版需要解决的核心问题，当前切实需要将该法升级为基本法，来协调发展中矛盾突出的环境关系。

二、修改重点——即本次修订应当解决的核心问题

（一）立法依据

首先应当明确《中华人民共和国宪法》（以下简称"宪法"）是依据，理直气壮地写入第一条，为自己争取基本法的地位；其次，坚持党的领导，依据十八大报告确立的主旨和内容进行创新性立法①；第三，充分运用《中华人民共和国立法法》（以下简称"立法法"）的授权②，在环境保护领域做革命性的利益调整。

（二）基本原则

原来的《环境保护法》以及修正草案中均没有明确我国环境保护相关活动的基本原则，因而需要在总则中加一条："环境保护应当遵循谨慎预防、环境公平和公众参与的基本原则"③。

（三）环境诉讼

确立自己的程序法，才是使环境保护法长期独立存在并发挥重要作用的唯一切实之举。

在此法中，只需要强调公民个人和单位组织的环境诉讼主体资格即可，具体的程序规定可以另立单行法进行专门规定。

（四）公民环境权

主要是明确和落实公民环境权的概念，内容不一定具体，但概念一定要写入。

这是环境保护法的基本原则之一，也是独立于其他部门法的核心要素。公众参与的实质推进能促进环境保护法的实施、降低环境执法成本、提高环境执法效率，最终实现环境保护目的。

（五）环境责任

有独立于其他部门法的法律责任，才是使各类环境权益得到有效救

---

① 《立法法》第三条"立法应当遵循宪法的基本原则，以经济建设为中心，坚持社会主义道路、坚持人民民主专政、坚持中国共产党的领导、坚持马克思列宁主义毛泽东思想邓小平理论，坚持改革开放。"

② 第八条只能制定法律的事项：第六项"对非国有财产的征收"，第九项"诉讼和仲裁制度"。

③ 这三条基本原则是根据我国环境法学界诸多学者多年来的研究成果凝练而来的。

济的根本途径。

特别要加重罚则、加大惩处力度，彻底走出环境"违法成本低、守法成本高"的法治实践困境，真正起到足以震慑违法行为的作用。

三、具体修改建议

1. 第一条：同意环保部修改建议，但需要再加一句"建设生态文明，促进经济社会全面协调可持续发展，根据宪法，制定本法。"

2. 第四条：第一款增加"环境保护应当遵循谨慎预防、环境公平和公众参与的基本原则。"

2. 第六条：第一款增加"每个公民都有在不被污染和破坏的环境中生存的权利。"

3. 第十五条：此条在第六章法律责任中没有设置对应的罚则。

4. 第十八条：草案的语句不通，语意反复，建议改为"开发利用自然资源，应当坚持合理利用、及时补偿的原则；同时采取措施保护生态环境，依法制定并实施有关生态环境保护和恢复治理的方案，引进外来物种应当遵守国家有关规定。"

建议此条与第十七条对调位置，因为第十七条与第十九条联系更紧密，均是对排污问题的规定。

5. 第二十四条：建议删除"水、大气、固体废物、环境噪声、海洋、放射性等污染防治和清洁生产、循环经济"，一是为了精练；二是为了开放，日后再有相关立法就不用改此条了。

6. 第二十七条：建议改为"排放污染物的企业事业单位应当按照国家有关规定向环境保护行政主管部门申请许可，并按照排放污染物的种类和对环境的危害程度缴纳费用，具体办法由国务院根据有关法律制定。征缴费用应当全部上缴国库。"

7. 第三十三条：第一款改为"其他依照法律和法规行使环境监督管理权的部门"，同理还有第三十七条、第三十九条的对应部分；

第三十条第一款应将"技术秘密和业务秘密"统一改为"商业秘密"更准确和精练。

8. 第三十四条：第三款改为"应当在法律法规规定的时间内予以答

复",以使立法语言更准确。

9. 第三十九条：改为"情节较严重的"，并删除第二款，因为这样的规定不合法理——依本法规定，却又依治安管理条例或者刑法追究责任。例如，追究刑事责任的，一定是刑法有规定的行为，这就是"罪刑法定"原则，所以没有必要在本法中予以额外规定。

10. 第四十三条：鉴于环境损害发生的滞后性和长期的潜伏期，建议将诉讼时效的起算点从"当事人知道或者应当知道受到污染损害时起计算"改为从"当事人知道或者应当知道污染损害的结果发生时起计算"，这样才更有利于保护受害人的合法权益。

笔者当时的发言和对环境保护法的主要修正观点，引起了与会领导和专家的重视。全国人大法工委领导当即指示负责修订起草工作的同志会后与笔者联系，希望得到关于修正案的进一步详细论证意见。笔者也在座谈会之后又对修正意见进行了细化，于2013年4月20日向全国人大法工委提交了一份正式的修法建议。现摘录如下：

《中华人民共和国环境保护法》修改建议论证稿
山西大学法学院　张钧
2013年4月20日

一、立法定位

这次修订任务的重中之重就是真正赋予该法应有的"基本法"地位，从立法程序上予以确认。否则，再怎么修订也只能是隔靴搔痒，不会有质的改变。

（一）应然的《环境保护法》——环境权利宣言、环境保护纲领性文件

《环境保护法》是我国第一部有关环境保护方面的立法，从当时的立法背景看，我们对该法的定位是我国环境保护的纲领性文件。然而，从之后的社会发展实践和立法实践看，最初的这种定位并没有能够实质坚持下来。

事实上，我国在进行环境立法之前并未有一整套完善或者相对完善的环境保护法理论作为支撑，也就是立法没有完备的理论体系和基础。所以我国的环境立法无论从时间上、内容上、逻辑上均无体系性可言，

实际是散沙一盘。时间上不连续，时有时无，时多时少；内容上不系统，头痛医头，脚痛医脚，哪出问题哪立法；逻辑上不严密，不同效力层级的环境立法之间没有协调和衔接；同一效力层级的单行法之间或交叉重复、或衔接不到位留下漏洞。

这个问题我们始终未能清醒地认识到，或者是不愿意面对。直到2012年初，时任国务院副总理李克强才在第七次全国环保大会上讲话指出："目前我国环境法规体系还不健全"，"现行的环境保护法颁布实施了20多年，有些内容已不能适应新形势需要。要加快修改环境保护法等法律法规，形成比较完备的环境法律法规框架。"

总之，《环境保护法》的定位应当是统领我国环境法律体系的基本法，是环境保护领域的纲领性立法。该法应当落实宪法赋予的环境权利和环境义务，并将之具体化、系统化，真正成为环境权利宣言。

（二）实然的《环境保护法》——有名无实、落后发展的"样子法"

1. 《环保法》长期处于有名无实的状态。这与当年的立法背景（迎合世界环境立法大趋势的应景之作）、之后的社会发展需求（生产力提高而非环境质量好）、国家政策导向（经济建设为中心）、公民意识（经济增长癖和过度增长癖）等均有不同程度的关系。然而，导致《环境法》被架空的根本原因在于其实质上并不具备基本法的地位。

2. 当前的《环境法》进入了非基本法的恶性循环。正是由于该法不具备基本法的法律地位，所以根据"同一效力层级时，特别法优于一般法"的法理推断，使得所有的由全国人大常委会制定的环境保护单行法，均在各自领域取得了高于《环境法》的法律地位。换言之，当《环境法》与任何一部环保单行法发生冲突时，我们只能优先适用单行法，而不能优先适用《环境法》。自然地，本该作为环保基本法发挥纲领性文件作用的《环境法》被彻底架空，成为一纸空文，成为环境保护的立法摆设，徒有其名。

（三）《环境保护法》的修改方向——抓大放小、顶层设计的"理念法"

本次修改应当着力解决该法的基本法地位，无论是从形式上还是内容上都应当取得实质性进展，努力将其修改为一部具有顶层设计理念的环境保护纲领法。

1. 从立法程序上确认该法的基本法地位。

2. 在内容设计上应当抓大放小，只进行根本性、原则性条款的设置，放弃细枝末节和一些具体的技术性条款。条款规定得越原则，漏洞就越少，伸缩空间就越大，因而立法的生命力也就越持久，免得没过几年就又要修改一次。

3. 修改的核心是定"理念"，而非定"制度"。条款表述应当力求简约，条款数量应当尽量少，每个条款都是一个理念，数量越少才越便于向公众普及，才更方便公众参与。

4. 将具体制度的修改建议纳入日后的环境单行法的系统修订之中。以本次修改为开端，逐步按照修改后的《环境保护法》统领中国环境保护单行法体系，针对与本次修订不相符的单行法条款做一系列系统修正。

二、修法依据

首先应当明确《宪法》是依据，理直气壮地写入第一条，为自己争取基本法的地位；其次，坚持党的领导，依据十八大报告确立的主旨和内容进行创新性立法；第三，充分运用《立法法》的授权，在环境保护领域做革命性的利益调整。

《宪法》对环境保护的规定是很明确的；《立法法》对国家法律的赋权也是清晰的，二者均不需要做更深入的探讨。此次修改，重点在于讨论如何坚持党的领导，中国共产党是最广大人民利益的代表，坚持党的领导也就是坚持以人民利益为重。党的领导最新、最集中的体现就是十八大报告。十八大报告全文29067字，专设一个独立的部分，用1361字来论述"生态文明建设"，可见环境保护将是未来很长一段时期内我国经济社会发展的明确主题。因而，此次环境保护法的修改必须要抓住这一重要的历史机遇，真正体现党的领导。十八大报告明确提出的几个重要问题，也是我们此次修改《环境保护法》应当着力体现的地方：

（一）基本法地位

十八大报告指出："建设生态文明，是关系人民福祉、关乎民族未来的长远大计。""把生态文明建设放在突出地位，融入经济建设、政治建设、文化建设、社会建设各方面和全过程。"由此可见环境保护的重要性,如此"关系人民福祉、关乎民族未来的长远大计",应当完全符合《立法法》中提到的"基本法"的属性。因而,借《环境保护法》修改之际,将其提升为基本法是必须要努力实现的。

(二)修法指导思想

十八大报告指出:"建设生态文明,……努力建设美丽中国,实现中华民族永续发展。""从源头上扭转生态环境恶化趋势,为人民创造良好生产生活环境。"由此可见,本次修改环境保护法应当确立"源头控制"的立法理念和"可持续发展"的指导思想。

(三)修法重点内容

根据十八大报告相关表述,此次修改环境保护法的重点应当体现如下内容:

1. 立法应当明确提出"区分环保责任"的条款。"区分环保责任"就是政府不能环保一揽子全管,更不能责任一肩全挑,而是要有所为有所不为,环保和责任该担当则担当、该区分则区分。要把资源消耗、环境损害、生态效益纳入经济社会发展评价体系,建立体现生态文明要求的目标体系、考核办法、奖惩机制。[①]

2. 完善环境保护法律制度体系。包括国土空间开发保护制度、耕地保护制度、水资源管理与节约制度等。

3. 创设资源开发利用和补偿法律制度。深化资源性产品价格和税费改革,建立反映市场供求和资源稀缺程度、体现生态价值和代际补偿的资源有偿使用制度和生态补偿制度。

---

① 国内许多学者以美国等西方发达国家为例,讲本次修改《环境保护法》的重点之一应当是"加强政府责任"则值得商榷。考察发达资本主义国家发展历程可以看到,其发展的理论基础是亚当·斯密的"小政府大社会"模型,因而需要不断通过立法提醒和加强政府责任;而我国的发展模式是"大政府小社会",曾经试图控制一切但最终走向极端的"国家计划委员会"和当前行政权力不断膨胀的"发展与改革委员会"均是该发展模式留下的烙印。再庞大的政府机构也不可能事无巨细地照顾到经济社会发展的方方面面。政府管得越多,漏洞必然越多,责任必然越大,民众与政府的矛盾就越突出,政府的压力就越大。因此当前《环境保护法》修改,重点不是"加强政府责任",而应当是"区分政府责任"。厘清环境保护的责任范围,哪些职责是政府的、哪些职责是社会团体和组织的、哪些义务是公民个人的。

4. 探索污染治理市场机制的法律制度。积极开展节能权、碳排放权、排污权、水权交易试点。

5. 强化环境监管的法律制度设计。加强环境监管，健全生态环境保护责任追究制度和环境损害赔偿制度。

6. 设定独立的环境责任形式。扭转目前环境保护守法成本高、违法成本低的困境，并区别于刑事责任、行政责任和民事责任形式，弥补以往责任形式规范环境违法行为的不足。

7. 明确公众参与的环境保护法基本原则。加强生态文明宣传教育，增强全民节约意识、环保意识、生态意识，形成合理消费的社会风尚，营造爱护生态环境的良好风气。

8. 设立环境诉讼的程序法律制度框架。应明确规定：任何个人和组织都有权对环境违法行为提起诉讼，检察机关有责任提起环境违法的公益诉讼。同时设置相应的环境诉讼规则，如赋予原告调查权、举证责任转移、因果关系推定、诉讼费用分担等。

三、基本原则

原来的《环境保护法》以及新的《修正案（草案）》中均没有明确我国环境保护相关活动的基本原则。然而，基本原则的明确对于一个部门法而言是至关重要的，基本原则既是该部门法体系成熟的标志，又能弥补具体条文的缺失。因而，我们在修改过程中需要在总则中加一条："保护改善生态环境、开发利用环境资源、污染防治等活动，应当遵循谨慎预防、环境公平和公众参与的基本原则"。理由如下：

（一）基本原则的设立标准

凝练一个部门法的基本原则，至少应当满足如下条件：

1. 法律性——可作为执法和司法的依据。
2. 抽象性——归纳得到、普遍适用。
3. 表征性——区别于其他部门法。
4. 统率性——是具体法律制度的渊源。

另外，作为部门法的基本原则，还应当注意一些细节性的问题。例如，其数量不宜过多，以三条以下为宜，数量过多就不称其为"基本原则"了；再如，对于基本原则的概括应当尽量简约，过于冗长的表述不利于识记，最终会影响到基本原则的普及。

（二）专家观点分析

代表人物	协调发展原则	预防为主、防治结合、综合治理原则	环境责任原则（污染者付费、利用者补偿、开发者养护、破坏者恢复原则）	环境民主原则（公众参与原则、依靠群众保护环境原则）	全面规划、合理利用自然资源原则	物种平等原则、代际公平原则、生态优先原则	国家干预原则
蔡守秋	√	√	√	√			
吕忠梅	√	√	√	√			
陈泉生	√	√	√	√	√		√
周珂	√	√	√	√			
韩德培	√	√	√	√			
曹明德	√	√	√	√	√	√	

如上表所列，我们可以初步得到以下结论：

1. 国内学者对于环境保护法基本原则的认识已经大致趋同，提炼方向基本一致。

2. 国内学者对于环境保护法基本原则的概括文字表述不同，各说各话。

3. 国内学者对于环境保护法基本原则的提炼数量偏多（四至六条不等），有不精确之嫌。

4. 以前文所述基本原则的提炼标准看，各学者观点均有值得商榷之处。具体如下：

"协调发展原则"——目前已经成为学界和实务界公认的环境保护法的指导思想，不宜再做基本原则。

"预防为主、防治结合、综合治理原则"——表述过于冗长，且内容已经过时。这种表述仅仅是针对污染防治而言的，似不能够涵盖环境资源利用和生态文明建设的内容。

"环境责任原则"——不能精确表达基本原则内容，且易与真正的"环境责任"相混淆。如果以表中所列的括号中的内容为表述，则又显得过于繁杂。

"环境民主原则"——"民主"有特定的含义，特指政治制度，不宜随意套用。

"全面规划、合理利用自然资源原则"——没有法律性，且表述不完整。仅限于开发利用环境资源的内容，没有对污染防治和生态文明建设做规制。

"物种平等、代际公平、生态优先原则"——表述不全面。此条原则着重强调了生态文明建设的内容，而未涉及资源利用和污染防治的内容。

"国家干预原则"——没有表征性，即未体现环境保护法区别于其他部门法的特点。

（三）基本原则的表述建议

1. 谨慎预防原则。在经济和社会发展过程中，应当采取一切必要的预防措施进行环境保护，包括在有关环境危害存在科学不确定性的情况下，采取谨慎的、符合成本效益的措施进行自然资源开发利用和污染防治，防止生态环境的恶化。此原则词源是"precautionary principle"，普遍出现于《斯德哥尔摩人类环境宣言》《内罗毕宣言》《世界自然宪章》《里约宣言与发展宣言》和《约翰内斯堡可持续发展宣言》等国际环境宣言中，吸收借鉴国际成功立法经验，体现了与国际环境保护立法的衔接和过渡。

2. 环境公平原则。指一切自然资源开发利用、生态环境保护改善和环境污染防治活动，均需要体现环境利益公平享有和环境责任公平负担的原则。环境利益公平享有包括代内公平和代际公平。当代人之间，不论种族、国家、民族、性别、年龄等一切差异，都平等地享有环境利益。当代人与后代人之间，也同样平等享有环境利益，当代人在满足自己环境利益的同时，也不能损害后代人的环境利益。环境责任公平负担包括"污染者恢复、受益者补偿、开发者养护、管理者负责"等丰富的内容。

3. 公众参与原则。环境保护既是每个公民的义务更是公民的权利，无论是生态环境保护、环境污染防治，还是自然资源的合理开发利用，都必须依靠社会公众的广泛参与和监督。环境立法应当普遍设定一定的程序或途径保障公众实质性参与一切与环境利益相关的活动。公众参与原则的设置是实现环境法治的根本保障。

确立此三项基本原则的理由：首先，此三项基本原则不仅包含了学者们基本一致认可的"预防为主、防治结合、综合治理的原则"、"环境责任原则"、"环境民主原则"等内容，而且表述更加完整和准确。第二，此三项基本原则均符合部门法基本原则的设立条件，即同时满足"法律性、抽象性、表征性和统率性"四大标准。

四、具体修改建议

（一）框架结构修改建议

第一章　总　　则

第二章　环境保护行政体制与执法机制

第三章　自然资源开发利用与生态保护

第四章　防治污染与其他公害

第五章　环境诉讼与环境法律责任

第六章　附　　则

（二）重要条款修改建议

1. 为保护和改善生活环境和生态环境，合理开发利用自然资源，防治污染和其他公害，建设生态文明，实现经济社会全面协调可持续的科学发展，根据宪法①，制定本法。

2. 国家的各项政策、法律以及公法解释与执行均应当与本法的规定相一致②。

3. 保护改善生态环境、开发利用环境资源、污染防治等活动，应当遵循谨慎预防、环境公平和公众参与的基本原则。

4. 每个公民都享有在不被污染和破坏的环境中生存和发展的权利③，一切单位和个人都有保护环境的义务，并有权对污染和破坏环境的单位和个人进行检举和控告。

---

① 这些内容均是党的十八大报告的最新成果，既体现本次修法的时效性，又体现该法作为基本法的权威性。

② 这条规定是借鉴美国的《国家环境政策法》，用于我国环境保护法的修改可以充分体现环境保护基本法的作用。

③ 这是公民环境权的一般性表述，建议在修改稿中体现，以落实宪法赋权并为今后环境保护单行法的立法和修订指明方向。

5. 因环境污染损害赔偿提起诉讼的时效期间为三年,从当事人知道或者应当知道污染损害的结果发生时起计算①。

现在看来,笔者当时的修法建议还是有些许价值的,在最终通过全国人大常委会审议并颁布实施的新法中仍可以找到当时一些建议的影子。这不能不让偏居一隅、自觉人微言轻的笔者着实兴奋了一阵子。

以笔者首份对《中华人民共和国环境保护法修正案(草案)》的修改建议为例,除去就《修正案(草案)》本身所提的具体条文修改建议外②,笔者着重指出了修法必须面对的五大问题,即"立法依据"、"基本原则"、"环境诉讼"、"公民环境权"和"环境责任"问题。就目前已经颁布的新法看来,这五大问题正是修改的重点,同时也是新法被普遍认可的亮点。当然,笔者的建议也许是因为太过简明才撞对了方向,真正建议的内容却并没有在新法中看到多少③,此中原因随后探讨。

再以笔者第二份关于《环境保护法》修改建议论证稿为例,笔者主要提出"基本法地位"、"基本原则"和"重点修订内容"等三方面的修改建议。首先,关于"环境法应当具有基本法地位"的问题,虽然新法仍未能按照笔者和大多数学者的建议从程序上实现理想的"基本法"地位,但从新法的内容上我们可以很明确地感受到新法所具有的基本法地位。同时,全国人大法工委副主任信春鹰在新法通过后的新闻发布会上

---

① 鉴于环境损害发生的滞后性和长期的潜伏期,建议将诉讼时效的起算点从"当事人知道或者应当知道受到污染损害时起计算"改为"从当事人知道或者应当知道污染损害的结果发生时起计算"。这样才更有利于保护受害人的合法权益。

② 由于当时的《修正案(草案)》是由环保部起草的,之后又经过多次修改,并且与最终报送全国人大常委会的审议稿出入甚大,所以今天再来对照笔者所提具体条款的修改建议就没有意义了。

③ 笔者所提的具体修改建议中有一条是明确被最终颁布实施的新《环境法》所采信的,即将旧法第十四条现场检查制度中的"技术秘密和业务秘密",在修改后的新法第二十四条现场检查制度中统一称为"商业秘密"。

所言也印证了此观点①。其次，关于"基本原则"问题，笔者在总结国内学者研究成果的基础上提出了三大基本原则，最终在新法中我们看到的"公众参与"原则就是其中之一；另外，笔者还在修改建议中提到立法应当明确提出"区分环保责任"的条款，而新法中基本原则的最后一条"损害担责"原则其实质就是笔者所说的"区分环保责任"，只是表述不同而已。再次，关于笔者提出的8条"重点修订内容"，在新法中或多或少均有涉及，例如"耕地保护制度"、"生态补偿制度"、"排污权交易制度"、"独立的环境责任形式"、"环保宣传和全民节约制度"、"环境诉讼特别程序"等问题，这里就不再赘述了。

二、辉煌今朝：新法的进步与平衡

按照各大媒体的报道：修订后的法律对于保护和改善环境，防止污染和其他公害，保障人体健康，推进生态文明建设，促进经济社会可持续发展具有重要意义。在笔者看来，新法在取得长足进步的同时也做出了诸多利益的平衡；在深入研究专家意见的同时也认真考虑了社会实践；在迈向理想化的同时也兼顾了现实性。新法的修订可以说开启了中国环保法治的新篇章，新法的修订具有里程碑式的意义。我们可以从以下三方面来做具体分析：

（一）立法理念的更新

本次修改后的《环境保护法》鲜明地确立了三大理念——"生态文明"、"源头控制"和"可持续发展"，而且规定了相关的法律制度、机制和责任，以及如何保障三大理念的具体实施。这也应了笔者在修改建议

---

① 十二届全国人大常委会第八次会议闭幕后，当天下午全国人大常委会办公厅召开新闻发布会，全国人大常委会法工委副主任信春鹰就本次会议表决通过的《环境保护法》修订案的有关问题回答了记者提问。她在谈到环保法与其他相关法的关系时，就强调："环保法作为一个基础性的法律，规定了基本的制度。那些单行的法律是针对不同领域的具体情况作具体制度。本法修订以后，其他法律和这部法律不一致的，就适用本法，这部法律没有规定的，就适用那些单行法。但是我可以告诉大家，我们国家环保类法律的修改应该会逐步地都提上日程，环保法起到了引领作用。"

中提到的"立法工作必须体现党的领导"的问题，正如十八大报告所指出的："建设生态文明，……努力建设美丽中国，实现中华民族永续发展。""从源头上扭转生态环境恶化趋势，为人民创造良好生产生活环境"。由此可见，新法提出的新理念是有根据的，也是有政治基础和社会基础的。这种立法理念的更新在新法里俯拾即是：

例如，新法将"推进生态文明建设，促进经济社会可持续发展"写入第一条①，以取代旧法的"促进社会主义现代化建设的发展"的表述。这就给公众传递了一个非常明显的信号，即经济发展已经不再是环境保护法所要追求和保护的唯一目标了，而生态文明和可持续发展才是环境保护法最重要的目标。

又如，新法第四条②首次在立法中提出环境保护是"基本国策"的概念，提升了环境保护的层次。同时，该条第二款与旧法的表述截然相反、180度调头，由原来的"环保规划纳入经济社会发展计划，环保与经济社会发展相协调"改为"经济社会发展与环境保护相协调"。表面上看只是简单的语序调整，但这是质的变化，充分体现了环保优先的先进理念。

再如，新法第五条③，这是全新的一条，是旧法没有的而又是非常重要的一条，在整部立法中都具有奠基的作用。这一条款首次明确了环境保护法的基本原则。1."保护优先"原则是个进步，解决了发展让位于环保的问题（可惜是本法的位阶太低，实现起来不易，口号意义大于实际意义）。2."预防为主、综合治理"原则是大多数学者认可的，但是略显保守，应当再进一步到"谨慎预防（严格预防）"。3."公众参与"原

---

① 旧法第一条"为保护和改善生活环境与生态环境，防治污染和其他公害，保障人体健康，促进社会主义现代化建设的发展，制定本法。"
新法第一条"为保护和改善环境，防治污染和其他公害，保障公众健康，推进生态文明建设，促进经济社会可持续发展，制定本法。"
② 旧法第四条"国家制定的环境保护规划必须纳入国民经济和社会发展计划，国家采取有利于环境保护的经济、技术政策和措施，使环境保护工作同经济建设和社会发展相协调。"
新法第四条"保护环境是国家的基本国策。国家采取有利于节约和循环利用资源、保护和改善环境、促进人与自然和谐的经济、技术政策和措施，使经济社会发展与环境保护相协调。"
③ 新法第五条"环境保护坚持保护优先、预防为主、综合治理、公众参与、损害担责的原则。"

则是完全接纳了国内学者多年的研究成果,很不错。4."损害担责"原则是个新提法,但聊胜于无。归责标准不再是行为过程是否存在过错,即过错与否在所不论,只要侵害结果发生,就必须承担责任(相当于民法中的无过错责任原则)。但是,这个原则太过保守,与严峻的环保现实格格不入,当前更恰当和科学的提法应当是"无害责任原则",即"受益担责"①。

还有,如新法第九条关于环保宣传的规定、第十一条关于环保奖励的规定和第十二条关于环保纪念日的规定等,均是此次修法的新增条款,体现了"加强环境保护宣传,提高公民环保意识"、"奖励环保"等新的立法理念。

(二)立法技术的成熟

新法在立法技术运用上更加成熟,也更加现代化和人性化,体现了我国当代立法技术的最高标准和最新成果。这种立法技术的成熟包括立法结构的科学化、立法逻辑的严密化、立法语言的标准化和立法衔接的细致化(直接引用相关法和费改税预留空间)。

例如,新法第一条的修改就体现了这种立法技术的成熟。首先,是将旧法的"保护生活环境和生态环境"改为"保护环境",旧法是直接照搬《宪法》当中的提法。新法将之合并为简单的一个词,这样有两个好处,一是立法概念的逻辑性更强,二是不与后边的语句发生重复。其次,是将"人体健康"改为"公众健康",更符合立法用语,且更有人情味。当然,新法的第一条并非完美,因为它仍然没有加入"根据宪法"四个字,就表明其身份还是"一般法",没有实现全国人大会议的审议通过,仅是常委会通过,并没有完成从"一般法"到"基本法"的华丽变身。

---

① "无害责任原则"或"受益担责"正是当前环境保护法的一大亮点,这个原则在生态补偿的相关立法中体现得更为突出,简单讲就是环境保护法不仅要规制法律关系主体的违法行为,同时也要调整法律关系主体的合法行为,换言之就是在环境法律关系中,主体不仅要为自己的违法行为承担法律责任,同时也要为自己的合法行为承担法律责任。相关的详细论述可参见本书第五章和第六章。

又如，新法第六条①的规定从逻辑上看，较旧法更加严密了。首先，将旧法的"检举控告权"去掉，因为在后文中有更详细的规定，此处就不必重复了。其次，新增三款规定，用于详细解释第一款的环保义务，使立法内容更具体。

再如，新法第十条第二款中"县级以上人民政府有关部门"的提法高度概括了旧法的混乱提法②，从细节上体现了现代立法技术的提高。

还有，如新法第二十四条相关"现场检查"制度的规定中，监督主体多了一类"受委托"主体，较旧法的规定更完备；将旧法中"技术秘密和业务秘密"的概念更规范地统称为"商业秘密"，显得与其他法律法规更加衔接和统一③。

其他，如新法第四十三条④关于"排污费及环境保护税"的规定，就

---

① 旧法第六条"一切单位和个人都有保护环境的义务，并有权对污染和破坏环境的单位和个人进行检举和控告。"
新法第六条"一切单位和个人都有保护环境的义务。地方各级人民政府应当对本行政区域的环境质量负责。企业事业单位和其他生产经营者应当防止、减少环境污染和生态破坏，对所造成的损害依法承担责任。公民应当增强环境保护意识，采取低碳、节俭的生活方式，自觉履行环境保护义务。"

② 旧法第七条"国务院环境保护行政主管部门，对全国环境保护工作实施统一监督管理。县级以上地方人民政府环境保护行政主管部门，对本辖区的环境保护工作实施统一监督管理。国家海洋行政主管部门、港务监督、渔政渔港监督、军队环境保护部门和各级公安、交通、铁道、民航管理部门，依照有关法律的规定对环境污染防治实施监督管理。县级以上人民政府的土地、矿产、林业、农业、水利行政主管部门，依照有关法律的规定对资源的保护实施监督管理。"
新法第十条"国务院环境保护主管部门，对全国环境保护工作实施统一监督管理；县级以上地方人民政府环境保护主管部门，对本行政区域环境保护工作实施统一监督管理。县以上人民政府有关部门和军队环境保护部门，依照有关法律的规定对资源保护和污染防治等环境保护工作实施监督管理。"

③ 旧法第二十四条"县级以上人民政府环境保护行政主管部门或者其他依照法律规定行使环境监督管理权的部门，有权对管辖范围内的排污单位进行现场检查。被检查的单位应当如实反映情况，提供必要的资料。检察机关应当为被检查的单位保守技术秘密和业务秘密。"
新法第二十四条"县级以上人民政府环境保护主管部门及其委托的环境监察机构和其他负有环境保护监督管理职责的部门，有权对排放污染物的企业事业单位和其他生产经营者进行现场检查。被检查者应当如实反映情况，提供必要的资料。实施现场检查的部门、机构及其工作人员应当为被检查者保守商业秘密。"

④ 新法第四十三条"排放污染物的企业事业单位和其他生产经营者，应当按照国家有关规定缴纳排污费。排污费应当全部专项用于环境污染防治，任何单位和个人不得截留、挤占或者挪作他用。依照法律规定征收环境保护税的，不再征收排污费。"

是针对国内各地方目前进程不一的实际，在立法中直接做了非常具有前瞻性的规定，对污染物排放"费改税"工作的衔接具有明显的引导作用，目前国内类似的立法还不多见。

（三）立法内容的完善

从立法内容上看，这次环保法的修订主要包括了"加强环境保护宣传，提高公民环保意识；明确生态保护红线；对雾霾等大气污染的治理和应对；明确环境监察机构的法律地位；完善行政强制措施；鼓励和组织环境质量对公众健康影响的研究；排污费和环境保护税的衔接；完善区域限批制度；完善排污许可管理制度；对相关举报人的保护；扩大环境公益诉讼的主体；加大环境违法责任"十二个方面，法律条文也从原来的47条增加到70条，增强了法律的可执行性和可操作性。

例如，新法第二章"监督管理"的规定是对旧法第二章的全面细化，法律条文由原来的6条增加到15条，并且对原有条款的规定也进行了各自的细化，同时新增了"环境保护规划"、"技术政策环评"、"环境基准"、"环境预警"、"环境污染跨区联防"、"环保产业"、"环保优惠政策"、"环保考评"、"环保工作报告"等多项规定，全面完善了对于环境保护相关工作的监督管理体制机制。

又如，新法第四十一条关于环境保护"三同时"制度的规定与旧法相比，将"防治污染的设施"也纳入环评，所以不用再单独验收了；针对多年实践中出现的问题，补充了立法的漏洞，删除了禁止性规定"不得擅自拆除或闲置"的例外条款[①]。

再如，新法第六十三条关于对企业事业单位和其他生产经营者的轻微环境违法行为的处罚规定，其实质是将环保行政主管部门行政执法权

---

① 旧法第二十六条"建设项目中防治污染的设施，必须与主体工程同时设计、同时施工、同时投产使用。防治污染的设施必须经原审批环境影响报告书的环境保护行政主管部门验收合格后，该建设项目方可投入生产或者使用。防治污染的设施不得擅自拆除或者闲置，确有必要拆除或者闲置的，必须征得所在地的环境保护行政主管部门同意。"

新法第四十一条"建设项目中防治污染的设施，应当与主体工程同时设计、同时施工、同时投产使用。防治污染的设施应当符合经批准的环境影响评价文件的要求，不得擅自拆除或闲置。"

进行了法定扩展，授权其案件移送公安机关，并由公安机关执行人身处罚。这条规定集中体现了立法者的立法智商和立法艺术，通过授权转移扩充了环保行政主管部门的行政执法权，也算是新法的一大创举①。

还有，如新法第六十五条"中介机构环境责任"、第六十六条"环境诉讼特别时效"、第六十八条"主要负责人应当引咎辞职"等规定，均是多年环保实践经验的总结，是非常有效的立法创新②。

三、留待明日：新法中提出"生态保护补偿"这个全新概念值得商榷

新修订的《中华人民共和国环境保护法》第三章第三十一条规定"国家建立、健全生态保护补偿制度。国家加大对生态保护地区的财政转移支付力度。有关地方人民政府应当落实生态保护补偿资金，确保其用于生态保护补偿。国家指导受益地区和生态保护地区人民政府通过协商或者按照市场规则进行生态保护补偿。"

根据以往的研究，笔者认为新法中提出"生态保护补偿"这个全新

---

① 新法第六十三条"企业事业单位和其他生产经营者有下列行为之一，尚不构成犯罪的，除依照有关法律法规规定予以处罚外，由县级以上人民政府环境保护主管部门或者其他有关部门将案件移送公安机关，对其直接负责的主管人员和其他直接责任人员，处十日以上十五日以下拘留；情节较轻的，处五日以上十日以下拘留：

（一）建设项目未依法进行环境影响评价，被责令停止建设，拒不执行的；

（二）违反法律规定，未取得排污许可证排放污染物，被责令停止排污，拒不执行的；

（三）通过暗管、渗井、渗坑、灌注或者篡改、伪造监测数据，或者不正常运行防治污染设施等逃避监管的方式违法排放污染物的；

（四）生产、使用国家明令禁止生产、使用的农药，被责令改正，拒不改正的。"

② 新法第六十五条"环境影响评价机构、环境监测机构以及从事环境监测设备和防治污染设施维护、运营的机构，在有关环境服务活动中弄虚作假，对造成的环境污染和生态破坏负有责任的，除依照有关法律法规规定予以处罚外，还应当与造成环境污染和生态破坏的其他责任者承担连带责任。"

新法第六十六条"提起环境损害赔偿诉讼的时效期间为三年，从当事人知道或者应当知道其受到损害时起计算。"

新法第六十八条"地方各级人民政府、县级以上人民政府环境保护主管部门和其他负有环境保护监督管理职责的部门有下列行为之一的，对直接负责的主管人员和其他直接责任人员给予记过、记大过或者降级处分；造成严重后果的，给予撤职或者开除处分，主要负责人应当引咎辞职……"

概念值得商榷。这个全新的概念是首次公开出现在国家的立法文件之中。此前，无论在学界的理论研究成果、还是在党和国家的文件表述、抑或是各级政府的政策实践中，均未曾见到这个概念。因而，对于此全新概念的内涵外延及与相关概念的辨析，均需要进一步商榷和落实。否则，可能会影响到新环境法的贯彻和执行。

（一）全新概念"生态保护补偿"提出的背景和立法原意推究

提出背景：学界对相关问题研究了近三十年，但一直以来使用的核心概念词都是"生态补偿"，很少有学者在研究中使用"生态保护补偿"的概念。考察学界的研究历程后，不难发现，"生态补偿"是国内学者的自主理论创新，其实质类似于国外通用的"生态（环境）服务付费"的概念，但在具体内涵上又有一定的区别。"生态补偿"的概念在国内众多学科的研究中是通用的，从自然科学到哲学、再到社会科学，全部都是在这个概念下进行探讨的，经过近三十年的研究已经完全达成了概念共识。然而，对"生态补偿"的内涵，学界尚未有统一认识。新环境法就是在这样的研究背景下，使用了"生态保护补偿"这样一个全新的概念，新概念的出现显得多少有些突然。

立法原意推究：1. 新概念的提出可以有效回避当前理论研究的争议。虽然在理论界有对"生态补偿"的概念共识，但没有内涵共识。尤其是法学界对"生态补偿"的研究的确还存在诸多争议。最大争议点就是关于生态补偿的对象——究竟是人类的生态保护行为还是自然环境的生态系统。究其原因是法理学上存在理论突破的障碍，传统法理学认为法是调整人与人之间关系的行为规范，而不能直接调整人与自然之间的关系。那么，新法提出"生态保护补偿"的概念，就直接避开了"生态补偿"概念在理论研究上存在的争议，明确了补偿对象就是人类的环境保护行为。2. 新概念的提出可以充分借鉴国外生态服务付费的实践经验。国外的生态服务付费实践已经开展多年，也积累了很多成熟的经验。生态服务付费制度的实质就是通过自愿达成协议，对当事人的生态保护行为进行补偿。因而，国外通行的生态服务付费制度在立法上具有可操作性，完全可以直接借鉴。但是，考虑到国外生态服务付费的概念在国内并未普及，也不易被大家接受，所以就选择将国内已经为大家所熟悉的"生态补偿"的概念改造使用了。随后"生态保护补偿"的制度完善和相关立法对该条款的细化，均可以借鉴和参考国外相关生态服务付费的制度设计。

（二）单从文字表面看，新概念可能会产生歧义

立法语言要求准确精致，而不能有歧义。这里的"生态保护补偿"是三个词连接成的词组，并且不是社会实践中已经约定俗成的用语，因此对该词组的理解就有可以产生歧义，进而造成法律施行过程中的误解。单从字面上看，可做两种理解：一是对生态保护行为的补偿，二是对生态系统的保护和补偿。如果我们将其理解为"生态保护——补偿"，则是强调对生态保护行为的补偿，补偿对象是人，补偿原因是该当事人做出了生态保护的行为同时牺牲（或付出）了相关的个人利益；如果我们将其理解为"生态——保护补偿"则是强调对生态系统的保护和补偿，补偿对象是生态环境，补偿原因是生态环境遭到了破坏，需要对生态系统的功能性和完整性进行修复。可见，对"生态保护补偿"这个立法用语可以进行完全不同的两种理解，这样的歧义可能会给法律的施行带来某些不便。

（三）结合上下文理解，新概念含义虽能基本确定，但仍有值得商榷之处

结合立法条文的上下文看，"生态保护补偿"这个新的概念是有确定解释的，无论是"政府财政转移支付"、"生态补偿资金"，还是"按照市场规则"，均说明新概念应当理解为对生态保护行为的补偿。然而，如果确认这个含义，则此概念的使用又避免不了其它的一些瑕疵。

1. 缺少学理基础——如前所述，从国内学者近三十年研究成果看，大家比较统一的认识是使用"生态补偿"的概念。在立法中使用没有学理基础的全新概念值得商榷。

2. 缺少实践基础——从多年以来我国政府政策实践看，上至国务院总理政府工作报告下到国务院各部委或地方政府文件，除了较多使用过的"生态补偿"概念之外，也有过"生态环境补偿"的提法，但几乎没

见过这个全新的"生态保护补偿"的概念。即便是立法权与行政权是相互独立的,但立法也需要充分考虑社会实践的接受程度,放弃已有扎实社会基础和广泛社会认可度的概念而使用全新的立法概念是值得商榷的。

3. 新概念的使用有可能导致发展中的落后与保守——立法具有导向作用,法律是对人类行为的基本要求、是底线。从"生态补偿"到"生态保护补偿",可能会引导社会将环境保护的目标降低。如果"生态补偿"入法,则是要求国家建立健全对生态系统的补偿制度,换言之,生态补偿将是国家环境保护的底线,也明确了全体公民必须进行生态保护的基本导向;而现在的情况是"生态保护补偿"入法,法律仅仅是要求国家建立健全"对做出生态保护行为的公民进行补偿"的制度,至于全体公民是不是必须要进行生态保护则未有明确的导向。

综上,我们的结论是——

新修正的《中华人民共和国环境保护法》使用了"生态保护补偿"的全新概念,是值得商榷的。一方面,新概念的使用有其客观原因。全新概念的使用从立法上避免了理论争议的问题,也为今后具体制度建设时借鉴国外相似制度铺平了道路;另一方面,新概念的使用也暴露出一些瑕疵。无论是从学理基础、政策实践、社会接受程度,还是从立法对社会发展的导向作用看,新概念的使用很可能会影响到环境法的贯彻和执行。因而,全新的立法概念还需要理论界和实务界共同努力去完善,包括学者的建设性研究和立法者的完备性解释①。

---

① 笔者目前的思考方向是:生态补偿包括生态保护补偿和生态修复。生态补偿是母概念,是总括性概念;生态保护补偿是对人类生态保护行为的付出所进行的个人利益补偿;生态修复是对生态系统服务功能的修补和恢复,是对生态利益的补偿。如此设计,既使生态保护补偿有了明确的定位,又使生态补偿成为一个具有完整内涵的法律概念;既有学者三十年研究的理论基础,又有国家政策实践的社会基础,还完全符合十八大及三中全会、四中全会决定的精神;既解决了新环境法提出新概念的合理性问题,又解决了后续环境立法的方向性问题。

第二章 回顾与展望：
对中国环境法学研究的反思

研究背景：1973年第一次全国环境保护会议的召开，标志着中国的环境保护事业开始起步。改革开放以后，中国的环境保护事业有了迅速发展①。环境保护法正是在此阶段产生和发展起来的一个新兴法律分支。既而，又有了环境法学这个新的法学部门与之相对应。在我国法学体系中，环境法学可以说是一门正在形成和发展中的、最年轻的分支学科②。虽然经历了近三十年的研究与凝练，但仍然不够扎实、不够成熟。在改革开放三十多年后，在中国经济建设和社会发展取得令世人瞩目成绩的今天，在法学研究一片繁荣的大背景下，我们有必要认真回顾一下中国环境法学研究的得与失，以期更好地促进环境法学的发展和深入，进而使环境保护法在和谐社会构建中更好地发挥其应有的职能。

研究方法及说明：本文选取1980年至2007年28年间在中国大陆公开发表的环境法学学术论文为研究对象，通过数据统计与整理，结合图表说明和定量分析等方法，直观地讨论中国环境法学研究的发展情况，并得出结论。采取这种研究方式，是基于以下几点考虑。

一是研究对象的权威性。本文的研究基础是公开发表在法学核心期刊之上的学术论文，而包括《法学研究》、《中国法学》在内的17种核心

---

① 吕忠梅：《环境法学》，法律出版社2004年版，第9页。
② 常纪文、王宗廷：《环境法学》，中国方正出版社2003年版，第13页。

期刊①的权威性是法学界所公认的。

二是研究对象的全面性。本文研究所选论文发表时间跨28年之久，总量达532篇②，基本能够涵盖中国环境法研究的方方面面。虽然没有收集这期间出版的环境法专著和环境法年会（或其他环境法学术会议）的文章，但考虑到绝大部分专著的作者会将专著中的精华部分或独到见解撰写成论文公开发表，以及会议文章也大都在进行修改后投稿到核心期刊公开发表，因而本文研究对象的选取应当可以保证研究的全面性。

三是研究数据的客观性。本文研究所采用的各种数据都是直接统计所得，与归纳或演绎等方法比较，显然更加具有客观性。

四是研究结论的可靠性。本文主要是通过对公开发表论文的数据进行统计和整理得出结论，因而主观推理少、客观分析多，这决定了研究结论是相对可靠的。

五是研究结论可能具有的前瞻性。文章研究所选核心期刊关注的问题都是法学研究的前沿，因而发表于其上的论文所具有的前沿性也是不容置疑的。研究对象的前沿性决定了研究结论可能具有前瞻性，如果研究对象本身就不是前沿问题，则研究结论很难具有前瞻性。

一、对中国环境法学研究的整体情况的判断

（一）环境法学研究在振荡中前行，虽有波折，但整体趋强

如图—1所示，中国环境法学研究明显经过了四个阶段：第一阶段是20世纪90年代之前，即从环境法学研究启动的1975年前后至1989年的近15年间，学者们在法学核心期刊上仅发表与环境法有关的学术论文30

---

① 本文研究所选取的17种法学核心期刊包括：《法学研究》、《中国法学》、《法学家》、《法商研究》、《中外法学》、《现代法学》、《法律科学》、《河北法学》、《政法论坛》、《法学评论》、《法学杂志》、《法学》、《法制与社会发展》、《比较法研究》、《政治与法律》、《华东政法大学学报》、《甘肃政法学院学报》等。虽然各地（或各高校）对于核心期刊的认定存在一定差异，但基本都不会超出以上所列期刊范围。为行文方便，本文以下所称"法学核心期刊"指且仅指上述17种，数据统计也仅限于此范围。

② 作者在查阅论文时，有个别期刊也收集到1980年之前或截至2008年第一季度的文章，但大体上都是在1980—2007这28年间发表的文章。

图—1

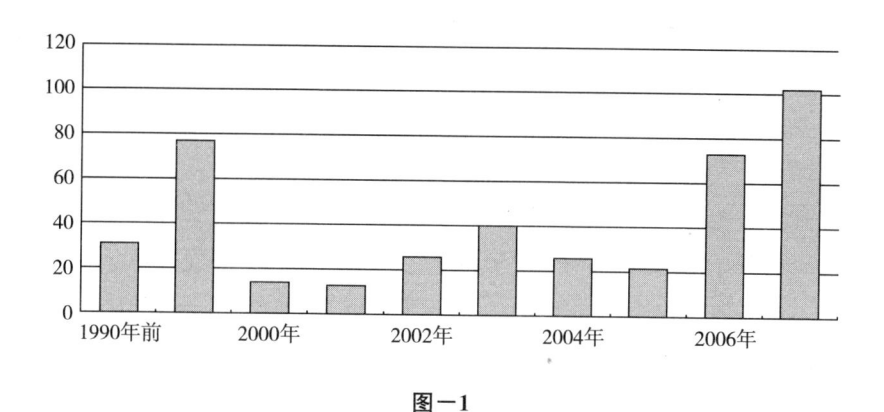

余篇；第二阶段是 1990 年至 1999 年，10 年间学者们在法学核心期刊上发表环境法学论文近 80 篇，是前一阶段文章发表总量的两倍还多；第三阶段是 2000 年至 2004 年，5 年间学者们在各类核心期刊上发表环境法学术论文近 200 篇，其中 2002 年和 2004 年两个年度的文章发表量都接近第一阶段 15 年的发文总量，而 2003 年一年的文章发表数量就超过第一阶段 15 年发文量的总和，形成了此阶段环境法学研究的一个小高潮。第四阶段是 2005 年至今，环境法学研究在经历了小的徘徊之后再次崛起，2006 年环境法学文章的发表数量接近第二阶段 10 年的发文总量，而 2007 年文章（含部分 2008 年文章）数量已经超越第二阶段 10 年的文章发表总量，真正掀起了环境法学研究的新高潮。

（二）研究质量越来越高，论文档次稳步提升

如图—2 所示，20 世纪 90 年代之前，中国环境法学研究由于正处在起步阶段，研究的质量并不是很高，这反映在论文发表方面，就是没有《法学研究》和《中国法学》这种高层次的文章发表。直到 1990 年之后，环境法学研究才逐步提高了自己的质量，也开始在高水平的期刊上占有一席之地，但也很有限。在 1990 年到 2000 年的 10 年间，只有 10 篇文章发表在《法学研究》和《中国法学》之上，其中前者 4 篇（平均要两年半的时间才能发一篇），后者 6 篇（平均要近两年的时间才能发一篇）。而在 2001 年至 2007 年的 7 年里，已经有 25 篇高水平的文章发表，其中《法学研究》发表 6 篇（平均下来已接近一年一篇），《中国法学》19 篇（平均下来每年接近

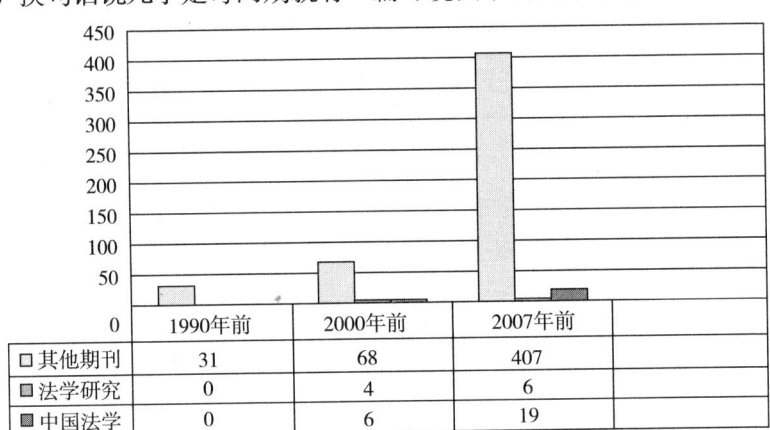

三篇，换句话说几乎是每两期就有一篇环境法学的文章了。）

	1990年前	2000年前	2007年前
其他期刊	31	68	407
法学研究	0	4	6
中国法学	0	6	19

图—2

结论：

中国环境法学研究经历了"起步——发展——调整——再发展"四个阶段，也符合事物发展的一般规律，即波浪式的前进，螺旋式的上升。在此过程中，研究质量和论文档次都在不断提高，相应地，受到社会的关注程度也日益提升。

二、环境法学研究的阶级性、幼稚性和局限性分析

（一）环境法学研究的阶级性

环境法学是一门新兴的介于环境科学和法学之间的边缘科学，经过近三十年的研究，法学界已经基本认可了环境法学的独立地位，而环境法学者们也一致认为环境法学有自己独特的调整对象、有自己的一套调整方法、有自己的调整原则等，并且学者们普遍认为环境法学研究应当更多地遵循自然规律，而非政治规律，即环境法学研究受环境科学影响大于法学影响。在谈到环境法学研究的阶级性时，学者们要么避而不谈，要么一笔带过。阶级性不是环境法学的唯一属性是绝大多数学者的共识，理由是全球面临同样的环境问题，要求所有国家共同携手，一同致力于

环境问题的解决，因而各国的环境法学也应当是趋同的。

然而，对二十多年来公开发表的环境法学文章选题做一个简单的统计，我们会发现事实并非如学者们所愿。

表－1

与环境有关的主题事件		相关文章发表数目（篇）
政治事件	加入WTO	9
	西部大开发	11
	绿色贸易壁垒	3
	全球化议题	3
	环保风暴	3
	圆明园环评事件	3
自然事件	松江水污染事件	3
	太湖流域污染事件	1
	荒漠化问题	2

在已经公开发表的环境法学论文里，明确是由于社会上发生了与环境有关的主题事件而选题进行探讨的论文不在少数，笔者选取核心期刊上发表的，以一些非常有代表性的事件为选题的文章进行列表比对。如表－1所统计，学者们的兴趣点明显偏向本身带有政治色彩的主题事件，而对自然事件关注不够。政治事件的选题明显多于自然事件，并且就单个选题来看，政治事件每个选题的文章数量也远远多于自然事件单个选题的文章数。表中关于自然事件的环境法学文章最多的一个选题也只有3篇，反观政治事件选题的环境法学文章最少的也有3篇，最多的竟达到11篇。

结论：

政治事件对环境法学研究的影响明显大于自然事件对环境法学研究所产生的影响，前者的影响是深远的并能成为环境法学研究的基础之一。环境法学的研究由于受到国家政治事件的影响，因而也就具有了鲜明的时政性。学者从不同角度、运用不同的方法对政治事件进行全方位的研究，从而创新了环境法学的研究。这也正说明环境法学研究体现的是统治阶级的意志，记载了一定时期内统治阶级的环境立法理念，表现出鲜明的阶级性。

此外，如图－3所示，通过对法学核心期刊上所发表的环境法学论文研究内容的统计，还可以看出，在我国环境法学研究多数时候是围绕着环境立法和环境法律条文展开的（图形显示其文章数量仅次于对环境诉讼的研究）。学者们往往喜欢对已有条文进行论证和补充，这就导致"先立法后研究"的现象大行其道，而法条最能体现统治阶级的意志，环境法学研究自然也就烙上了阶级性的烙印。

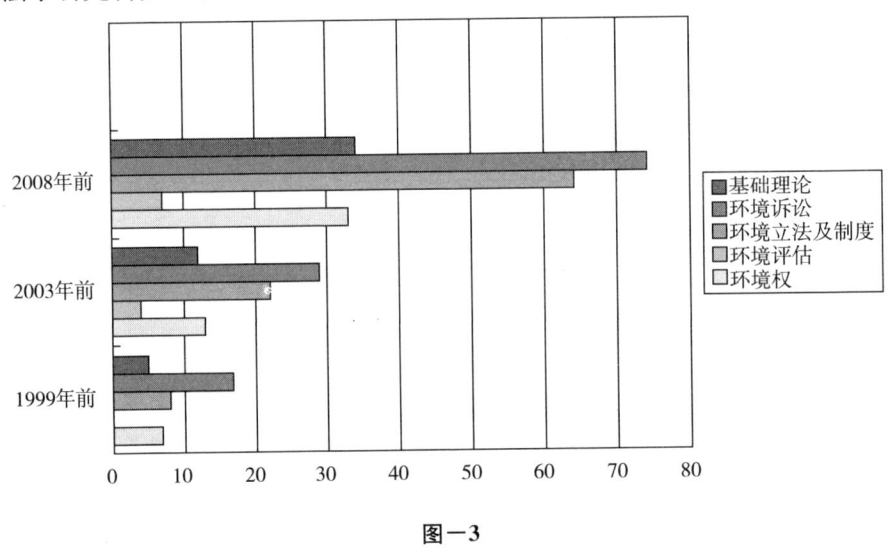

图－3

（二）环境法学研究的幼稚性

环境法学是一门新兴的部门法学科，只有短短二十多年的学术史，环境法学研究还处于初级阶段，其幼稚性可想而知。我们可以从以下三方面来分析：

其一，环境法学研究水平有限。如前文图－2所示，环境法学的文章上档次的很少，1989年之前没有《法学研究》和《中国法学》上的文章，当然由于环境法学研究当时刚刚起步，15年也只在核心期刊发表了30余篇文章，文章档次上不去也是可以理解的。时至1999年，又过了十年，环境法学文章总数翻了一番还多，上档次的文章却只有 10 篇；而进入 21 世纪后，文章总数激增至 400 多篇，比上个十年翻了近四番，而在顶级核心期刊上发表的文章数量同比只增加了 1.5 倍。可见环境法学研究只是在数量上有了进步，而在质量上没有太多的提升，其幼稚性可见一斑。

表-2

研究选题	1988 年—1999 年	2000 年—2003 年	2004 年—2008 年
宏观问题	33 篇	76 篇	165 篇
微观问题	14 篇	16 篇	96 篇

其二，从表-2 可以看到，在 1988 年—1998 年的十年间，环境法学的文章大多是关于宏观的表面的环境法学问题，涉及具体制度等微观问题的很少。2000 年—2003 年的四年间，写宏观问题的"大文章"翻了一番，而写微观问题的"小文章"基本没有增加。说明环境法学研究在最初的二十年里并没有真正做扎实，多是些大而空的讨论，很少实质性研究。最近几年，随着环境法学研究文章整体数量的激增，更多的学者开始将注意力集中在微观问题的研讨方面，说明环境法学研究逐步深入和扎实起来。

其三，环境法学研究没有形成一个有机的整体，其研究内容很不系统。从图-3 可以看出，学者们将环境法学研究的重点集中到了环境诉讼和环境立法及制度方面，而最应当完善的基础理论研究以及核心的环境权研究却被放在次要地位，近三十年的研究过程中，这种本末倒置的研究状态竟然从未有过改变，每个阶段都惊人地相似。

结论：

环境法学研究的幼稚性体现在三个方面，一是研究水平有限，研究质量不高；二是研究选题不深入，只做了表面文章；三是研究内容不系统，环境法学界并没有形成统一的认识，没有明确的研究分工，当然也没有形成有效的研究合力。

(三) 环境法学研究的局限性

最近几年环境法学研究方兴未艾,越来越多的学者正在加入到环境法学的研究队伍中来,但是环境法学研究形势大好掩盖不了其研究的局限性。如果我们再仔细分析一下环境法学论文的发表情况,这一点就不难明白。

首先,由图-4可以清楚地看到,环境法学的大部分研究集中在环境保护基本法方面,而忽视了其他方面的研究。在所选取的三个时段中,学者们对环境保护基本法的研究占了绝对优势。1988年至1998年间,环境保护基本法方面的论文有34篇之多,而环境污染防治、自然资源保护以及生态环境保护方面的论文总共只有8篇。1999年至2002年间,环境保护基本法方面的论文有43篇,其他方面的论文只有18篇。2003年至今,环保基本法方面的论文猛增到146篇,其他方面的论文共有65篇。其中,环境污染方面的文章近些年发表的很少,而环境标准方面的文章这么多年只有一篇,可见环境标准的法学理论研究基本还处于学术空白的状态。这种环境法学研究重点与环境法学体系不相适应、研究对象(领域)分布失衡的现象,正是环境法学研究局限性的表现之一。

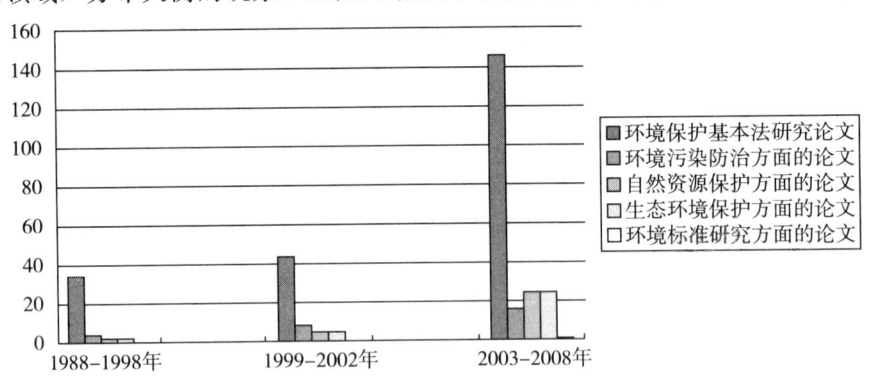

图-4

其次,环境法学与其他部门法学的交叉研究数量偏少,研究视野不够开阔。在所有采样选取的28年间共532篇法学核心期刊环境法学术论文中,单纯从环境法角度进行研究的论文共355篇,占到总数的66.7%;

而涉及其他部门法研究的论文有177篇,只占总数的33.3%。对于环境法学这样一门新兴的边缘性法律学科而言,只有三分之一的论文对其进行交叉研究,是远不能满足其发展需要的。如表-3所列,从1988年至

表-3

交叉学科 年份	法理学	法制史	宪法与行政法学	刑法学	民商法学	诉讼法学	经济法学	国际法学
1988					1	1		
1989			1					
1990			3					
1991			1					1
1992				1				1
1993				1				1
1994	1		2	2				
1995			1	3				1
1996				5				4
1997			1	1	1			
1998			1	2				1
1999	1		2	1				
2000			1	2	1			
2001			2	4	1			6
2002	2		4		3		1	3
2003			6	2	11	3	2	5
2004	2		9	3	1	1		5
2005	2		7	1	2	1		4
2006			2	1	1	1	7	5
2007	2		3			1	3	4
合计(篇)	10	0	46	30	22	8	13	41

2007年的20年间①，环境法学与其他学科的交叉研究论文共有170篇，其中以与宪法和与行政法学的交叉研究为最多，与刑法学和与国际法学的交叉研究次之。相反，环境法学与其他几个部门法学的交叉研究就比较少了，尤其是与法制史的交叉研究基本为零。然而，令人欣慰的是2001年以后环境法学者们开始大胆尝试运用交叉学科研究的方法进行环境法学的研究，一半以上的交叉研究论文是在这一时期发表的。环境法学研究的局限性正在逐步缩小。

结论：

环境法学研究的局限性主要表现在其研究对象（领域）分布失衡和交叉学科研究比例偏低两方面。无论哪一方面的局限都说明了环境法学理论研究的不足。研究对象（领域）失衡表明环境法学理论不成熟，学者的研究多是跟风式的，社会发展的热点决定理论研究的方向，理论未能走在制度之前，理论也不能真正满足社会实践的需要，甚至不能满足自身发展和完善的需要。

三、中国环境法学研究展望

首先，环境法学研究在经历了近三十年的"起步——发展——调整——再发展"的历程后，现在势头正好，也即将进入其繁荣期。环境法学者应当努力抓住机遇，迎接挑战，争取在最短时间内以最快速度推动环境法学研究的繁荣。

其次，环境法学研究的阶级性现阶段仍是环境法学者不可回避也不能回避的选题，围绕这一选题依然可以做出很多好的文章。当然，在以此为题做文章的同时，也不要忽略了环境法学的自然属性，只有双管齐下才能更好地进行理论创新。

再次，环境法学者们应当更多地致力于环境法学研究体系的确立，统一认识，统一规划，分工协作，使环境法学研究不再漫无目标、不再

---

① 这里之所以只选20年的期间进行研究，是因为1988年之前涉及环境法学与其他部门法学交叉研究的论文仅有7篇，统计进来的意义不大，基本可以忽略。

跟风、不再失衡。同时注意环境法学研究的选题更加深入，以保证研究质量。

综上，笔者认为：今后环境法学的研究应当充分发挥其新兴边缘学科的特点，扬自然科学之长，避社会科学之短，系统地规划自身的发展，增强学科交叉研究的意识，真正使理论科学化，在完善自身的同时满足制度建设和社会发展的实践需求。

第三章 地位与作用：环境法在我国和谐社会构建中的角色

为使此选题的探讨更加具体，笔者选取我国"中部崛起"战略的实施为研究背景。促进中部地区崛起，是我国构建和谐社会的重要一环，是党中央、国务院继作出鼓励东部地区率先发展、实施西部大开发、振兴东北地区等老工业基地战略后，从我国现代化建设全局出发作出的又一重大决策，是落实促进区域协调发展总体战略的重大任务。我国中部地区包括河南、山西、湖南、湖北、江西、安徽六省，在全国经济格局中承东启西、接南连北，具有明显的区位优势。2004年3月，温家宝总理在政府工作报告中，首次明确提出了促进中部地区崛起；同年12月，中央经济工作会议再次提到促进中部地区崛起；2005年3月，温家宝总理在政府工作报告中再次提出抓紧研究制定促进中部地区崛起的规划和措施。2006年"中部崛起"战略的正式提出，加快了中部六省发展的步伐，但是中部地区发展过程中面临的环境问题也不容忽视。

一、实现经济与环境的协调发展是和谐社会构建的必由之路和终极目标之一

2006年促进中部地区崛起列入了全国人大审议通过的"十一五"规划纲要，规划明确提出了要增强中部地区粮食生产能力、支持该地区煤炭基地建设、加快产业结构调整、建设精品原材料基地、构建综合交通体系等内容。中部六省对"中部崛起"战略非常拥护,并抱有很高期望①。但是,多数人只看到"中部崛起"战略注重发展经济的一面,而没有意识到问题的另一面——环境保护目标的实现。

(一)在"中部崛起"的战略构想中经济目标与环境目标应当是并重的

人类环境观的发展史表明,人类社会已经由最初的畏惧自然、崇拜自然,经历无视自然、主宰自然,而进入到重视自然、与自然和睦相处、协调发展的新阶段。这也是人类环境观由不科学到科学的发展过程。人们已经认识到不同的环境观对社会与经济的发展造成了巨大的影响,现代环境观正由人类中心主义转向生态(人类)中心主义,即经济增长与环境保护协调发展、经济建设与环境建设同步进行的社会经济发展模式,以保证人和社会发展的可持续性。

与东部地区相比,中部多数地区正经受着经济落后和环境恶化的双重压力,经济落后是导致环境恶化的根源,环境恶化又加剧了经济的落后。发展是必需的,但发展的同时一定不能忽视环境保护,二者是相互联系的有机整体。党的十七大提出的科学发展观,就是可持续发展的集中体现,要求我们在"中部崛起"战略的构想中,将经济发展目标与环境保护目标相统一,放弃传统的生产方式和消费方式,加快环境保护新技术的研制和普及,提高公众的环境意识,改变对自然界的传统态度,树立起一种全新的人与自然和谐相处的生态观点。

(二)实现和谐社会的经济发展要走"边预防,边治理"的环保新路

很多发达国家在经济发展的历程中走过的都是"先污染,后治理"的相同的路,因而也形成了一种关于环境保护与经济发展相互关系的观点。认为在经济发展的一定阶段,不得不忍受环境污染,只有当环境经济发展到一定水平,才可能有效地去治理。结论是"先污染,后治理"具有客观规律性,是不以人的意志为转移的。

---

① 新华网 2006 年 3 月 30 日报道:河南、湖北希望借此"中原崛起"和形成"武汉经济圈";山西、湖南希望借助"中部崛起"政策,加快自身发展;安徽、江西既"东张"又"西望",一方面积极融入东南沿海,一方面渴盼与中部其他省份一道崛起。

但是，中国根本就没有"先污染，后治理"的资本。这不仅因为许多污染所造成的损失是不可逆的，是毁灭性的，还在于基于中国的资源供给能力、污染物排放总量、环境自净能力以及必须保持较高的经济增长速度的基本国情，不允许我们去重蹈发达国家的覆辙。同时，也有学者认为我国不能再走发达国家"先污染，后治理"的老路，而应当"边污染，边治理"。我认为提"边预防，边治理"可能更准确。因为，以全球历史上环境问题出现的经验判断，我国目前的环境污染已经进入到了高危期，背负着沉重的环境历史欠账，① 实在不能再污染了，无论是"先污染"还是"边污染"都是不能接受的，留给我们的路只有一条，就是"边预防，边治理"。

二、环境法是"中部崛起"战略成功实施的充要条件

据不完全统计，截至目前我国已经制定了环境保护法9部、自然资源法15部；批准和签署多边国际环境条约51项，各地环境规章共1600余件，形成了以宪法中相关环境条款为依据，以《中华人民共和国环境保护法》为基干，由环境与资源保护单行法、地方规章、环境标准和国际条约等所构成的完整的环境法律体系。所有上述法律文件都是本文所称"环境法"的范畴。

(一) 环境法的一般性地位

环境法的地位通常是指其在法律体系中的位置，即是否具有独立的地位，是否具有不可替代的理由和价值。由于环境法有自己独立的调整对象、调整方法，有自己特殊的任务、目的和特征，形成了自己的法律体系，因而无论是在环境法学界还是实务界的主流观点都已经承认环境法的独立地位。

《环境保护法》从其条款内容和实际发挥的作用而言，都可以说是我国环境法的统率和总纲，其在环境法体系中当然地居于基本法的地位。

---

① 以山西省为例，改革开放三十年，该省因煤炭创造效益600多亿，环境恶化及污染造成经济损失折合4000多亿，环境历史欠账达到3400多亿。

然而，依我国法律制定标准判断，《环境保护法》仍然只能是一部普通法，因为它的制定机关不是全国人大，而是全国人大常委会。究其根源，一是在该法修订的20世纪80年代末期，环境问题虽已显现但还没有能够引起国人的广泛关注和真正思考①；二是该法修订时还不具备基本法的特质②；三是修订当时该法在整个国民经济生活中所具有的影响力还远远不够。当然，随着社会经济的进一步发展，环境法的地位必将得到提升，其由普通法跃升成为基本法是指日可待的事情。

（二）环境法是中部崛起的必要条件

总体上看，伴随着经济的快速发展和人口的迅速增长，中部地区面临的环境形势依然很严峻，生态环境脆弱、环境污染严重的状况尚未得到有效遏制，环境问题已成为制约中部六省崛起的瓶颈。为制定和实施"中部崛起"战略，国务院研究室综合司曾对中部六省进行专题调研③，在调研报告所提出的制约中部地区发展的五大因素中，排在第二位和第三位的两大因素直接涉及环境问题。其一，制约工业发展的"瓶颈"尚未突破。产业结构畸轻畸重，超重型、原料型、初级型是中部一些省份工业结构的主要特征；工业增长方式还比较粗放，工业增长主要依赖生产要素高投入和资源高消耗；一些资源的可持续利用能力不足；资源型

---

① 我们可以对比近些年国家领导人的讲话来说明环境问题日益得到真正关注，以2006年国务院政府工作报告为例，在惜字如金的短短2万字出头的政府工作报告中，温家宝总理就用了近4000字来谈环境问题，当然这些表述是分散于工作报告各个部分的，自始至终每一部分都不忘提到环境与自然资源问题，可见此问题的重要性。再如，2007年胡锦涛总书记在党的十七大上所做的政府工作报告，也是用了很大的篇幅谈环境问题。

② 现行《环境保护法》是1989年在《中华人民共和国环境保护法（试行）》（1979年）的基础上修改制定的。当时的修改主要是基于三方面因素的考虑：其一，中国的经济体制正在从计划经济向有计划的商品经济过渡，并且国家环境与资源保护法律体系还不完善；其二，由于我国《宪法》在1982年做出了修改，因而立法依据发生了改变；其三，由于《中华人民共和国环境保护法（试行）》作为试行法本身存在的规范性和约束性不强、有些规定不够妥当、一些单项环境与资源保护法律和行政法规的规定已经过时、法律规定的体例也与后来的国家立法不一致等问题，使其作用逐渐下降。汪劲：《论我国〈环境保护法〉的现状和修改定位》，《环境保护》2003年第6期。

③ 2005年下半年，国务院研究室综合司深入中部六省进行调查研究。先后用50多天时间，赴20个城市、15个开发区、40家企业和12个县乡镇调查，召开了28个不同类型座谈会，就中部地区发展的有关问题与各地领导进行了交流，形成了一系列有说服力的调研报告。

城市经济转型迫在眉睫。其二，生态破坏和环境污染比较严重。水污染十分普遍；城市和矿区空气污染严重；水土流失或土壤破坏令人担忧。

面对如此严重的环境瓶颈问题，"中部崛起"战略不可能也不应当回避，只谈经济发展不讲环境保护的发展模式再也行不通了。环境法是建立和维护环境法律秩序的主要依据，作为国家管理环境的重要工具以及公民行使环境权利的直接依据，与其他法律部门一样，也是经过国家制定和认可并以国家强制力保障实施的社会规范。环境法的出现有效地克服了市场机制的外部不经济性，反映出人类环境观和社会发展模式的新转变，是有效弥补传统法律在调整人与自然关系时的不足的新兴法律部门。因而，没有健全的环境立法，没有严格环境执法，就不能建立和保护良好的环境法律秩序，也就不能从根本上解决中部经济发展中的环境瓶颈问题，不能实现真正意义上的中部崛起。

（三）环境法是中部崛起的充分条件

当前，中部六省环境问题日益凸显，只是严重程度略有不同而已。山西省单位GDP综合耗能超过全国平均水平1.6倍，矿产资源平均回采率为44%，3368个乡镇小煤矿回采率仅为10%—15%。每年因采煤白白排放的煤层气高达60亿立方米，相当于"西气东输"输气量的50%。山西预计2005—2020年16年间，年衰减生产能力将达到8000万吨。山西采空区面积5000平方公里，涉及1900个自然村220万人，且塌陷面积还以每年94平方公里的速度增加。山西受污染河流长达3753公里，其中超Ⅴ类污染河道占67.2%，主要是煤矸石和矿井废水造成的。山西13个城市被列入全国30个空气污染严重的城市。黄河水土流失严重。山西省1993—2003年10年间因煤炭开采，使40余万亩水浇地变成旱地。河南采掘业、原材料工业占工业总产值的60%以上，低端产品占74%，轻工业中以农产品为原料的加工业占70%以上。河南矿山总数5188个，小型矿山也占96%。铝土矿回采率不足40%。河南全省几大水系受严重污染河段达2938公里，占36.9%。河南二氧化硫年排放量居全国第一位，每千美元GDP排放污染物的二氧化硫是发达国家的7倍多，是江苏、广东、浙江的一倍多。江西钨矿、稀土、金矿、煤等矿山中，小型矿山高达99％。江西11个黑钨矿山，已有8个列入关闭破产计划。江西各类矿山坍塌点1366处，坍塌面积达35187平方公里。江西年均排放酸性废水5900万吨。城市垃圾无害化处理率为40.3％，约50％建制镇未建成符合规范要求的供水设施，污水处理率仅为10％。江西赣州、鹰潭、抚州、上饶、景德镇等城市，酸雨频率也达60％—80％。很多江河湖泊泥沙淤积，洞庭湖泥沙沉积率高达74％，"八百里洞庭"只剩500多公里，湖泊面积由新中国成立初期的4350公里减少到目前的2625公里，减少了近40％。江西省在矿产资源的开发中，累计堆积废石量12.85亿吨，尾砂11.53亿吨，土地和植被破坏面积达9.4万公顷。湖南每万元工业产值耗用钢材、水泥量分别是发达国家的5—8倍和10—30倍。湖南32个大中型有色金属矿山，其中25个几近资源枯竭。湖南枯水期严重污染的Ⅳ、Ⅴ类劣质水占40％。湖南城市酸雨频率高达76.4％，除一个城市外所有城市都受到酸雨污染。湖北主要湖泊水库受污染的Ⅲ类以上水体近70％。在三峡库区，生活污水集中处理率不到10％，生活垃圾无害化处理率不足7％，各支流沿江城镇生活污水和垃圾基本未做处理。淮河近几年治污下了很大气力，但污染仍然十分严重。黄淮海地区也几乎有河皆污。安徽铜矿资源已经基本枯竭，铜业生产80％—85％以上矿石主要靠进口。安徽铜陵市老城区60％—70％是采空区，近3000户居民住在塌陷区。①

　　中部地区目前的环境状况表明其可持续发展的能力较低，也证明以环境为代价的发展不是长久之计，眼前短期的利益和发展是以长期发展不继为成本的。环境法的主要价值就是可持续发展。可持续发展是在人类经历了与环境长期磨合后，对自身重新定位及对人与自然关系重新审视后提出的一种新的解决人与自然矛盾关系的新思维。环境法本身正体现了可持续发展的观念，以新的伦理观、价值观和自然观来处理人与自然之间的关系，以实现人类自身的利益和发展为终极目标。环境法所倡导的可持续发展并不否定经济增长，只是突破了发展就是"经济增长"

---

① 以上数据均采自2005年国务院研究室综合司对中部六省进行调查研究形成的调研报告。目前数据应有更新。

的单一思路，不再将社会发展单纯定义为经济发展，而是将发展视为经济、政治、文化、社会、环境等综合实力的全面提高。因而，中部崛起也不应当只限于经济的大发展，而是中部六省综合实力的发展。这也正符合环境法的定位，从这个意义上讲，环境法不仅仅是中部崛起的必要条件，更是中部崛起的充分条件。

三、环境法在我国和谐社会构建中发挥着不可替代的重要作用

环境法作为一类法律规范，也具有法的一般性作用。例如规范作用、处罚作用、保障作用、引导作用、教育作用等。但是，作为"中部崛起"战略充要条件的环境法，在和谐社会构建过程中必将发挥其特有的、其他部门法所不可替代的重要作用。

（一）环境法在和谐社会构建中的经济作用

1. 降低环境成本，增加经济产出。环境法通过调整和规范人与自然的关系，保护生态、改善环境。例如，打击粗放型经济增长方式，转变传统的经济发展模式，变高投入、高消耗、低产出、低效益为适当投入、低能耗的资源节约型、环境友好型循环经济模式。在污染防治方面，推行清洁生产、绿色农业、生态农业等环境综合整治计划。从而大量降低经济发展中的环境成本，使环境欠债越来越少。没有环境欠债的经济产出才是真正的社会发展。

2. 增加环境违法成本，减少经济发展的外部负效应。环境法通过对环境民事责任、环境行政责任、环境刑事责任的综合运用，设定对环境违法行为人的强制性处罚措施，增加环境违法行为人的环境违法成本。例如，对于严重的环境违法行为或环境犯罪，自然人可以被剥夺人身自由，法人可以被处以巨额罚款或责令停业（关闭）等。这样的结果就是使环境违法行为人得不偿失，为其环境违法行为付出沉痛代价，从而主动减少其追求经济利益时的外部负效应行为。环境法的这种作用从另一方面看同样是提高了经济发展的投入产出比。

（二）环境法在和谐社会构建中的政治作用

1. 为社会和经济的发展提供环境法律依据。如前所述，以中部地区

为代表，中国整体环境状况不容乐观，在诸多"崛起战略"实施的同时需要花大力气整治环境，包括生态修复、环境保护和污染防治等诸多方面的工作。所有这些工作都应当依法行事，其法律依据就是环境法。我国多数省份目前已经依据国家环境立法建立或正在建立自己的地方性或区域性环境法律体系，在环节控制、地域控制、污染物控制和生态环境建设等很多方面为地区经济崛起提供了环境法律依据。

2. 推动全国和谐社会的构建。环境和谐，即人与自然和谐相处是和谐社会的题中之义。人与自然和谐相处，就是生产发展，生活富裕，生态良好。因而，环境法必然能够在我国经济与社会的发展中发挥其推动地区和谐社会构建的巨大作用。例如，武汉、长沙、合肥、郑州、太原、南昌六个中部省会城市共同签订了《环境保护合作备忘录》，提出将加强区域生态环境联合建设，建立开发与保护的区域协调机制，促进人口、资源、环境的和谐统一。这种在一定区域内的地区间相互合作、相互支持的行动，本身就是社会和谐的集中体现。

（三）环境法在和谐社会构建中的其他社会作用

环境法在和谐社会构建中还发挥着很多其他的社会作用，包括导向作用、评价作用、预测作用、教育作用、保障作用等。以中部地区为例，由于中部地区与其他地区的区位差异、社会经济发展的时间差异等，使得环境法在中部地区崛起过程中发挥了更加独到的作用。例如，环境法可以促进中部地区环境保护科技的提高，可以促进中部地区环境保护的产业化和市场化，可以增进中部地区人们的环境意识，形成更好的环境文化，普及环境科学知识和环境保护政策，倡导良好的环境道德风尚，促进公众参与环境管理等。环境法这些作用的发挥正是借中部崛起的后发之势，吸取其他地区发展的经验与教训，少走或者不走环境弯路，助中部地区迅速赶超其他区域。同样的道理，我国在赶超世界发达国家的过程中建设和谐社会，更少不了环境法作用的发挥。

四、我国和谐社会的构建应当充分发挥环境法的作用

仍以中部地区为例，"中部崛起"战略在实施过程中应当充分考虑到

环境法的地位，发挥好环境法的作用。国务院研究室综合司对中部六省进行调查研究表明，中部具有很好的发展基础和优势，特别是区位优势、资源优势、工业基础优势、科技教育优势和历史文化资源优势等。但同时也存在制约发展的突出矛盾和问题，其中生态破坏和环境污染尤为严重。如前所述，产业结构畸轻畸重，超重型、原料型、初级型是中部一些省份工业结构的主要特征，工业增长主要依赖生产要素高投入和资源高消耗；工业增长方式还比较粗放；资源的可持续利用能力不足；资源型城市经济转型迫在眉睫；水污染十分普遍；城市和矿区空气污染严重；水土流失或土壤破坏严重等。为此，调查报告也提出了相应的对策建议：加大中部治理生态环境的力度，保护生态环境，加强环境污染治理，特别是加大水污染、空气污染和地质灾害治理力度。抓紧解决长江、黄河、湘江、淮河、鄱阳湖、洞庭湖、巢湖等流域的污水处理和垃圾处理问题，高度重视水资源保护。建议加大整顿和规范矿产资源开发秩序的力度，严禁滥采乱挖，完善资源开发利用补偿机制和生态环境恢复补偿机制。从资源开发、生产消耗、废弃物利用和社会消费等环节，推进资源综合利用和循环利用。对中部城市环保基础设施、沉陷区治理和搬迁等方面应给予资金支持等。这些对策建议不仅仅要通过中部地区政府的政策来实施，更应该是通过相应的环境立法固定下来，发挥环境法的作用，实现中部环境长期稳固地好转。

总之，和谐社会的构建是一项规模宏大的系统工程，从中部崛起战略的实施分析可以看到，经济发展的同时加强环境保护和建设是社会和谐发展的必由之路，经济与环保是和谐社会的两翼，是同等重要而紧迫的任务。当前我国很多地方面临着严峻的生态破坏和环境污染，经济崛起的目标加大了环境保护的难度，这就要求我们必须认识到环境法在和谐社会构建中的基础性地位，并充分发挥环境法在社会发展过程中所不可替代的作用，真正实现经济增长与环境保护的同步发展，建设一个人与自然和谐共处的美好社会。

第四章 前沿与热点：
生态补偿与资源能源法的新时代

一、生态补偿法律制度的理论考察

（一）从自然到社会：生态补偿理论研究的嬗变

我国学者对于生态补偿相关问题的理论探索开始于20世纪80年代。就目前笔者从中国知网（CNKI）查到的资料来看，最早将"生态"和"补偿"相联系进行研究的是马世骏（1981），他认为"自然生态系统各成分之间具有一定程度相互补偿的调节功能，但这种补偿和调节作用是有限度的"[1]；最早将"生态补偿"作为一个概念固定搭配使用的是张诚谦（1987）[2]；最早列入自然科学工具书中使用"自然生态补偿"概念的是《环境科学大辞典》（1991）[3]；之后的学者们就开始不断引用这本工具书的定义作为权威表述，开始广泛使用"生态补偿"的概念开展相关问

---

[1] 马世骏：《现代化经济建设与生态科学——试论当代生态学工作者的任务》，《生态学报》1981年第1期。

[2] 张诚谦：《论可更新资源的有偿利用》，《农业现代化》1987年第5期。

[3] 1991年，《环境科学大辞典》将自然生态补偿定义为"生物有机体、种群、群落或生态系统受到干扰时，所表现出来的缓和干扰、调节自身状态使生存得以维持的能力；或者可以看作生态负荷的还原能力"。参见环境科学大辞典编委会：《环境科学大辞典》，中国环境科学出版社1991年版第20页。

题的研究①。

国内学者从不同学科视角、以多种研究方法对生态补偿进行了探讨，从文章发表的时间及内容分析，可以明显看到生态补偿理论研究的重点领域的拓展经历了三个重要的历史阶段：第一阶段以自然科学研究为主；第二阶段以经济学研究为主；第三阶段以法学研究为主。三个阶段的嬗变反映出生态补偿理论研究由自然科学领域进入到社会科学领域，为生态补偿的制度建设奠定了理论基础。

1. 第一阶段：自然科学视野下的生态补偿研究。

对生态补偿的研究开始于生态学领域，其最初含义是指生态系统自身对于外界干扰的自我调节功能。马世骏认为生态系统各子系统之间存在着相互调节的功能，而生态补偿所指称的即此种自然系统的自我调节②。叶文虎将生态补偿定义为自然生态系统对社会经济活动造成的生态环境破坏所引起的某种程度上的缓冲和补偿功能③。1991年，《环境科学大辞典》将自然生态补偿（Natural Ecological Compensation）定义为"生物有机体、种群、群落或生态系统受到干扰时，所表现出来的缓和干扰、调节自身状态使生存得以维持的能力；或者可以看作生态负荷的还原能力"或者是"自然生态系统对由于社会、经济活动造成的生态破坏所起的缓冲和补偿作用"④。该阶段不论其对于生态补偿的定义为何，各方学者均认为生态补偿是指生态系统自身的调节机能，而不涉及任何性质的人类行为。

随着研究的进一步展开，有学者对生态补偿做了扩大化的理解，生态补偿的内涵也由最初的"生态系统自我净化和自我还原"扩展到"人

---

① 叶文虎教授等学者（1998）认为生态补偿定义为自然生态系统对社会经济活动造成的生态环境破坏所引起的某种程度上的缓冲和补偿功能。参见叶文虎、魏斌、仝川：《城市生态补偿能力衡量和应用》，《中国环境科学》1998年第4期。
② 马世骏、王如松：《社会—经济—自然复合生态系统》，《生态学报》1984年第4卷第1期。
③ 叶文虎、魏斌：《城市生态补偿能力衡量和应用》，《中国环境科学》1998年第4期，第298页。
④ 《中国大百科全书·环境科学》，中国大百科全书出版社2002年版，第32页。

类行为对生态系统的补偿"。从笔者目前查到的文献资料看，张成谦是最早将生态补偿做扩大解释的学者。张著文认为，生态补偿是从利用资源所得到的经济收益中提取一部分资金并以物质或能量的方式归还生态系统，以维持生态系统的物质、能量在输入、输出时的动态平衡。针对生态系统作为受偿主体的操作性问题，有学者指出可以选取某一社会主体作为生态系统的"代理"，即公共信托理论。但其研究关注的重心仍限于生态系统本身，社会需求尚未得到重视。

2. 第二阶段：经济学家对生态补偿的深入探讨。

随着近年我国经济高速增长，由发展带来的生态环境问题日益突显，国内学界对于生态补偿的研究开始由科学技术分析转向成本效益分析，生态补偿不再被单纯视为自然的环境机理，更被看作人类主动解决环境问题的经济手段。自此，经济学理论作为重要的研究方法开始进入人们的视野。毛显强认为，生态补偿是指通过对损害（或保护）环境资源的行为进行收费（或补偿），提高该行为的成本（或收益），从而刺激损害（或保护）行为的主体减少（或增加）因其行为带来的外部不经济性（或外部经济性）达到保护资源的目的①。毛显强对于生态补偿的研究着眼于通过对经济主体的外部刺激，引导其控制和减少自己对环境的致害行为。相比以往生态学研究对生态系统受损后自身修复能力的关注，毛显强的研究更关注对于生态破坏的事前控制和预防，这可以看作是生态补偿理念研究的一大进步。在此基础上，李文华的研究进一步认为生态补偿是以可持续利用生态系统服务为目的，以经济手段为主调节相关者利益关系的制度安排②。李文华同时认为，广义的生态补偿包括生态服务受益主体对生态服务提供主体的补偿和环境破坏主体对环境破坏受损主体的补偿。任勇认为，生态补偿机制是为改善、维护和恢复生态系统服务功能，调整相关利益者因保护或破坏生态环境活动产生的环境利益及经济利益分配关系，以内化相关活动产生的外部成本为原则的一种具有经济激励

---

① 毛显强、钟渝、张胜：《生态补偿的理论探讨》，《中国人口资源与环境》2002年第4期。
② 孙社：《探索建立中国式生态补偿机制——访中国工程院院士李文华》，《环境保护》2006年第10期。

特征的制度①。

整体看来，对于生态补偿的经济学研究以外部性理论为主要的理论基础。李文华和任勇等学者所持观点的进步之处在于提出生态补偿应做制度性的安排，不足之处在于其对生态补偿的参与主体缺乏整体性的认识，认为仅包括直接行为对生态系统产生影响的社会主体，而不包括其他主体。这正是以经济学为视角的研究所共同面临的问题。需要注意的是，人类社会和经济发展到一定阶段必然会出现环境问题，这个过程本身就是市场失灵在生态环境领域的反映和表现，单纯依靠经济手段和市场力量实现生态补偿的制度设计在理论上有瑕疵，在社会实践中更是难以实现的。

3. 第三阶段：法学方法对生态补偿理论研究的推动。

法学领域关于生态补偿的早期研究将生态补偿同相关税费的征收等同，学者的研究在很大程度上因袭了经济学界外部性理论的研究框架。章铮较早使用了"生态补偿费"的概念，认为生态补偿费是指为控制生态破坏而征收的费用，补偿费的性质是人类行为的外部成本，征收的目的是使外部成本内部化②。对于生态补偿费的概念界定，学界也有不同认识。有观点认为生态补偿费是针对生态破坏主体征收的一种费用，目的在于刺激其减少生态损害行为；也有观点认为生态补偿费在性质上同资源补偿费相近，主要由资源管理部门征收。后一种观点的进步之处在于在生态补偿研究领域引入了"政府"这一公法主体，对于生态补偿的理解有了进一步的扩展；而其不足之处在于仍未脱离外部性理论的思维模式，认为政府只是外部性理论发挥作用的辅助性主体。另外，该观点将生态补偿定位于对于生态破坏的事前控制，将"补偿"混同于"预防"，弱化了"补偿"的含义，使理论重心出现偏差和错位。

随着法学方法的普遍应用，生态补偿的理论研究较前两个阶段有了

---

① 中国生态补偿机制与政策研究课题组：《中国生态补偿机制与政策研究》，科学出版社2007年版，第27页。
② 章铮：《生态环境补偿费的若干基本问题》，国家环境保护局自然保护司：《中国生态环境补偿费的理论与实践》，中国环境科学出版社1995年版。

更进一步的发展,尤其是对生态补偿目的和实现方式研究的推动更为明显。吕忠梅提出了生态补偿广义说,认为广义的生态补偿还包括对因环境保护丧失发展机会的区域内的居民进行资金、技术、实物上的补偿、政策上的优惠,以及为增进环境保护的意识、提高环境保护水平而进行的科研、教育费用的支出[①]。李爱年以公平正义理念为基础对生态补偿做了界定,认为生态补偿是指为实现调节性生态功能的持续供给和社会公平,国家对致使调节性生态功能减损的自然资源特定开发利用者收费以及对调节性功能的有意提供者、特别牺牲者的经济和非经济形式的回报和弥补的行政法律行为[②]。公平正义理念的引入,将生态补偿理论研究推进了一大步,表明对于生态补偿的研究已经彻底突破了经济学的研究范畴,进入了法学的研究领域。

(二)从概念到制度:生态补偿法学研究的核心内容

生态补偿的概念从提出至今已有近三十年的历史,不同学科领域的学者对其有不同的界定,当然也有不同的研究侧重。从最初的纯技术探讨到后来的成本效益研究,再到当前的规则规范描述和体制机制设计,理论界对生态补偿的研究越来越契合社会发展实践的需要。然而,以往学者的研究也有一个共同的问题,即对生态补偿的制度性特征未有清晰的认识。

中共十八届三中全会通过的《中共中央关于全面深化改革若干重大问题的决定》和全国人大第十二届二次会议审议通过的《2014年政府工作报告》均明确使用了"生态补偿制度"的概念,既是对国内学界多年研究的充分肯定,也表明党和国家领导层对生态补偿问题的密切关注和重视。更要看到的是,两个顶层设计的文件为今后生态补偿理论研究指明了主要的方向——生态补偿制度建设是理论研究的重中之重。

---

① 吕忠梅:《超越与保守——可持续发展视野下的环境法创新》,法律出版社2003年版,第355—356页。
② 李爱年:《征收生态环境补偿费的法律思考》,《湖南师范大学社会科学学报》1997年第3期。

1. 生态补偿法律制度的内涵。

按照马克思主义法理学的观点,界定生态补偿法律制度的内涵,首先必须明确该类法律制度的调整对象。法是阶级统治的工具,是某一领域的社会关系矛盾激化的产物。法是利益调节器,可以平衡社会关系各方利益,其最终的作用就是定分止争①。法的调整对象是某一类型特定的社会关系。随着社会的不断发展和社会分工的不断细化,社会关系也越来越复杂,新类型社会关系的出现必然伴有新类型法律制度的产生,以适应调整该类社会关系的新需要。如上文所述,生态补偿的概念在国内提出已经有近三十年了,无论是早期的生态学研究还是后来的经济学研究,均是社会生活实践在科学研究中的反映和体现,同时也说明发生在生态补偿领域的新型社会关系已经成为学界普遍关注的对象,该类新型社会关系的出现必然要求有新生的法律制度对其进行调整和规范。

根据对以往各学科学者们研究成果的梳理,以及对国内近年生态补偿社会实践的分析,笔者认为生态补偿法律制度的调整对象可以概括为——人类在自然资源开发利用和环境保护过程中形成的社会关系,简称"生态补偿关系"。具体说来,生态补偿关系至少应当包含两类子关系,一是"涉及自然资源开发利用的生态补偿关系"。此类社会关系是人类在自然资源开发利用过程中为弥补自身活动对自然生态环境的影响而自发形成的。人与人之间发生关系和产生矛盾的焦点或者重心在于"补",即自然资源开发者因其合法行为的负外部性而应向自然资源所有者赔付的损失,可视为对自然资源所有者原有生态利益的"补损";二是"涉及环境保护的生态补偿关系"。此类社会关系是人们在环境保护过程中为预防自然生态系统的功能减损和促进其恢复生态平衡而自觉形成的。人与人之间发生关系和产生矛盾的焦点或者重心在于"偿",即生态利益的获益者因环境保护行为的正外部性而应向生态利益付出者偿还的对价,可视为对生态利益付出者预期经济利益的"抵差"。从实践中看,无论是

---

① 我国先秦法家代表人物之一慎到,早在2300多年前就做了很浅显的比喻:"一兔走,百人追之。积兔于市,过而不顾。非不欲兔,分定不可争也。"其描述的正是法的这个作用。

"补损"还是"抵差",其表现形式既可以是货币化的补偿费,也可以是非货币化的补偿措施。

明确了生态补偿法律制度的调整对象,其本身的内涵也就不言自明了。笔者认为生态补偿法律制度是指:为了预防和弥补人类活动造成的生态系统功能减损,促进恢复生态平衡,实现社会公平,由资源开发利用者或生态利益获益者通过行政或市场等法定方式,向资源所有者或生态利益付出者支付补偿费用或提供补偿利益的一系列规则规范的总称,是一整套系统的制度安排。生态补偿关系经过生态补偿法律制度的调整,就形成了生态补偿法律关系。我们可以通过探讨生态补偿法律制度的目的以及生态补偿法律关系的主体和客体,进一步深化对其制度性特征的认识和理解。

2. 生态补偿法律制度的目的。

生态补偿法律制度的目的在于满足公民对于生态服务的需求。任何制度都具有人为性,因其本质上都属于人类的创造物,这就决定了制度的目的必然是满足人类的特定需求。根据经济学理论中"理性经济人"的假设,"利益最大化"是每个"经济人"理性思考和处理问题的出发点,即任何人在做决策时都会选择对自己最有利的因素,即使人类结成一定的团体,也仅仅是将个体利益最大化变为团体利益最大化。因而,生态补偿制度的创设最终也是为了解决现实问题,满足人类的特定需求。生态补偿法律制度产生之初即立足于解决我国日益凸显的生态环境问题,弥补因人类活动造成的生态功能减损,维持生态平衡。根据经济学的效用价值理论,生态环境的价值在于其对人类的有用性[①]。因而,生态补偿法律制度的根本目的在于满足公民对于生态服务的需求。

3. 生态补偿法律关系的主体和客体。

社会制度的实施以其正当性为前提,法律制度尤其如此,包括目的的正当性和手段的正当性。生态补偿制度的目的正当性上文已有论述,

---

① 效用价值理论认为物品的价值来源于其效用,即对于人类的有用性。生态补偿对于人类的有用性体现为其对于人类生态服务需求的满足。

手段的正当性分析以主体性质为基础。所以，对于生态补偿法律关系的主体应当以其性质为基础进行把握。

生态补偿法律关系的主体根据不同的标准，可以进行不同的分类。如果按照主体的权利、义务内容为标准，可以将生态补偿主体分为"补偿主体"和"受偿主体"；如果按照主体的权力性质为标准，则可分为"政府公权力主体"和"一般社会主体"。

生态补偿法律关系的客体是补偿行为。制度主要通过外在的力量调整社会主体的行为，进而实现制度目的。对于除行为之外的其他客体，比如人的思想等，均非制度之力所能及。生态补偿法律制度通过补偿主体的补偿行为来预防和弥补人类活动造成的生态系统功能减损，促进恢复生态平衡，进而满足社会主体的生态服务需求。因而，补偿行为即生态补偿法律关系的客体①。

（三）从理论到实践：生态补偿法律制度的二元架构

对于生态补偿法律制度组成架构的研究，国内学者已经做过不少的尝试。如根据补偿主体的不同将生态补偿法律制度划分为国家补偿、资源利益相关者补偿、自力补偿和社会补偿四种；根据环境要素的不同，将生态补偿法律制度划分为森林生态补偿制度、水资源生态补偿制度、湿地生态补偿制度和草原生态补偿制度；根据补偿效果不同，将生态补偿法律制度划分为"输血型"补偿和"造血型"补偿②。上述研究的不足之处在于其研究方法多是对生态补偿法律制度的横向划分，而对于生态补偿法律制度的纵向架构却很少有人提及。另外，在做横向架构的过程中对于参与主体的权利义务来源未予足够重视，这就导致其无法回答法理学对于其手段正当性的追问。

基于以上分析，笔者认为对于生态补偿法律制度的内部架构应当根据生态补偿法律关系主体权利义务的内容以及法律关系主体的性质进行

---

① 法理学通说认为法律关系的客体主要包括四类，即物、人身、人格、行为和精神产品。具体到生态补偿法律关系，补偿行为是社会主体权利义务所指向的对象。因而，补偿行为是生态补偿法律关系的客体。

② 沈满洪、陆菁：《论生态保护补偿机制》，《浙江学刊》2004年第21期。

纵向架构,即将生态补偿法律制度划分为"基础型生态补偿法律制度"和"延展型生态补偿法律制度"。前者是由政府起主导作用的,由公权力主体和一般主体法定共同参与的基础型生态补偿法律制度,"强制性"、"保障性"和"恢复性"是其重要特征;后者是由市场起决定作用的,由一般社会主体自主约定参与的延展型生态补偿法律制度,"选择性"、"商业性"和"建设性"是其主要特点。

1. 基础型生态补偿法律制度。

基础型生态补偿法律制度是指为满足全体社会成员的基本生态服务需求,由政府发挥主导作用的、由公权力主体和一般主体法定共同参与的,对人类经济活动和其他社会活动所造成的自然生态功能减损进行预防和弥补、促进恢复生态平衡的规则规范的总称。

首先,基础型生态补偿法律制度建立的现实意义在于社会成员的基本生态服务需求受损。人类同自然界的关系先后经历了人类崇拜自然、人类征服自然和人类谋求与自然和谐共存三个阶段。不可否认的是目前我国尚未完全进入第三个阶段。西方国家开创的经济发展模式在为人类创造了巨大物质财富的同时也造成了相当严重的环境污染和生态破坏,集中表现为20世纪出现的世界八大公害事件。我国近年来出现的一系列环境事件,包括早期华北地区大规模发生的沙尘暴天气、2007年的太湖蓝藻污染事件、2010年的大连新港溢油事故以及先后在北京及华北地区出现的雾霾天气等表明我国公民的基础生态服务需求已经受到损害。上述事件都是在环境法已有各项制度发挥作用的情况下出现的,这说明现有环境法律制度已不足以应对目前的环境问题,公民的基础生态服务需求仍未得到满足。因而,构建基础型生态补偿法律制度是必要的,也是必须的。

其次,基础型生态补偿法律制度的经济学基础是生态服务的公共物品(Public goods)属性。公平物品属性决定了基础生态服务主要由政府为代表的公权力主体提供。公共物品具有两大特征,一为消费上的非竞争性,一为供给上的非排他性。消费上的非竞争性是指付费主体之外的人享受该产品或服务的个人边际成本为零。供给上的非排他性是指公共物品可供任意多的主体享受,无法将非付费主体排除在外。根据是否完全满足前述两项标准,公共物品分可为纯公共物品和准公共物品[①]。生态服务即属于准公共物品之列,这决定了市场在该领域内作用非常有限,需要政府为代表的公权力主体提供。有学者以科斯手段为基础,提出可以通过明晰产权的方式来突破这一困境。但产权明晰的前提是准确的切割,在自然资源领域此种分割尚可实现,但对于具有外溢性的生态服务却绝难实现。因此,社会生态服务的提供只能由政府来组织实现。

再次,基础型生态补偿法律制度的法理基础在于公民权利的发展及社会主体的参与自由。公民权利的发展表现为新的经济权利及社会权利的产生,这要求政府为代表的公权力主体提供相应的公共服务,包括生态服务。第二次世界大战之后,公民权利在之前的消极权利基础上,即不受干涉和侵犯的权利,增加了广泛的积极权利的内容,在原有个体权利的基础上,增加了新的社会权利的内容。1996年12月16日,联合国大会决议通过《公民权利和政治权利国际公约》和《经济、社会与文化权利国际公约》[②]。公民权利的扩展随之引起政府义务的增加。随着我国环境问题的凸显,生态服务的提供上升到同国防、外交等原有公共服务相同的高度,需要政府负责提供。此外,当前严重的环境问题表明,缺少政府的作为,公民生态服务需求将无法得到满足。社会主体参与生态补偿法律制度的实施,不违反法律的强制性规定及公序良俗,因而属于其应有的权利和自由。

2. 延展型生态补偿法律制度。

延展型生态补偿法律制度是指为满足部分社会成员的更高水平的生态服务需求,在政府提供基础水平生态服务的基础上,由生态服务市场起决定性作用的、由平等主体自主参与的,以自愿订立生态补偿合约的形式进行的,以优化生态环境和促进生态平衡为目的的规则规范的总称。延展型生态补偿法律制度的法理基础是平等主体之间,基于自愿订立合约进行的生态补偿行为,前文已有涉及,此处不再赘述。

[①] Sandler T. *Pure public goods versus commons: benefit-cost duality* [J]. Land Economics, 2003, 79 (3): 355-368.

[②] 张千帆:《宪法学导论》,法律出版社2004年版,第654-655页。

首先，设立延展型生态补偿法律制度的必要性。延展型生态补偿法律制度的必要性在于公民生态服务需求的多层次性及基础型生态补偿法律制度作用的有限性。亚伯拉罕·马斯洛提出的需求层次理论认为人类的需求是以层次的形式出现的，由低级层次的需求开始，逐渐发展到高级层次的需求①。公民对于生态服务的需求同样如此，可以划分为不同的层次。基础型生态补偿法律制度仅能满足公民较低层次的生态服务需求，对于更高层次的生态服务需求则无能为力②。这决定了延展型生态补偿法律制度具有存在的必要性。

其次，设立延展型生态补偿法律制度的可能性。市场在生态领域的作用和功能为延展型生态补偿法律制度的实现提供了可能。如前所述，生态领域的市场失灵是生态破坏和造成严重环境问题的重要原因，然而这并不能否定市场调节功能在生态补偿领域的作用和价值。在经济发展过程中，社会个体选择破坏生态系统的原因在于市场内有巨大的经济利益的诱惑存在。如果经济利益不以破坏环境为代价，或者能将经济利益的获得与生态补偿行为相协调，即统一经济获利与环境保护的方向，则市场当然可以被引入生态保护领域，并将同样发挥重要的决定性的作用。这为更高水平的生态补偿法律制度的实施提供了可能性。

在现实生活中，经济利益的获取不以破坏环境为代价或者经济利益的获得同生态补偿行为相一致的情形是现实存在的。当人类的经济水平发展到工业文明阶段，除去直接的矿产资源开发，其他的生态破坏行为，如砍伐树木、破坏草场，并不能带来明显的经济收益的增加。相反，如果对生态系统进行保护以保障或增强特定生态服务的提供，反而可能带来相应的经济效益。比如，某河流的上游树木繁茂，起到了涵养水源、稳固水土的作用。在河流的下游有一处水电站。如果河流上游的居民砍

---

① 龚金保：《需求层次理论与公共服务均等化的实现顺序》，《财政研究》2007年第10期。
② 基础型生态补偿法律制度的实现主要依赖政府，环境税费的征收是其开展生态补偿活动的主要资金来源。高收入群体和低收入群体都希望得到高水平的生态服务，但他们对此的支付意愿和能力的差异是现实存在的。政府在确立环境税费的征收，依据只能是其所能提供的生态服务水平，而非社会成员的资产状况。因而政府只能征收较低水平的环境税费。如此看来，基础型生态补偿法律制度只能提供满足全体社会成员基本需求的生态服务，而非更高水平的生态服务。

伐树木，水电站清理大坝底部淤积的泥沙将花费一定的费用；如果上游居民不砍伐树木，清理大坝底部淤积泥沙的费用就会大幅减少。此种情况之下，出于经济考虑水电站可能更愿意将清理泥沙的差价支付给河流上游的居民，以换取上游居民对植被的保护。因为清理泥沙不仅涉及直接的费用支出，而且需要一定的时间，这就影响到水电站的盈利周期。对于河流上游的居民而言，砍伐树木所得的收入不可延续，并且其绝对数值也不高。相反，不砍伐树木无需任何劳动，却能得到一笔按周期支付的费用，较之砍伐树木，更为可取。另外，这种基于合约的生态保护行为对于特定区域内的居民都是有利的，这也决定了延展型生态补偿法律制度不同于基础型生态补偿法律制度，不采用"命令加控制"的模式，而是依赖于社会主体的自愿参与。

再次，延展型生态补偿法律制度的国际通用经验。纵观各国的环境保护法律制度，虽没有同"生态补偿"相一致的表述，但同其相似的制度却是现实存在的，如环境服务付费（Payment for Environmental Services）、生态服务付费（Payment for Ecological Services）等。许多问题的处理方式对我国延展型生态补偿法律制度的建设颇具参考意义。如，交易成本过高是延展型生态补偿法律制度在实施过程中的一个难题，国际上的生态服务市场（Market for Ecological Services）能够较好地化解这一难题。另外，国外相关的理论研究也具有较大的参考意义。国际上同生态补偿较为接近的概念有两个，一为 Sven Wunder 教授提出的 PES（Payments for Environmental Services），一为 M. van Noordwijk、F. J. Chandler 和 T. P. Tomich 提出的 RUPES。无论两概念中的哪一个，其共同的核心之处在于认为生态补偿服务的实现至少要包括两个要素，一是自愿性，区别于命令加控制的模式；二是因果关系，即补偿行为和补偿目的间存在现实的联系，判断标准就是受偿主体的行为是否有助于补偿主体生态利益的实现。这对于我国延展型生态补偿法律制度的建立及相关的研究都是非常有借鉴意义的。

结论：

"生态补偿"的概念是由国内学者最先提出的，其理论上参考了国际通用的"生态/环境服务付费"（Payment of Ecological/Environmental Services，PES）的概念，实践中经历了从自然科学到经济学再到法学的研究领域和研究重点的嬗变。学界对"生态补偿"的研究，从最初关注自然到后来关注社会，从先前关注成本效益到如今关注制度建设，正在经历一次完全自主的中国特色科研理论创新。这种创新是符合中国发展实际的，也是适应中国发展需要的。

中共十八届三中全会通过了《中共中央关于全面深化改革若干重大问题的决定》，其中特别指出要"加快生态文明建设"，尤其要"完善重点生态功能区的生态补偿机制"、"推动地区间建立横向生态补偿制度"；随后召开的全国人大第十二届二次会议审议通过了《2014年政府工作报告》，再次明确了"积极探索资源有偿使用和生态补偿制度"的政府工作目标。由此，我们既可以看到国家最高领导层对"生态补偿"的关注和对国内学界理论创新的认可，更应当意识到"制度建设"必将是今后一段时期生态补偿理论研究的重中之重。

在综合考察各学科前期研究成果的基础上，笔者认为生态补偿法律制度是指为了预防和弥补人类活动造成的生态系统功能减损，促进恢复生态平衡，实现社会公平，由资源开发利用者或生态利益获益者通过行政或市场等法定方式，向资源所有者或生态利益付出者支付补偿费用或提供补偿利益的一系列规则规范的总称，是一整套系统的制度安排。

结合国内正在由政府推进的各类生态补偿实践，同时借鉴国外通行的生态服务付费（PES）的项目实施经验，笔者认为应当对我国未来即将出台的生态补偿法律制度进行二元架构的立法设计，根据生态补偿法律关系主体的权利义务以及法律关系主体的性质，在立法实践中同时设立"基础型"和"延展型"两种不同类型的生态补偿法律制度，以满足不同社会群体对生态服务不同层次的需求。

二、矿产资源法研究前沿问题综述

（一）国内矿产资源法研究前沿问题分布

当前国内矿产资源法研究的前沿问题分布不同于之前的阶段。自

1986年我国《中华人民共和国矿产资源法》（以下简称"矿产资源法"）颁布以来，以该法的制定和修改为界限，矿产资源法的研究呈现明显的三个阶段。第一个阶段为1986年至1996年该法第一次修改之前，研究重点限于对新颁布的《矿产资源法》及配套法规的解读，对于该法实施过程中出现的问题亦有涉及。第二个阶段为1996年我国《矿产资源法》的首次修改至2003年该法第二轮修改启动前夕。这一阶段关于矿产资源法的研究热点：一是矿产资源法的修改建议；二是关于采矿权和探矿权的性质分析；三是矿业权的流转问题。第三个阶段为2003年至今。这一阶段，我国矿产资源法研究的前沿问题包括：

1. 对矿业权相关问题的研究。

首先，矿业权基础理论研究。《物权法》在用益物权部分对采矿权和探矿权进行了规定之后，对矿业权概念及性质的争论并未因此止息，反而引发了新一轮的高潮，矿业权的定义和性质成为国内矿产资源法研究的前沿问题之一。

矿业权的概念首次被提及是在古罗马的他物权，但关于矿业权的定义世界各国的立法尚未形成一致性的规定。我国矿产资源法中的矿业权是包括探矿权和采矿权的一个权利束。探矿权是指具有相关资质的主体在经过法定程序并且获得准许的情况之下，在法定的区域和时间内探查某特定区域是否存在矿产资源的权利。采矿权则是指具有相关资质的主体经法定程序取得的在法定的时间和区域内开发自然资源并获得利益的权利。关于矿业权的概念，有学者认为采矿权和探矿权是两种截然不同的权利，矿业权作为采矿权和探矿权的上位概念并不妥当。更有甚者，有学者认为矿业权是将采矿权和探矿权人为叠加所得到的一个概念，事实上矿业权并不存在。当前学界的主流观点是将矿权进行分割，认为矿权包括矿产资源所有权和矿业权，而矿业权由采矿权和探矿权组成。

关于矿业权性质的争论同样激烈，当前比较有影响力的观点包括债权说、准物权说、用益物权说和准用益物权说。持债权说的学者认为矿产资源属国家所有，开采企业在支付一定的对价之后取得采矿权和探矿权，故而可以认为矿业权的性质是准债权。有专家学者提出反对观点认为矿业权只具有要求对方为一定给付的权能，而对于债权的其他权能并不具备，所以把矿业权的性质界定为债权是不恰当的。准用益物权说的持有者认为矿产资源属于国家所有，开采企业在经过法定程序并交纳相应的费用之后取得矿产资源的勘探和开采的权利，并且一经确定采矿权和探矿权即具有排他性，所以可以认为矿业权是一种准用益物权。反对意见认为矿产资源经过一次开发之后即不再存在，此项特征不符合用益物权客体的特征。针对准物权说的反对意见认为，物权的客体具有确定性，但矿产资源在经开发成为矿产品之前具有不确定性，而探矿权的实现过程本身就是一个确定某区域是否存在矿产资源的过程，矿业权的该项特征同物的特定性是相矛盾的，不能将矿业权认定为一种准物权。另外，刘卫先在《对我国矿业权的反思与重构》一文中认为探矿权并不是一种权利。我国的矿产资源属于国家所有，具有专业资质并且接受政府的委托对特定区域是否存在矿产资源进行勘探的单位或者个人称为探矿权人，探矿权人并不当然的取得该区域的采矿权，所以探矿权与其说是一种权利，毋宁说是一种义务。

其次，民商法同《矿产资源法》交叉领域矿业权问题研究。随着矿业权流转制度的日渐成熟，矿业权的财产属性日益为人们所重视。矿业权特别是采矿权的流转涉及多方主体的利益分配，同时，矿业权的流转秩序也是各方主体重点关注的问题。矿业权的流转分为一级市场流转和二级市场流转，相应地存在不同的研究热点。

矿业权一级市场流转涉及的热点问题是国家对矿产资源所有权的实现问题。我国矿产资源的取得制度经历了从无偿划拨到有偿取得的过程。1949年到《矿产资源法》颁布之前，我国的矿产资源由国家无偿划拨给国有企业开采，不允许民营企业进入该领域。十一届三中全会之后，随着我国经济改革的开展和深入，矿产资源的取得制度也进行了相应的改革。1986年颁布的《矿产资源法》确立了"国家对矿产资源实行有偿开采"的制度，但事实上并未实施。1996年对《矿产资源法》的首次修改将该项制度改为"国家实行探矿权、采矿权有偿取得的制度"，但也没有具体实施。直到2006年，包括山西、内蒙古在内的八个省级行政区在煤炭领域开始实行矿产资源的有偿取得制度。① 实行矿产资源有偿取得制度之后,国家所征收的费用包括探矿权、采矿权的使用费、价款、资源税和资源补偿费。所以有学者指出,政府所征收的税费在矿产资源价格中所占比重极低,其数额仅相当于对矿产资源领域进行管理的管理成本,并且进而提出了实现国家对矿产资源的所有权的方法。

矿业权二级市场的流转涉及的热点问题包括矿业权的作价出资、矿业权流转所引起的矿山企业的股权变动、矿业权的抵押等问题。矿业权流转制度的成熟,为矿业权人实现权利提供了更多的可能。将矿业权作价出资和在矿业权上设定抵押权以实现融资是矿业权人实现权利的重要手段。矿业权的作价出资和在矿业权上设定抵押权所需要解决的共同问题是矿业权的价值的确定。一方面,在矿业权的初始取得过程中,矿业权人只需要向国家缴纳相关的税费,同矿产资源本身的价值相比其数额极低,不能反映矿业权的真正价值;另一方面,随着我国市场经济体制的日渐完善,矿产资源的价值随市场供求关系的变化上下浮动。这两方面的原因增加了确定矿业权价值的难度,并进而阻碍了矿业权人权利的实现。矿业权本身价值的难以确定同时影响到矿业权流转导致的矿山企业股权变动问题。同时,矿业权作为一项法定权利,要求权利人本身具有一定的资质,这就引发了新的问题。银行作为企业融资的重要主体,其对于在矿业权上设定的抵押权应该如何实现?不具有相关资质的主体受让矿业权的法律行为其效力如何?以上问题都受到了国内学界的关注和研究。

2. 对我国矿产资源立法状况的应用研究。

关于矿产资源法的立法状况的研究从《矿产资源法》颁布之初就是我国矿产资源领域的研究热点之一,这种状况一直持续到现在。而对立法状况的研究当中,以下三个领域受到了广大学者的重点关注。

一是对《矿产资源法》整体框架结构的探讨。我国的矿产资源法律

---

① 王继军、赵大为:《矿产资源国家所有者民事收益权问题研究——以煤炭资源有偿取得为例》,《毛泽东邓小平理论研究》2012年第9期。

体系主要包括《中华人民共和国矿产资源法》和1998年国务院颁布的三个行政法规，即《矿产资源勘查区块登记管理办法》、《矿产资源开采登记管理办法》和《探矿权采矿权转让管理办法》。以上的法律法规对我国矿产资源领域的基本制度做了规定，包括矿产资源的国家所有制度、矿产资源的有偿使用制度、国家对矿产资源进行分类分级管理和矿业权的流转制度。目前对我国矿产资源法律体系的研究立足于以上各基本制度之间的关系，以及可能对我国矿产资源的开发利用和环境保护造成的影响入手，进行学理分析。同时总结我国矿产资源法律体系建设过程中的经验和教训，发现我国矿产资源法律体系存在的不足，进而提出了改进的建议。

二是对《矿产资源法》具体条文制度的探讨。大多数学者指出我国的矿产资源属于国家所有，由政府代为行使对矿产资源的所有权，同时政府对矿产资源的勘探开发进行行政管理。这表明在我国的矿产资源开发领域政府同时扮演作为所有权人的民事主体和作为管理者的行政主体。政府的此种双重身份极易引发权力寻租。另外，现行《矿产资源法》根据所有制的不同对矿山企业进行区别对待，在政策上对国有矿山企业进行倾斜保护，体现出一定的歧视，不利于发挥市场在资源配置中的作用。包括矿产资源税、矿业权流转市场以及《矿产资源法》的执行力等方面在实行过程中均暴露出一系列的问题。这些问题如果不能得到及时解决，可能在一定程度上造成国内矿业秩序的混乱。学者们普遍认为《矿产资源法》的修改势在必行。新一轮的《矿产资源法》的修改应该突出矿产资源的公共性，以增强政府的服务型为导向，突出和强化市场在矿产资源配置中的作用。

三是对国外立法情况的介绍，以及相关国家立法对我国的借鉴意义。我国矿产资源领域的立法起步较晚，许多重要的制度尚在探索当中，国外发达国家的立法情况为我国提供了很好的借鉴。特别是澳大利亚、新西兰等矿产资源的生产和进出口大国，在矿产资源领域的立法已经比较完善。针对我国在立法过程中遇到的问题，国内学者对澳大利亚、日本、新西兰等国的立法情况做了系统的研究。集中论述了各国的矿业立法体系、矿产资源权利体系和矿产资源开发过程中的环境问题和社会问题的解决。最后，围绕各国的矿业法律制度对我国的启示做了探讨。

3. 对《矿产资源法》实施情况的实证研究。

整个矿产资源法的实施问题围绕"权"和"证"两个基本范畴展开。"权"是对国内矿产资源的开发利用的权利，又称矿业权，在我国矿产资源所有权由政府所有的前提之下，矿业权是对矿产资源"非所有利用"的基础性法律制度安排。"证"指许可证，在立法中是行政许可的表现形式，本质上"证"的问题是行政权在矿产资源立法中的集中体现和反映。[①]"权"和"证"以及两者的纠缠是我国矿法实施中的主要问题。

其一，"权"的问题在矿法实施领域主要体现为矿业权的取得和流转。矿业权的流转关系到矿业权的取得、行使、保障等问题，因此矿业权的流转具有理论和现实的双重价值。矿业权的私权属性要求实现矿业权的自由流转，这也是矿业权流转的基点，而矿业权同时具有浓重的"公益"色彩，这就增加了矿业权流转的不自由性，此种双重属性增加了矿业权流转的复杂程度。矿业权的流转是我国矿法实施过程中问题高发领域之一，具体表现为矿业权的权利没有得到应有的保护，对采矿权流转的限制甚至变相的禁止模糊了矿业权的私权属性。另外，矿产资源开发过程中不可避免地对矿产所在地的环境造成影响，这就损害了当地民众的环境权益。我国虽然已经建立了矿产资源开发的生态补偿制度，但还很不完善，加上在补偿过程中的腐败等问题，引发了矿业权人同矿产所在地民众某种程度上的利益冲突。

其二，"证"的问题涉及中央政府同地方政府在矿产资源开发中的利益分配和"矿业权"取得和流转过程中的行政审批问题。《矿产资源法》规定"国务院行使国家对矿产资源的所有权"，但在矿山企业的开办过程中大量的审批程序由地方政府进行。我国当前采用的是中央财政和地方财政相分离的体制，这就不可避免地出现中央政府同地方政府的"争利"

---

① 张璐：《〈矿产资源法〉修改中的"权证分开"问题研究》，《甘肃政法学院学报》2010年11月总第113期。

问题。另外,矿产资源是一国经济发展的原动力,其开发具有重大的战略意义。针对矿业权在一级市场和二级市场的流转,涉及矿产资源的税费,国内能源安全的保障以及矿区环境保护等问题,国内学者进行了系统深入的研究。

(二)各领域矿产资源法前沿问题研究成果比重

在国内矿产资源法研究的前两个阶段,研究客体受国内立法状况变动的影响,研究领域分布变动较大。但随着我国矿产资源法律体系的日渐成熟,我国矿产资源法的架构基本形成,关于矿产资源法的研究内容基本稳定,并且热点突出。近年来的研究成果主要分布如表-4所示。

表-4

研究领域		文章数量	所占比例	
矿业权相关问题研究	矿业权基础理论研究	17	19.77%	36.05%
	民商法同《矿产资源法》交叉领域矿业权问题研究	14	16.28%	
对我国矿产资源立法状况的研究		20	23.26%	
对《矿产资源法》实施情况的实证研究		7	8.14%	
其他		28	32.56%	

1. 国内矿产资源法前沿问题研究的第一核心是矿业权相关问题的研究。

首先,关于矿业权基础理论问题的研究成果所占比重及原因分析。在近三年中国知网所收录的关于矿业权的理论分析文章所占比重达到19.77%。我国《矿产资源法》、《中华人民共和国物权法》以及其他的行政法规中都对矿业权进行了规定,但规定都不详尽,未能形成体系。由于相关的内容过于分散,部分法规文件之间相互冲突,导致执行力低下。但国内研究者的探讨主要集中于理论上的分析,对执行力的问题极少涉及。对于矿业权的理论研究的重点关注原因在于我国所采用的是同其他国家不同的立法体制,我国矿产资源的所有权属于国家。我国的这种不同于其他国家的立法体系需要大量的法学理论研究做支撑，而矿业权作为矿产资源法当中一个基本的法律概念，其重要程度不言而喻。

其次，民商法同《矿产资源法》交叉领域矿业权问题的研究成果所占比重及原因分析。在近三年中国知网所收录的文章中，该部分的成果所占比重为16.28%。矿产资源法同民商法的交叉领域主要包括矿业权的登记制度、矿业权的作价出资问题、矿业权所涉及的相邻关系问题和矿产资源开发企业股权变动所可能引起的矿业权变动问题。矿山企业在勘探开发的过程中需要解决大量的不同部门法交叉的法律问题，这是对矿产资源法同民商法交叉领域的问题进行研究的现实根源。另外，民商法同经济法的交叉领域的研究在我国有着深刻的历史背景。经济法产生之初，就引发了关于经济法是否是一个独立的法律部门的争论，而经济法同民法的可区分性就是这一争论的焦点之一。在经济法作为一个独立的法律部门为学界广泛承认之后的很长一段时间内，受当时的经济体制的影响，学界部分学者认为企业法是经济法的一个组成部分。所以我国民商法的研究，特别是商法领域关于企业法的研究，在最初就具有浓厚的经济法色彩。虽然我国实行社会主义市场经济之后，私法色彩渐浓，但国有和集体所有的矿山企业仍大量存在，所以此种影响并未完全消除。加之矿山企业作为矿产资源的开发者在运行过程中本身同民商法有着千丝万缕的联系。所以民商法同矿产资源法的交叉领域也受到一些学者的关注。

2. 国内矿产资源法前沿问题研究的第二核心是对我国矿产资源立法状况的应用研究。

2009—2012年所收录的关于矿产资源法研究的文献当中，有关我国矿产资源法的立法情况研究成果仅就数量而言超过23%，是我国学者重点关注的领域之一。

矿产资源领域的立法研究之所以成为我国矿产资源领域的研究热点，其原因是多方面的。原因之一在于我国的矿产资源领域的法制建设虽已经取得了很大的成就，但仍然存在许多的缺陷和不足，例如矿产资源税问题、采矿权的流转问题，这就为立法情况成为学界的研究热点留出空间。同时，与专家学者成为我国矿产资源法的主流研究群体相适应，作为他们重点关注的领域之一，矿产资源法的立法问题自然受到学界重视。可以预见，矿产资源法的立法研究作为学界的热点问题在较长时间内不会发生变化。

3. 国内矿产资源法前沿问题研究的第三核心是对《矿产资源法》实施情况的实证研究。

该部分文章在中国知网近三年来所收录的文章中所占比重较小，包括矿产资源税问题、矿业权的流转、采矿权许可制度等，都属于《矿产资源法》实施过程中的问题多发领域。从《矿产资源法》实施的角度，矿业部门工作人员和广大专家学者开展了广泛的研究。其他主要为实务部门工作人员从非法学角度所做的研究。

综合以上各组数据可以发现，近三年国内关于矿产资源法前沿问题的研究呈现出重理论问题研究，轻实践领域研究，重立法情况的研究，轻法律实施研究的趋势。国内关于矿产资源法前沿问题的研究成果中关于矿产资源领域的立法状况的文章所占比重最大。作为矿产资源法领域的重要的理论问题，矿业权的定义和性质及矿产资源法同民商法的衔接领域的理论研究成果所占比重均超过15％，且呈现出上升的趋势。相比之下，针对矿产资源法实施过程中遇到的问题发表的文章较少。

（三）国内《矿产资源法》研究主体及原因分析

1. 专业研究者是主力。

包括高校教师在内的专业研究人员取代实务部门工作人员成为矿产资源法研究领域的主导力量。在《矿产资源法》第二次修改工作正式启动之前，在立法和科研领域，行政机关工作人员都占据主导地位。但近年来这种状况发生了较大变化。

我国《矿产资源法》的制定和首次修改均在国土资源部的主导之下完成，但近年来专家学者越来越多地参加到矿产资源法的立法工作当中。1979年，我国《矿产资源法》起草办公室由国家经济贸易委员会组建，主要成员包括地质部、煤炭、冶金、建材等部门的工作人员。1996年《矿产资源法》的修改也是在国土资源部的主导之下完成。以2003年我国矿产资源法的第二次修改为界限,这一状况发生了较大变化。2004年,中国政法大学承担了关于《矿产资源法》修改的课题研究工作。出席2009年由国土资源部主持召开的矿产资源法修改草稿专家论证会的,除各实务部门工作人员外,还邀请了中国政法大学、中国社会科学院、清华大学、中国人民大学、中国地质大学等高等院校和科研单位的专家学者。

国内已经出现了一批专门研究矿产资源法领域问题的专家学者,许多高等院校都建立了环境资源法研究所,并且将矿产资源问题列为重要的研究方向。如北京大学的环境与资源法研究所、中南财经政法大学的环境资源法研究所、武汉大学环境法研究所、中国地质大学的资源与环境保护研究所。这些高校以及专门研究机构近年来针对《矿产资源法》进行了大量的研究,发表了一系列的文章和专著。我国矿产资源领域的学术成果构成已经发生了结构性变化。以2010—2012年中国知网所收录的矿产资源法领域的研究成果为例,如表-5所示,超过70%的科研成果来自大专院校,5.81%的成果出自专业的科研机构,实务部门研究成果的比例仅为10.47%。

表-5

作者单位	数量(篇)	所占比例
大专院校	62	72.09%
专业科研机构	5	5.81%
实务部门	9	10.47%
其他	10	11.63%

注:其他一项主要为职业律师发表的文章

2. 形成目前的研究主体的原因分析。

专家学者成为我国矿产资源法的主流研究群体同我国矿产资源领域的立法由建国初期的探索性的矿业立法变为更为深入的专业性立法相一致,这表明我国矿产资源领域的立法工作的重心已经由最初的满足行政管理的需求转变为进行深入的法学理论分析和体系构建。《矿产资源法》

颁布之初，立法目的主要在于满足对矿业领域进行行政管理的需求，弥补矿业领域的法律空白，实务部门的工作人员当然成为了初期我国矿产资源法研究的主体。但随着矿业立法的深入发展，法学理论的研究和法律体系的建设成为新的重点，经过系统学习的专家学者比实务部门的工作人员更能胜任这种工作，随之成为矿产资源法的研究主体。同时，我国《矿产资源法》颁布之初，对于案例材料和其他的文献资料国内都比较缺乏，导致不可能进行大规模的学术研究。实务部门的工作人员处在工作的第一线，能够及时了解《矿产资源法》及各项行政法规的最新动态，掌握大量的第一手资料。这就决定了在相当长的一段时期内，立法部门、行政机构以及司法机关的工作人员是我国矿产资源法研究领域的主导力量。但随着我国《矿产资源法》的日渐成熟，研究问题的不断深入，对研究者的专业水平提出了新的更高的要求。之后，包括高等学校教师在内的专业研究人员逐渐取代实践部门人员成为国内矿产资源法研究领域的中坚力量。

（四）收录矿产资源法研究成果的期刊杂志分布情况及原因分析

1. 收录矿产资源法领域研究成果的期刊杂志涉及面广，法学类刊物占比重较大。

近年来收录有关《矿产资源法》相关研究成果的刊物涵盖范围比较广，包括自然科学类、经济类、法律类、注重新闻报道的综合性报纸以及一部分党政机关的机关报。如表－6所示，专业性的法学刊物所占比重较大，超过40%，在此类专业性法律类刊物当中，又以各高等院校的学报为主，包括《中国社会科学院研究生院学报》、《中国政法大学学报》、《复旦大学学报》都收录了一批关于《矿产资源法》的研究成果，法学核心期刊发表的有关矿产资源法的文章仅两篇，较其他的法学类期刊收录文章数量为少。收录关于《矿产资源法》科研成果的机关刊物主要涉及国土资源、财政系统。比如国土资源部的机关刊物《国土资源情报》，湖南国土厅机关刊物《资源导刊》。以新闻报道为主要方向的综合类报纸也刊登了一些矿产资源领域的文章，比如《平顶山日报》、《承德日报》、《秦皇岛日报》和《安阳日报》。

表-6

刊物类型	收录文章数量	所占比例
法学类期刊	42	48.84%
经济类刊物	19	22.09%
自然科学类刊物	20	23.26%
综合类刊物	5	5.81%

2. 对矿产资源研究成果发表现状的原因分析。

法学类核心期刊收录矿产资源法领域的研究成果同其他法学类期刊收录的文章数量而言较少的原因，首先在于，此类的法学期刊都有固定的板块，在选择文章及排版时除了对文章的质量进行筛选之外，不同的板块对所讨论的问题方向也会有一定的要求，这种双重的筛选机制决定了只有极少数有关矿产资源法的研究文章能被法学类核心期刊所采用。以华东政法大学主办的《法学》为例，版面主要包括评论（专题评论、时事评论）、笔谈、争鸣、专论、论文、专题研究、法律实务、域外法制等几个板块，每个部分对所收录的文章类型和方向有不同的要求。其次，近年来矿产资源领域发生的一系列重大事件引起了社会各界的高度关注，比如2009年的力拓间谍案，2009年山西煤炭资源整合，2012年中国石化集团全资子公司中石化国际石油勘探开发有限公司收购美国Devon公司页岩油气资产事件，相关各方以此类重大事件为切入点从不同的角度撰写了大量的文章。但此类文章多数限于对发生事件经过的报道，缺少对事件本质以及事件发生的深层次原因分析，不可能被专业类的法学期刊所采用。所以多数发表在综合性的报纸期刊。这也是综合类报纸所收录的有关矿产资源法研究成果的主要来源。

（五）国内学者主要采用的研究方法及原因分析

1. 文献分析法是国内学者主要采用的研究方法。

近三年的研究成果显示，国内学者在进行研究时，倾向于采用的研究方法为文献分析法，对于其他的研究方法很少采用。如张璐2010年发表于《甘肃政法学院学报》的《〈矿产资源法〉修改中的"权证分开"问题研究》,刘生辉 2010 年发表于《中国国土资源经济》的《对矿产资源管理进一步法制化规范化的思考》所采用的都是文献分析的方法。广大学者在论文中极少引用相关的统计数据和案例材料。

文献分析法在学术研究中具有很多的优点。首先,资料搜集相对容易。文献分析法所采用的资料主要包括已经发表的学术文章、著作以及对外公开的规章制度法律文本等,此类的资料相对容易获得。其次,采用文献分析法进行研究所取得的成果能够为类似研究提供基础资料。但文献分析法也有其局限性。首先是文献分析所搜集的资料有一定的滞后性。文献分析法所搜集的都是业已公开的资料,许多尚未文本化但具有极高科研价值的第一手材料难以收集,比如矿业管理部门工作人员在工作中所掌握的情况。采用文献分析法的研究大多在确定研究的主题之后进行有针对性的资料搜集,在此过程中一些有益于研究深入的材料很可能被忽略。其次,此类的研究受所采用的资料的限制,只能就已经被研究者发现的问题进行探讨,对于已经出现但尚未引起学者关注的问题采用文献分析法难度较大,比如矿业权的流转问题,事实上在《矿产资源法》和《探矿权采矿权流转管理办法》对矿业权的流转做出明确规定之前,矿业权流转的现象就已经大量存在,但直到相关法律法规出台,关于矿业权的流转才正式为学界所关注。再次,许多具有较高科研价值的材料难以获得,导致很多研究都是隔靴搔痒,难以深入。

2. 研究方法单一现状的原因分析。

导致此种状况的原因是多方面的。开展实证研究需要大量的案例材料以及行政机关的统计数据,这些资料的搜集难度较大。在我国的司法实践中只有案件的当事人以及代理律师才有权复制案卷材料,科研人员进行研究时只能通过相关媒体的报道或者同案件当事人的交流取得相关的信息,但无论是媒体的报道还是案件当事人的叙述都不可避免地具有某种倾向性,给研究带来困难。行政机关所掌握的统计数据和其他材料获取难度同样很大,虽然有《政府信息公开条例》作为请求政府公开相关信息的法律依据,但现实状况并非如此,相关部门经常以各种理由拒绝公开或者延迟公开研究者所需的信息。这种状况严重导致对矿产资源法进行实证研究困难重重。而实践部门的工作人员虽然能掌握许多第一手的材料，但受专业研究能力的限制又难以对所遇到的问题进行深入的研究。这种尴尬的境况导致我国对矿产资源法的研究多采用文献分析的方法。

（六）我国矿产资源法研究存在的问题及改进建议

1. 我国矿产资源法前沿问题研究的不足。

经过几十年的发展，我国关于矿产资源法的研究已经从最初的摸索发展到了相对成熟的阶段。但我国矿产资源法的研究仍存在一些缺陷和不足，具体表现在：

首先，重理论研究，轻实证分析，整个矿产资源法的研究结构严重失衡。在研究方向的选择上，广大研究者倾向于理论性强的题目，对实践性强的科研课题关注较少。在研究方法上，文献分析法是广大研究者主要采用的研究方法。包括从法律实施角度所做的研究，文献分析法也是研究者主要采用的研究方法，这就导致一方面矿产资源法的理论研究已经达到较高的程度，另一方面在矿产资源领域大量的现实问题却得不到重视和解决，学术研究和矿产资源开发管理工作严重脱节。学术研究不能有效地服务于我国矿产资源领域的法制建设。

其次，国内学者提出的改进建议不能有效解决我国矿产资源领域存在的问题。我国矿产资源领域的众多问题受到学者的关注。比如，矿产资源税的征收、资源生态补偿费用问题、采矿权的流转问题，但学者的研究停留在对问题本身的分析，提出的改进建议集中于制定或修改国内法律法规。我国的现实情况是全国人大及其常委会每年的立法数量是有限的，短时间内不可能对矿产资源领域的法律法规进行大规模的修改。在此种现实情况下，学者关于制定修改国内立法的建议事实上被虚置，无益于解决我国矿产资源领域存在的现实问题。

再次，重复研究大量存在，科研资源利用率低。国内矿产资源法的研究热点突出，但随之而来的是大量的重复研究。关于矿业权的性质研究，中国知网近三年所收录的七篇文章中的四篇均涉及对矿业权性质的四种主流观点的介绍，结论也都是选取其中的一种论证其合理性。对《矿产资源法》整体结构分析的五篇文章都是以矿产资源的国家所有、有偿使用、矿业权的流转和分类管理四项制度之间的衔接为切入点。涉及重复研究在消耗大量的科研资源的同时，对矿产资源领域的法制建设作用却非常有限。

2. 完善我国矿产资源法前沿问题研究的建议。

首先，建立矿业部门同高等院校、科研机构之间的内部信息交流机制。资料缺乏是广大专家学者在开展科研工作时普遍遇到的问题，实务部门所掌握的统计数据、案件记录等材料对于矿产资源法的研究都有非常重要的作用。在行政公开的状况短时间内难以得到改善的情况下，可以通过建立矿业部门同高等院校、科研机构之间的内部信息交流机制解决这一困境。通过建立矿业实务部门同高等院校、科研机构之间的内部信息交流机制，在推动矿产资源法领域科学研究的同时，又能够把知悉相关信息的人员控制在小范围内，防止内部信息的泄露，使矿业实务部门所掌握的信息得到最大限度的利用。同时，通过高等院校科研机构同矿业实务部门的交流能够让科研成果直接服务于矿产资源领域的实际工作，实现科学研究同矿业实务工作的良性循环。

其次，建立统一的矿产资源法研究成果数据库。通过建立统一的矿产资源法研究数据库能够保证矿产资源领域的学者及时了解国内最新研究动态，防止不必要的重复研究。同时，统一的矿产资源研究成果数据库能够为各学术期刊选稿提供参考，减少乃至避免重复研究的成果发表，对学术领域的重复研究进行制约。通过减少乃至避免重复研究，能够提高科研资源的利用率，推动我国矿产资源法研究的理性繁荣。

再次，在各级科研课题的审批上向实践性强的项目倾斜。通过科研资源的倾斜支持，鼓励进行实证领域的研究。在各级科研课题立项中增加实践类科研课题的比重，解决《矿产资源法》实施过程中迫切需要解决的各种问题，比如矿产资源税的征收、矿区生态资源补偿制度。增加实践性的科研课题的比重同时可以吸引更多的实践部门工作人员参加到同矿法有关的科研工作中，实现实务部门同科研机构的良性互动。通过这些研究，解决我国矿产资源领域迫切需要解决的现实问题，推动矿产资源法研究平衡发展。

结论：

《矿产资源法》直接规定我国矿产资源领域的基本制度，对矿产资源法的研究可以说直接关系到我国矿产资源领域的法治进程。当前国内对于矿产资源法前沿问题的研究热点较集中，且领域分布基本稳定。以专家学者为主的研究群体在包括法学、经济以及自然科学等各类期刊杂志上发表了大量的文章。但我国关于矿产资源法前沿问题的研究还存在诸多的不足，具体表现为重理论探讨、轻实证分析，研究结构失衡；专家学者提出的改进建议不能有效地解决矿产资源法领域存在的问题；重复研究大量存在，影响科研资源的高效利用。只有通过加强专门性学术研究机构同实务部门的沟通，建立全国性的科研数据库，同时在课题审批立项上对实践性课题倾斜支持，才能推动国内矿产资源法前沿问题研究的理性繁荣。

中篇：

生态环境法理论与热点问题微探讨

第五章 生态补偿法律化的必要性及推进思路

随着人类环境观的不断成熟，可持续发展理念已成全球共识，世界各国围绕经济发展与环境保护相协调的问题开展了大量卓有成效的理论研究和实践探索。目前已经在多个国家广泛开展的"生态系统服务付费（Payment of Ecosystem Services，PES）"就是一条成功的路径选择，而近年国内学者更多关注和讨论的"生态补偿"问题也正是在此基础上提出的具有中国特色的理论和实践创新。中共十八届三中全会通过的《中共中央关于全面深化改革若干重大问题的决定》明确了"生态补偿机制"和"生态补偿制度"的概念，随后召开的全国人大第十二届二次会议审议通过的《2014年政府工作报告》再次明确了"积极探索资源有偿使用和生态补偿制度"的政府工作目标。国内两个顶层设计文件的权威表述，既表明最高领导层对生态补偿问题的关注和思考，也是最高决策层对国内学界多年研究成果的认同和肯定，同时明确了"制度"建设将是未来"生态补偿"理论研究的重点。

一、生态补偿法律概念的重塑

对于"生态补偿"概念的法学界定是构建生态补偿法律制度的首要前提，学者们进行了诸多探讨，其研究成果也不乏亮点，但是始终未能达成共识。2013年底我国《生态补偿条例》（征求意见稿）的起草工作几近尾声，"生态补偿"的概念却依然未能明晰。作为条例起草领导小组法律专家组组长的汪劲教授深感从法学角度对"生态补偿"进行概念界定的重要性和紧迫性，于 2014 年 1 月在《中国地质大学学报（社会科学版）》上发文，以条例草案的立法解释为背景，论述了"生态补偿"的概念界定。文章就学界对"生态补偿"的研究做了全面和细致的总结，更让人称道的是对中国政府文件中"生态补偿"的概念及使用情况做了历史和系统的梳理。该文立意高远、考证缜密，观点也颇具权威性，称得上是近年国内"生态补偿"相关研究的里程碑，然而细读之下仍感觉有可继续推敲之处，故借此文与汪劲教授商榷。

（一）正本清源："生态补偿"概念考

"生态（Eco-）"一词源于古希腊语 οικος，原意指"住所"或"栖息地"，现代词义为"生物在一定的自然环境下生存和发展的状态，也指生物的生理特性和生活习性"；在生态学研究领域，"生态"指生物与其环境之间的相互关系；在生态经济学领域，"生态"引申为"生态系统服务"。"补偿"一词在古代汉语中是独立的两个汉字，其汉语词源需要分别考证。"补"在《说文解字》中定义为"完衣"；在《康熙字典》中解释为"修破为补"。"偿"在《说文解字》中定义为"还也"；在《康熙字典》中解释为"还所值也"。笔者认为"补"强调的是"修补和还原"，而"偿"则侧重于"偿还和替代"，"补偿"连起来可以理解为"抵损、补差"。"生态补偿"应当可以解释为对生态系统的抵损和补差，即人类通过主动控制和校正自己的行为，以弥补自身活动给生态环境带来的破坏，从而维持自然生态系统的动态平衡。

马克思主义的认识论基本观点告诉我们，实践是认识的来源，实践是认识发展的动力，实践也是检验认识是否具有真理性的标准。

在国内，生态补偿这一概念从提出到现在有二十多年的历史了，可以说这是一个由中国学者在实践中总结归纳和不断积淀的概念，对这一概念的研究应当首先回顾当初学者们研究的成果，认真梳理学者们研究的脉络。就目前所能查到的资料来看，最早将"生态"和"补偿"相提并论的是马世骏（1981），他认为"自然生态系统各成分之间具有一定程度相互补偿的调节功能,但这种补偿和调节作用是有限度的"①;最早将"生态补偿"作为一个概念固定搭配使用的是张诚谦(1987)②;最早将"自然生态补偿"列入工具书词条,并给出概念界定的是《环境科学大辞典》(1991)③;之后的学者们就开始不断引用该书所提出的概念作为权威表述,并开始广泛研究"生态补偿"问题④。

现在看来,国内自然科学学者提出生态补偿这一概念是很偶然的,并且从一开始就没有能够区分"自然生态补偿"与"人工生态补偿",这从逻辑上讲是有重大漏洞的。如前所述,作为第一个使用"生态"和"补偿"概念的马世骏,在研究中强调的是自然生态系统作用于自身的"自力补偿";而之后使用"生态补偿"概念的张诚谦,在研究中强调的却是由人类向生态系统投入能量以维持生态系统的动态平衡的"他力补偿"。相对而言,《环境科学大辞典》关于"自然生态补偿"的概念解释在逻辑上是比较严谨的,因为有"自然"一词在"生态补偿"之前做限定语。但可惜的是,之后的学者们引用该辞典时,基本都是断章取义,对作为定语的"自然"一词视而不见,直接取"生态补偿"的概念用于各自的研究。然而,这个逻辑上的瑕疵竟然被学者们承袭至今,从来没有人意识到这个问题的存在,更没有人提出过质疑。这也就解释了为什么不同学科的研究,从自然科学的农林业学到环境科学、从社会科学的经济学到法学,所有学者的研究居然都是在同一的概念下展开的。

笔者认为,无论从实践中看还是从逻辑上讲,生态补偿概念本应有"自然生态补偿"和"人工生态补偿"之分,正如同"环境"有"自然环境"和"人工环境"之分。"自然生态补偿"指环境自净的过程,是生态系统所天然具备的自我调节能力,是不需要借助外力的"自力补偿";"人工生态补偿"指与生态保护相关的人类自觉的环境管理行为,是人类

---

① 马世骏:《现代化经济建设与生态科学——试论当代生态学工作者的任务》,《生态学报》1981年第1期。
② 张诚谦:《论可更新资源的有偿利用》,《农业现代化》1987年第5期。
③ 环境科学大辞典编委会:《环境科学大辞典》,中国环境科学出版社1991年版第20页。
④ 叶文虎、魏斌、仝川:《城市生态补偿能力衡量和应用》,《中国环境科学》1998年第4期。

对自然生态系统进行主动干预的"他力补偿"。早期学者们研究生态补偿大多是从自然科学视角对"自然生态补偿"的规律进行探讨；随着"生态补偿"研究的社会科学研究视角的创新，学者们的研究更多是在"人工生态补偿"语境下进行的。从法学视角研究"生态补偿"，其重点是进行制度层面的探讨，必然更关注"人工生态补偿"。法律是调整社会关系的制度和规范的总称，法律规范的是人的行为、调整的是人与人之间的关系，并不能规范和调整生态系统的活动和功能。这里的"生态补偿"就是人类为弥补因其行为造成的、超出生态系统自净能力而导致的自然生态功能减损所采取的措施，目的是维持自然生态系统的动态平衡。因而，将"生态补偿"定位在与生态保护相关的人类环境管理行为，是从法学角度界定生态补偿的逻辑前提。基于上述分析，笔者认为从法学角度对"生态补偿"可以进行如下界定：生态补偿是为了预防和弥补人类活动造成的生态系统功能减损，促进恢复生态平衡，实现社会公平，由资源开发利用者及生态利益获益者通过行政或市场等法定方式，向资源所有者或生态利益付出者支付补偿费用或提供补偿利益的制度安排。

（二）生态补偿法律化的现实必要性

生态补偿是协调少数个体的当前利益与社会长远利益的重要手段。生态建设的社会收益远高于生态建设负担者的私人成本，结果必然是牺牲少数个体的当前利益来保障社会的长远利益。此种情形下，如果不提供适当的补偿，就会导致社会个体投入生态保护的积极性不足。面对我国日益严峻的生态形势，以及生态环境建设领域日益突出的利益失衡现象，实现生态补偿的法律化势在必行。但就目前而言，生态补偿还主要停留在政策层面。为此，笔者尝试就这些问题做一探讨。笔者认为，面对我国当前日益严峻的生态保护实践，生态补偿法律化有其现实必要性，理由在于：

1. 生态补偿法律化是生态文明建设的制度保障需求。

生态文明作为一种新的文明形态，需要相应法律制度来保障。生态文明建设是全体公众共同参与、共享成果的过程，不仅需要政府的责任承担，更需要市场主体的参与。由于参与主体的广泛性，自然会出现多元利益的冲突,其中包括生态利益与经济利益的冲突、公共利益与私人利益的冲突、中央利益与地方利益的冲突、流域之间的利益冲突、区域之间的利益冲突等。这些利益冲突是必须解决的现实问题。法律是解决利益冲突的理性规则,生态补偿法律化的实质就是通过法律解决在建设生态文明过程中出现的一系列利益冲突。生态文明建设需要鼓励相关主体积极投身于生态建设和生态保护活动,然而生态建设和生态保护行为产生的生态利益属公共利益,具有明显的正外部性。作为理性经济人,在缺乏相关激励机制的情况下往往不会主动从事该行为。同时,由于生态利益的公共性,一方进行的生态建设和生态保护活动往往会使他方受益,而受益方不需承担成本,这与法律所追求的公平原则相违背。基于公平原则,生态受益方理应与生态利益的供给者共担生态建设和保护的成本。我国现有的环境法律制度尚未体现生态文明共建共享的理念。环境法领域的"三同时制度"、"环境影响评价制度"、"排污收费制度"等体现的仅仅是政府对破坏生态环境的相关主体的监管机制。这些机制是工业文明时代的产物,只注重对环境污染和生态破坏者的直接行政监管,而忽视了对生态建设和保护者的鼓励。生态补偿作为一种利益协调机制,通过使生态利益的受益者对贡献者进行一定的补偿,确保生态利益的有效、持续供给。生态补偿法律化就是通过带有强制性的法律规制,使生态受益者对生态建设和保护者的补偿成为一种常态,从而鼓励更多主体自觉从事生态建设和生态保护行为。因此,建设生态文明,就要进行理念更新和制度创新,通过生态补偿法律化,改变过去无偿享用生态服务功能的传统模式而在新的理念指引下进行法律制度创新,从而体现生态服务的功能价值。

2. 生态补偿法律化是生态补偿实践的制度规则需求。

生态补偿实践的秩序化发展要求生态补偿法律化。我国目前虽然开展了一系列的生态补偿实践,但与生态补偿的社会需求相比,仍然是零星的、局部的。从生态补偿实施的领域而言,"现有生态补偿主要集中在森林、草原、矿产资源开发等领域,流域、湿地、海洋等生态补偿尚处于起步阶段，耕地及土壤生态补偿尚未纳入工作范畴"。① 就生态补偿实施的地域而言，"现有较为成功的生态补偿案例均发生在经济较发达的省份，如浙江、广东和福建等，而西部地区的生态补偿工作进展较慢，取得的成效也不显著"。② 就生态补偿实施的主体而言，主要是政府进行的补偿，市场主体之间的补偿数量较少。就补偿主体之间的关系而言，主要是上级政府对下级政府的纵向补偿，区域之间的横向补偿步履维艰。总之，我国的生态补偿机制还没有根本确立，生态补偿实践的范围还有待于进一步扩大，生态补偿实践的方式还有待于进一步扩宽。虽然生态学、环境经济学、环境伦理学、法学等学科都为生态补偿实施的正当性提供了一定的理论基础，然而，由于生态补偿涉及对原有利益格局的调整，所以这一新的生态保护手段的实施必将面临一系列的阻力。立法源于实践的需求，同时立法对实践也有巨大的推动和引导作用。生态补偿法律化一方面是生态补偿实践的秩序化需求，另一方面生态补偿法律化也是推进生态补偿实践的重要保障。秩序在人类社会中起着重要的作用，无法想象人类在混乱的状态中如何生存和发展。哈耶克认为，"所谓'秩序'，我们将一以贯之地意指这样一种事态，其间，无数且各种各样的要素之间的相互关系是极为密切的，所以我们可以从我们对整体中的某个定向部分或某个时间部分所做的了解中学会做出正确的预期，或者至少是学会做出颇有希望被证明为正确的预期。"③ 在哈耶克看来秩序的主要功能在于为人的行为提供有效的预期。目前我国已开展的生态补偿实践带有很大的偶然性，是否能得到补偿主要来源于政府的决策。面对生态环境建设和保护行为付出的成本和牺牲能否获得相应的补偿，相关主体不能做出明确的预期。在没有明确预期的情况下，行为人出于自利性的考量很难主动实施保护生态环境的行为。美国现实主义法学的主要代表

---

① 徐绍史：《国务院关于生态补偿机制建设工作情况的报告》，《人民日报》2013年4月24日第6版。
② 冯艳芬、刘毅华等：《国内生态补偿实践进展》，《生态经济》2009年第8期。
③ [英]哈耶克：《法律立法与自由》第1卷，邓正来等译，中国大百科全书出版社2000年版，第54页。

之一卢埃林认为法律的重要功能之一是对人们的习惯和期望进行引导或转变人们的行为和观念，积极地促使人与人的相互合作。生态补偿法律化即是对人们习惯性行为和观念的一种转变，是保护生态环境的一种合作机制。对于生态环境保护的受益者而言，由于长期以来无偿享受生态系统的服务功能，要让其承担补偿义务往往存在较强的排斥性。生态补偿以法律的形式对无偿享受生态系统服务功能的这种传统观念进行否定性宣示，引导人们正确认识生态服务的价值。同时，法律也可通过强制性手段，约束生态受益者承担补偿责任。

3. 生态补偿法律化是生态补偿政策的制度固化需求。

生态补偿政策经验的固化需要法律提供运行规则。生态补偿的顺利进行需要相关制度为其提供切实可行的运行规则，例如生态补偿应由谁补偿谁、补偿标准如何确定、补偿程序如何操作、补偿纠纷如何解决等。目前有关生态补偿的法律和政策难以为生态补偿提供明确的运行规则，这严重阻碍了生态补偿实践的顺利进行。我国目前没有生态补偿专门立法，与生态补偿有关的规定零星地散落在环境保护基本法和一些环境保护单行法中。这些关于生态补偿的规定都过于原则，仅仅表明了进行补偿的要求，但对于如何补偿缺乏详细的规定。虽然在《中央财政森林生态效益补偿基金管理办法》中对补偿标准做了规定，但其范围仅限于国家级生态公益林[①]。同时，关于生态补偿的规定具有分散性，只专注于某个生态保护领域或某个工程中的生态补偿，但生态系统具有整体性，个别领域或个别工程中的生态补偿并不能完成对整个生态系统的保护任务。而且，从目前生态补偿相关法律涉及的领域而言，也没有包括所有类型的生态系统。生态补偿法律化需要在发现生态补偿一般规律的基础上，明确对生态补偿实践具有普遍指导意义的法律规则。规则有多种表现形式，包括道德、习惯、政策等，法律只是其中之一。生态补偿虽然具有

---

① 《中央财政森林生态效益补偿基金管理办法》第四条：中央财政补偿基金依据国家级公益林权属实行不同的补偿标准。国有的国家级公益林平均补偿标准为每年每亩 5 元，其中管护补助支出 4.75 元，公共管护支出 0.25 元；集体和个人所有的国家级公益林补偿标准为每年每亩 10 元，其中管护补助支出 9.75 元，公共管护支出 0.25 元。

道义上的正当性，但由于道德不具有强制性，在调整生态补偿关系上显得力不从心。而就习惯来说，生态补偿的要求恰恰和我国长期以来无偿享受生态服务功能的习惯相违背。生态补偿机制的建立就是要逐渐改变人们的传统观念，树立保护者获益、受益者补偿的意识，通过扭转人们的习惯性行为，达到保护生态环境的目的。目前，我国生态补偿实践的开展主要依据的是中央和地方出台的相关政策。但政策具有一定的短期性，与生态建设的长期性特征不符。我国目前实施的相关生态补偿政策许多都是短期的，因为这些政策针对的大都是项目和工程（如天然林保护工程、退牧还草工程），而这些项目和工程均有一定的期限性。"当项目期限过后，农牧民的利益得不到补偿，为了基本的生活和发展需求，他们就不再会从保护生态环境的角度去限制自己的生产和开发，从而持续对当地的生态环境造成压力，不仅不能改善当地的生态环境，还可能会造成更为严重的生态破坏或生态灾难。"① 因此，生态补偿政策在一定条件下应及时转变为法律，以便政策所要达到的目的有法律保障。生态补偿法律化的任务就是通过生态补偿法律规范的创设，促进生态补偿的开展，规范生态补偿的运作，使生态补偿的各环节都有法律制度的支撑，从而确保通过生态补偿达到保护生态环境之目的、实现公平正义之法律价值。

（三）生态补偿法律化必须解决的疑难问题

笔者认为，从立法要求和我国实际来看，生态补偿法律化在理论上必须解决以下四个方面的具体问题。

首先，生态补偿的性质是环境法律行为。（1）生态补偿具有社会性，强调公益而非私益；生态补偿行为对相关社会主体的利益产生直接或间接的影响。（2）生态补偿具有法律性，强调公力救济而非私力救济；生态补偿是由法律规定、受法律调整、能够发生法律效力或产生法律效果的行为。（3）生态补偿具有意志性，强调可预期力而非盲目性；生态补

---

① 洪荣标、郑冬梅：《海洋保护区生态补偿机制理论与实证研究》，海洋出版社2010年版，第35页。

偿是人的行为，受人的意志控制和支配，反映一定的价值追求。

其次，生态补偿的法定形式包括政府主导的生态补偿和市场起决定性配置作用的生态补偿两大类。从目前的生态补偿实践中可以看出，现阶段我国在生态补偿的实践方面所开展的工作主要是三方面：一是以国家政策形式实施的生态补偿；二是地方自主性的探索实践；三是近几年来初步开始的国际生态补偿市场交易的参与。但是，随着我国市场经济体制和环境管理体制的进一步完善，市场必将在生态补偿实践过程中发挥越来越重要的作用。

再次，生态补偿法律关系的补偿主体是资源开发利用者及生态利益获益者，受偿主体是资源所有者或生态利益付出者。以"资源开发利用者和资源所有者"为相关主体的生态补偿法律关系强调的是环境资源的经济价值；以"生态利益获益者和生态利益付出者"为相关主体的生态补偿法律关系强调的是环境资源的生态价值①。这里需要说明三点：（1）生态补偿不是法律责任形式。补偿主体承担补偿义务的原因是合法行为的负外部性而非违法行为，因而不存在追究法律责任的问题。（2）生态补偿的补偿主体不宜使用否定性概念进行界定。例如，很多学者都将补偿主体界定为"环境污染者"或"生态损害加害者"，而把受偿主体界定为"生态利益受益者"②，这种界定方式，就使得补偿主体与受偿主体的概念存在内容上的交叉而指代不清。同时，由于生态补偿是针对合法行为而言的，如果使用否定性概念来界定法律关系主体，则容易使生态补偿行为与环境侵权行为相混淆。（3）受偿主体与补偿对象应有所区别。受偿主体是生态补偿法律关系中的一方主体，而补偿对象是生态系统。人类活动造成了生态功能减损，所以要对生态系统进行补偿，使之保持良好的生态功能，达到平衡稳定的状态。

最后，生态补偿的法律实现途径应当包括经济性补偿和非经济性补偿两类。经济性的补偿方式主要表现为庇古税手段和科斯手段的运用，

---

① 韩卫平、黄锡生：《利益视角下的生态补偿立法》，《理论探索》2014年第1期。
② 曹明德：《对建立生态补偿法律机制的再思考》，《中国地质大学学报（社会科学版）》2010年第5期。

例如征收生态补偿税（费）、生态补偿财政转移支付（补贴）、生态补偿专项基金、碳汇交易、水权交易、生态产品认证制度等；非经济性补偿主要是政策上的扶持，如税收优惠政策、资源利用政策、劳动就业政策和扶贫援助政策等。

二、生态补偿法律关系的厘清

（一）生态补偿法律关系概述

1. 生态补偿法律关系的法理分析。

生态补偿这一概念在我国最早出现于农业领域，其内涵最初指的是自然生态补偿，后逐渐成为环境学、经济学等学科的研究对象，伴随着环境保护的法治化，环境法律体系逐步完善，被演变为一个法学概念。当前国内学者从不同学科视角、以多种研究方法对生态补偿进行了探讨，从文章发表的时间及内容分析，可以清楚地看到，国内学者对生态补偿的理论研究经历了三个重要的历史阶段：第一阶段以自然科学研究为主；第二阶段以经济学研究为主；第三阶段以法学研究为主。生态补偿的理论研究反映了其三个演化阶段，为生态补偿制度构建的理论基础。从三个阶段的嬗变来看，学者们对于生态补偿的研究并没有做"自然生态补偿"和"人为生态补偿"的区分，正如同"环境"有"自然环境"和"人工环境"之分。"自然生态补偿"指的是环境的自我净化过程，是自然生态系统具有自我调节的能力。"人为生态补偿"指与生态保护相关的人类自觉的环境管理行为。早期从自然科学视角研究"生态补偿"的学者们大多是探讨"自然生态补偿"的规律；随着对"生态补偿"的社会科学研究视角的创新，学者们更多的是在"人为生态补偿"语境下进行讨论。因而，本文也将继续沿着这一主流思路，对生态补偿的概念进行更深入的讨论，下文所提生态补偿，除特别指出外，是指人为生态补偿。所以我在本文中讨论的生态补偿的法律关系是沿袭此理论思路。

2. 生态补偿法律关系的法理学研究现状。

对于生态补偿法律关系的研究，学者们各持己见，受关注的主要集中在李爱年教授和杜群教授二人。李爱年认为生态补偿实质是国家主导下的行政法律行为，她把生态补偿法律关系定义为一种行政法律关系，主要从行政征收、行政补偿、行政合同三个角度来分析，而杜群教授认为强制性的法律关系和约定性的法律关系都会存在，应当具体问题具体分析，并未明确指出生态补偿法律关系的性质。

笔者认为生态补偿法律制度指的是为了预防和弥补人类活动造成的生态系统功能减损，促进恢复生态平衡，实现社会公平，由资源开发利用者及生态利益获益者通过行政或市场等法定方式，向资源所有者或生态利益付出者支付补偿费用或提供补偿利益的制度安排。

显而易见，生态补偿法律关系指的是资源开发利用者与生态利益获益者和资源所有者以及生态利益付出者在参与补偿活动中，依据行政或市场等法定方式所形成的以生态补偿权利和生态补偿义务为内容的社会关系。

3. 生态补偿法律关系的法理学内涵。

就目前所收集到的资料来看，国外学者的研究和法律制度中没有出现可以与"生态补偿"相类似的概念，生态补偿类似的是"生态系统服务付费"（Payment for Ecosystem Services，PES）。其具有比较扎实的理论基础，是充分利用了市场机制多渠道融资体系而形成的。专注于市场机制的研究和探索是国外生态系统服务付费制度和是与中国的基础理论的最大区别。

在中国，对生态补偿更多强调的是一种按照国家强制性法律规定进行的法律行为。从目前国内生态补偿实践中可以看出，在这一阶段的主要工作是在三个方面进行：一是以国家政策为主要导向的生态补偿；二是地方自主实践探索；三是生态补偿市场交易的国际化。很显然，在这个阶段，主要是在政府主导模式下的生态补偿机制。

2014年李克强总理所做的政府工作报告中提出了"政府要简政放权"。要让市场主体"法无禁止即可为"，政府部门则是"法无授权不可为"，激发市场活力，调动社会创造力武器，不再片面追求经济GDP的快速发展，而是放管结合，要让政府有更多的精力来完善和创新宏观监控,加强事中和事后的监管。借鉴与国外相类似的"生态服务付费",结合新时期下政府的新要求,以及随着我国市场经济体制和环境管理体制的进一步完善,生态补偿的市场机制也将日益发挥重要作用。

生态补偿法律关系,是通过对生态补偿法律制度的调整而形成的。生态补偿法律制度对生态补偿法律关系的研究起着指导作用。国内学界对于生态补偿法律制度的系统研究正处在起步阶段,许多重要的理论目前仍未达成共识。就生态补偿法律制度的架构而言,比较令人信服的观点是对生态补偿法律制度进行二元架构,即包括"基础型"和"延展型"两种生态补偿法律制度[1]。因此,生态补偿关系经过生态补偿法律制度的调整也应当相应地形成两种类型的法律关系,即"基础型的生态补偿法律关系"和"延展型的生态补偿法律关系"。前者是由政府起主导作用的,由公权力主体和一般社会主体之间形成的基础型的生态补偿法律关系;后者是由市场起决定性的作用,在一般社会主体之间形成的。笔者认为,生态补偿的法律关系是一种特殊的,独立的法律关系,不应该归于行政法律关系或者是民事法律关系的范围内。

(二)对生态补偿法律关系主体的认识

1. 生态补偿法律关系主体概述。

法律关系的主体是法律活动的参与者,即那些享受权利并承担一定的义务的人,对生态补偿法律关系主体的探究,是解决在生态补偿实践中"由谁来补,补偿给谁"的重要问题,具有很强的实践意义。生态补偿法律关系本质上是一种人与人之间的权利义务关系,法律规范的是人的行为,不是生态系统本身,"生态补偿"定位为人类的环境管理行为是从法律的角度界定生态补偿的逻辑前提。笔者认为,在未来的立法实践中,根据生态补偿法律关系主体的权利义务以及法律关系主体的性质,同时,建立"基本"和"扩展"两种不同类型的生态补偿法律制度,可以满足社会不同群体对生态系统服务的不同层次的需求。社会制度的实施以其正当性为前提,法律制度尤其如此。生态补偿制度手段的正当性

---

[1] 张钧、王燚:《生态补偿法律制度的理论考察与二元架构》,《晋阳学刊》2014年第4期。

分析应当以主体性质为基础。所以对于生态补偿法律关系的主体应当以其性质为基础进行把握。

因此，生态补偿法律制度的主体根据不同的标准，进行不同的分类。按照主体的权利、义务内容为标准，可以将生态补偿主体分为"补偿主体"和"受偿主体"；按照主体的权力性质为标准，则可分为"政府公权力主体"和"一般社会主体"。

2. 生态补偿法律关系的补偿主体与受偿主体。

根据生态补偿法律关系的定义，生态补偿是资源开发利用者及生态利益获益者与资源所有者或生态利益付出者之间的关系。作为互相对应的概念，资源开发利用者与资源所有者这对法律关系强调的是环境资源的经济价值，生态利益获益者与生态利益付出者这对法律关系强调的是环境资源的生态价值。①

根据这两种生态补偿法律关系，法律关系补偿主体和受偿主体的区别也就显而易见了。在自然资源开发利用生态补偿这一法律关系当中，资源开发利用者与资源所有者作为生态补偿法律关系的补偿主体和受偿主体而对应存在；在环境保护的生态补偿关系中，生态利益获益者与生态利益付出者作为补偿主体和受偿主体而对应存在。

作为资源开发的利用者与生态利益的获益者，分别从经济与生态价值的角度对生态补偿法律关系的补偿主体进行了定位，资源开发的利用者指的是从事的经济活动中，因开发利用导致的环境污染和资源的破坏，使所有者的利益受损，开发者负有的补偿义务。对应的生态价值层面，指的就是生态利益的获益者因其生态利益减损行为向生态利益付出者进行生态补偿的活动。排除了以往学者对于生态补偿法律关系补偿主体的诸如生态损害的加害者这些否定性的概念，避免了外延的不清晰。生态补偿是针对合法行为提出的，使用否定概念的话易与环境侵权责任相混淆。

---

① 生态补偿法律制度的调整对象可以概括为——人类在自然资源开发利用和环境保护过程中形成的社会关系，简称"生态补偿关系"。而生态补偿关系经过生态补偿法律制度调整后就会形成生态补偿法律关系。参见张钧、王燚：《生态补偿法律制度的理论考察与二元架构》，《晋阳学刊》2014年第4期。

作为生态补偿法律关系的受偿主体同样从环境资源的经济与生态价值两个角度进行了分类，主要指的是资源所有者以及生态利益付出者。生态补偿的受偿主体又称生态补偿的权利主体，主要就是指是谁来接受生态补偿。资源所有者是与资源开发利用者相对应的概念，生态利益付出者则是与生态利益获益者相对应的概念，都是从"谁来接受补偿"这一角度出发来探讨的。

3. 生态补偿法律关系的政府公权力主体和一般社会主体。

二元架构的生态补偿法律制度分为"基础型"和"延展型"两种，前者的法律关系是由政府起主导作用的，由公权力主体和一般主体法定共同参与的，具有"强制性"、"保障性"和"恢复性"的特征；后者的法律关系是由市场起决定作用的，由一般社会主体自主约定参与的，"选择性"、"商业性"和"建设性"是其主要特点。具体来说，政府公权力主体指的是国家，而一般社会主体包括了自然人、企业事业单位和社会组织，国家在市场机制下的平等法律关系中也可以作为主体存在。

对于国家主体我们可以做出以下判断：一方面，生态利益作为一种公共利益，具有公共产品的属性，美国教授约瑟夫·萨克斯是创建环境公共信托理论第一人，该理论是以保护环境公共利益为根本目的的公益信托理论，确立了环境资源的社会公共财产属性和双重所有权权属关系。在该理论中，全体公民是委托人和受益人，政府是受托人，管理理论明确要求了政府的主要环境资源法律责任，主要目的是保护环境的公共利益。政府代表国家行使公权力，而国家作为自然资源的所有者以及生态补偿决策的实质做出者，当之无愧为生态补偿法律关系主体中最坚实、最基础也是最负责任的法律关系主体，无论市场机制的运行状况良好与否，国家作为生态补偿主体角色的重要性都是不可更改的。另一方面，国家作为生态补偿法律关系的主体必然存在其自身的缺陷，补偿后劲不足等问题，同时也囿于政府的精力有限，应当进一步开发生态服务市场，使更多的主体参与其中，不再局限于国家，以及代表国家行使公权力的政府这一层面。随着市场制度的健全和完善，国家也可以作为一般民事主体参与到生态补偿市场化机制的运行中，而不是恒定主体。

对于自然人主体和企业事业单位、社会组织主体我们可以做出如下判断：自然生态补偿法律关系的主体，是参与生态补偿的实践当中的最积极参与主体，具有相应的生态义务。主要自然人主体是公民，即在中华人民共和国管辖范围内所有的人。企业事业单位和社会组织主体是一类主要的生态补偿主体，原因在于其是造成环境问题主要的"凶手"，其生产经营活动几乎都要涉及自然资源的利用和影响生态环境两方面，本着"谁破坏，谁恢复"、"谁污染，谁治理"、"谁受益，谁付费"的具体规则，企业作为主要的赔偿者，应当通过向遭受生态破坏者支付相应的费用或者以技术支持等方式进行补偿。作为生态补偿的主体是主要的非营利组织，他们多是为自己的政治目的、宗教信仰或者个人的道德目的而自发组织的。

（三）对生态补偿法律关系客体的认识

1. 生态补偿法律关系客体概述。

客体是法律关系发生和存在的前提。研究生态补偿法律关系的客体，有重要意义。张文显教授对于法律关系客体的特点研究涵盖了"客观性、可控性、有用性"三方面，具体来说：首先它是对主体的"有用之物"而且围绕着、针对着它可能发生利益冲突，因此需要对此做出利益界定，即其权利义务的分界，明确其归属；其次它必须是受人类控制或部分控制的"为我之物"，只有受人类控制的东西才是由法律所调整的，才能成为主体的权利义务作用的对象；最后是它必须是对立于主体的"自在之物"。生态补偿法律关系客体符合上述要求主要表现在以下方面：作为生态补偿受偿对象的自然资源和生态环境；生态补偿法律关系主体所从事的各种保护生态环境和开发利用自然资源的行为。

2. 生态补偿法律关系客体之补偿对象。

生态补偿法律关系的补偿对象指的是生态系统，其作为生态补偿法律关系主体间发生权利义务的中介，是法律关系主体权利义务的指向的对象的其中之一。学界对于生态补偿法律关系的补偿对象存在争议，部分学者认为应当是属于受偿主体的范畴。然而受偿主体与补偿对象存在根本性的区别。受偿主体是生态补偿法律关系中的一方主体，而补偿对象则属于客体的研究范畴。人类活动造成了生态功能减损，所以要对生态系统进行补偿，使之保持良好的生态功能，达到平衡稳定的状态。其主要区别如下所述：

首先可以从学理上找到二者的区别。马克思主义法理学的观点认为，法律调整的是人与人之间的关系，并非是人与自然之间的关系。生态补偿法律制度的目的在于满足公民对于生态服务的需求。任何制度都具有人为性，因其本质上都属于人类的创造物。这就决定了制度的目的必然是满足人类的特定需求。根据经济学理论中"理性经济人"的假设，"利益最大化"是每个"经济人"理性思考和处理问题的出发点，即任何人在做决策时都会选择对自己最有利的因素。那么生态补偿制度的创设最终也是为了解决现实问题，满足人类的特定需求。生态补偿法律制度产生之初即立足于解决我国日益凸显的生态环境问题，弥补因人类活动造成的生态功能减损，维持生态平衡。根据经济学的效用价值理论，生态环境的价值在于其对人类的有用性。因而，生态补偿法律制度的根本目的在于满足公民对于生态服务的需求。而且随着时代的发展，"人类中心主义"的范围也有了自身的更新，逐渐着眼于全人类的利益，着眼于人类社会的长远利益，并且为了后代人的可持续发展，注重代际公平、代内公平。人类要保护环境顺应自然规律，与生态环境和谐相处。一些学者们所谓的"非人类中心主义"的观点只是把道德与法律模糊、混为一谈，没有起到实质性的作用。

其次可以从现行环境保护的体制机制上看到二者的区别。针对现阶段严重的环境问题，人们将其归结为生态补偿法律关系主体的缺陷是不全面的。严重的环境问题其存在性是多方原因的，笔者认为最重要的原因是现行环境法对破坏环境的企业事业单位的处罚轻微、处罚标准过于模糊。环境法没有对环境行政机关的违法行为规定切实可行的问责制度和监督制度，只是单纯将人与环境的关系纳为环境法的调整对象的方法并不能解决上述核心问题。自然环境并不能直接接受资金或技术的补偿而必须经过人的行为环节，那么在贯彻落实的补偿环节就可能会因人的行为而存在纰漏。这恰恰是问题的关键，将自然环境纳入生态补偿法律关系的主体范畴无法从根本上解决问题，自然环境没有意识、没有自由表达自身观点的能力、也不可能主动维护自身的合法权益。

此外，法律关系的实质就是权利义务关系，一般的社会关系经过法律的规范与调整形成具有法定性质的权利义务关系。法律关系主体又称为权利主体，是依法享有权利并承担义务的法律关系参加者。其权利是与义务密切联系的，在多数法律关系中，一方主体的权利恰好是另一方主体的义务，一方主体的义务又是另一方主体的权利，双方主体的权利义务是相吻合的。而自然如若作为法律关系的主体，其可以享有权利，但在其履行义务方面就难以实现。因此，我们将自然环境作为生态补偿法律关系的客体，使之成为生态补偿法律关系主体权利义务指向的对象，使主体的行为对其产生作用和影响，从而达到保护生态环境、促进自然环境的动态生态平衡。

3. 生态补偿法律关系客体之补偿行为。

制度主要通过外在的力量调整社会主体的行为，进而实现制度目的。生态补偿通过补偿主体的补偿行为来弥补人类活动造成的生态功能减损，促进自然的生态平衡，进而满足社会主体的生态服务需求。生态补偿是以弥补人为生态系统服务功能受损，维持自然生态平衡，实现社会公平，依据强制性法律规定或市场运行规则而支付费用或提供相关补偿性措施的法律行为。

从各国的研究和实践情况看，目前生态补偿行为主要包括两种形式。一种是庇古税补偿手段。该类生态补偿行为是由政府发挥主导作用的，由公权力主体和一般主体法定共同参与的，对人类经济活动和其他社会活动所造成的自然生态功能减损进行补偿的行为。庇古税手段强调政府力量介入干预经济活动，可采用诸如排污收费制度、生态公益林补助等的行为进行生态补偿。另一种是科斯补偿手段。该类生态补偿行为是在政府提供基础水平生态服务的基础上，在平等关系的主体之间，双方基于自愿并协商一致订立合约进行的生态补偿行为。科斯手段强调明确环境资源产权，通过市场交易引导生产消费。例如碳汇交易、水权交易、生态产品认证制度等市场化的运作。

(四) 生态补偿法律关系的内容及特点

依照法理学中法律关系的理论基础,生态补偿法律关系的内容指的是补偿主体之间依据生态补偿法律法规的具体规定或者市场的运行规则所享有的权利和所应当履行的义务。法律关系间权利义务是相对应的,也就是一方的权利是另一方的义务。

在"基础型生态补偿法律关系"中,国家作为最主要的补偿主体,其享有的权利主要有:因公共利益的需要,为提供基础型的生态补偿服务而开发利用自然资源的权利;确定补偿范围、方式、数额等的权利;根据生态利用受损者、自然资源所有者的赔偿要求进行审查和调查的权利。因权利义务具有一致性,所以其应当履行的义务主要包括:在生态补偿过程中接受监督的义务;保障公民的知情权的义务;保障生态补偿主体的合法权益不受侵犯的义务;公布生态补偿相关信息,进行告知的义务。

在"延展型生态补偿法律关系"中,补偿主体的权利主要是:在市场机制的运作下,有获得自然资源开发利用的权利;对生态补偿费用的使用状况的知情权;对误缴或者其他应当退缴情形下的退费要求权。在享受权利的时候,也应当履行一定的义务,集中体现在开发利用时,维护生态平衡、保护环境的义务;申报自然资源开发利用状况、生态补偿相关信息告知的义务;接受环境保护监督管理等相关部门监督管理的义务。

生态补偿法律关系的内容具有如下三个特征:

1. 生态补偿法律关系的内容明显具有公益性。

生态补偿法律关系的内容与一般法律关系的内容差异较大,在于它有一个更加重要的公众利益。生态补偿是作为一种为了维护生态平衡,追求生态公平的长效利益协调机制而存在,具有公益性的补偿性质,这是与私益相对应的。生态环境可以被划归为公共物品,那么其具有公共物品的属性。在社会主义市场经济下,如果生态补偿法律关系的主体依其权利无限、任意、无偿的开发利用共有的具有公共物品属性的自然资源或者向生态系统不断排放环境污染物,在短期内,是一个私人利益的损害，但从长远来看，利润动机驱动下，每个主体对自然资源无节制的开发行为必然要导致生态系统受损，环境破坏。这损害额度不单单局限于个人的利益的损害，而也会使公共环境下的每个主体的利益受到损害。生态补偿的行为直接或间接影响到社会主体的利益。

2. 引起生态补偿法律关系主体补偿义务的源行为具有合法性。

生态补偿不是法律责任形式。补偿主体承担补偿义务的前提是其合法行为本身所具有的负外部性效应。如果是违法行为，应当依法追究其法律责任，例如我国《侵权行为法》中就有条款专门规定了环境损害赔偿，再如我国《刑法》中也有专项条款规定了对环境犯罪的刑罚措施。因此生态补偿法律关系的内容具体来说是主体间的权利义务在社会生活中的落实，其本质是区别于环境损害赔偿这一概念的，而这一本质特征主要表现就是生态补偿义务的前提必须是合法行为。需要注意的是"补偿"是基于合法行为而产生的，"赔偿"则是因违法行为产生的。此外性质的不同以及法律依据的差异，主体的区别也是生态补偿与环境损害赔偿的不同之处。生态补偿与环境损害赔偿的最根本的差异就是补偿主体所实施的行为合法与否，这也是生态补偿法律关系内容的主要的特点。

3. 构成生态补偿法律关系内容的复杂性。

生态补偿并不囿于政府所实施的生态补偿行为，还包括市场机制运行下的市场主体参与的生态补偿活动。具体说来，至少应当包含两类子关系[①]。一类是"自然资源开发利用的生态补偿法律关系"，此类是人类在自然资源开发利用过程中为弥补自身活动对自然生态环境的影响而自发形成的，人与人之间发生关系和产生矛盾的焦点或者重心在于"补"，即自然资源开发者因其合法行为的负外部性而应向自然资源所有者赔付的损失，可视为对自然资源所有者原有生态利益的"补损"。另一类是"环境保护的生态补偿关系"。此类社会关系是人们在环境保护过程中为预防自然生态系统的功能减损和促进其恢复生态平衡而自觉形成的，人与人之间发生关系和产生矛盾的焦点或者重心在于"偿"，即生态利益的

[①] 张钧、王燚：《生态补偿法律制度的理论考察与二元架构》，《晋阳学刊》2014年第4期。

获益者因环境保护行为的正外部性而应向生态利益付出者偿还的对价，可视为对生态利益付出者预期经济利益的"抵差"。生态补偿法律关系的二元化决定了其内容的复杂性，特别是随着市场手段的运用，生态补偿的标准、补偿的方式方法也变得多元化，这成为生态补偿法律关系内容的重要特征。

（五）生态补偿法律关系厘清后可能得出的结论

1. "制度"建设将成为未来"生态补偿"理论研究重点。

"生态补偿"作为由中国学者自主提出的概念，可谓一次完全具有中国特色科研的理论创新。这种创新是符合中国发展实际的，也是适应中国发展需要的。其经历了由自然学科向经济学并最终向法学嬗变过程。当前学者的理论研究、国家顶层设计和面临的现实环境问题的现状，预示着"制度"建设将成为未来"生态补偿"理论研究重点。

2. 基于我国现实国情，构建具有中国特色的二元化的生态补偿法律制度，即"基础型"和"延展型"两种生态补偿法律制度是具有较强可行性的。

生态补偿法律关系以二元架构的生态补偿法律制度为依托，其内涵是资源开发利用者与生态利益获益者和资源所有者以及生态利益付出者在参与补偿活动中，根据行政或市场等法定方式所形成的以补偿权利和义务为内容的社会关系。具体而言，生态补偿关系经过生态补偿法律制度的调整也应当相应地形成两种类型的法律关系，即"基础型生态补偿法律关系"和"延展型生态补偿法律关系"。笔者认为明确生态补偿法律关系主体是研究和构建生态补偿法律关系的前提和基础，而客体作为生态补偿法律关系主体权利义务指向的对象，对其进行的理论研究也具有重要意义。生态补偿法律关系主体所享有的权利和承担的义务，即生态补偿权利和生态补偿义务是生态补偿法律关系的内容。对以上三点进行分析梳理，可以更好地对生态补偿法律关系进行整体的把握与认知。

三、生态补偿法律模式的甄别

(一) 生态补偿法律模式概念的提出

模式是解决某一类问题的方法论,亦译"范型"[①]。模式具有通过分析事物内各要素的作用和相互关系来揭示事物基本特征和区别事物与其他事物不同的功能。人们在许多学科领域都在广泛地使用模式这一概念,例如:"管理模式","法律模式","经济模式","教育模式"等。法律模式作为模式的一个分支,它通过对法律的要素及其相互关系的分析和研究来揭示法律的基本特征。而法律模式在生态补偿法学中的运行就形成了生态补偿法律模式。所以,我国生态补偿法律模式也应从其法律要素和相互关系入手,来逐步探索我国生态补偿法律模式的构建。在现代西方法理学中,影响较大的法律模式论主要有庞德的模式论和德沃金的模式论,庞德的模式论作为典型的法律模式,是由美国著名社会法学派人物庞德提出来的。庞德认为,任何一个法都应当由技术、理想和律令这三种成分构成[②]。庞德认为,律令、技术和理想相互之间的关系是:技术从法律的理想中得到其精神和方向,律令从发展和适用它们的技术中获得实际意义和全部生命,并从理想中得到其形式和内容。德沃金作为新自然法学派的代表人物,认为"实证主义的法律模式理论并不是普通法系国家法律实践的典型运行模式,由规则、原则和政策三因素而构成的三位一体的模式才是其典型的法律运行模式。"德沃金认为,原则和政策相对于规则而言处于同一个抽象的层次,但规则是具体的。在适用时,原则和政策具有一定的灵活性,是统筹全局的思想指导,规则则是僵硬的,要么无效,要么有效。笔者认为:庞德的法律模式论强调理想为法律适用方法和规则提供方向、精神引导的重要性,德沃金的法律模式论

[①] 一般指可以作为范本、模本、变样的式样。《辞海》,上海辞书出版社1989年版第3457页。

[②] 技术成分是一系列的方法,律令成分主要是规则,原则成分是权威性的出发点,概念成分是权威性的范畴,而理想成分则是社会秩序的理想状态。

强调抽象的原则、政策的灵活性和对具体规则提供思想指导的重要性。两位法学家无一忽视了抽象的理念在法律模式构建中的重要指导意义和具体法律规则对抽象理念的贯彻落实。

基于上述法律模式论，生态法律模式应该是"社会本位理念—规则法律模式"。它的构建内部表现为生态补偿法律制度本身所蕴含的社会本位理念，外部表现为对以自然资源开发利用者和生态利益获益者为补偿主体和以自然资源所有者和生态利益付出者为受偿主体之间权利和义务关系的制度安排。生态补偿的性质应然是一种法律行为，[①] 它的价值目标是通过调整生态补偿相关主体的利益来实现社会公平。有别于民商法私法自治的基本理念，生态补偿法的基本理念应该体现社会利益的公平，公共利益的最优。构建生态补偿法律模式则应该在社会本位理念的指导下，分析和研究生态补偿的法律要素和相互关系。

（二）当前生态补偿法律模式的缺陷

分析我国当前的生态补偿法律，不难发现，长期计划经济积累下来的政府主导的思维定式和法治传统的缺失，使得生态补偿法律模式的基本理念表现出明显的"政府主义"倾向，同时形成了政府主导下的生态补偿方式。因而笔者认为，我国当前生态补偿法律模式的缺陷主要有：程序理念的缺位、公共服务的非均等化和政府权力运行的无序化。

1. 程序理念的缺位。

法律意义上的程序是为保证法律实施结果的实现，在法律上予以规定的程序。生态补偿法律模式的程序理念是指与生态补偿实体法本质要求相一致的，揭示程序价值追求的理念。生态补偿法律模式中体现的程序理念除包含一般意义上的程序正义和程序效益理念外，还具有有别于一般的特殊程序理念，如保护公益理念。生态补偿法是以社会公共利益为本位的部门法，与之相一致，生态补偿法的程序应该始终贯穿对生态

---

① 张文显教授从三个方面论述了法律行为的特征：1. 法律行为是具有社会意义的行为；2. 法律行为具有法律性；3. 法律行为是能够为人们的意志所控制的行为。参见张文显：《法理学》（第三版），高等教育出版社、北京大学出版社2007年版第151—152页。

公共利益的保护，以有效保护生态公共利益不受侵害为目标的理念。生态补偿法律模式程序正义理念既强调人类应该消除破坏环境的行为，又要保障所有人的基本生存权，发展权。① 正义是法律的价值理念和永恒追求，是对全社会各方利益的均衡与协调。只有在维持社会公平正义的情况下，各方利益主体的合法权利和自身的利益才能得到保障，没有公平也就失去了发展的可能，更不会实现生态环境领域的正义。环境正义、公平的法学理论基础蕴涵了生态补偿法律模式的基本理念，解释了为何需要用生态补偿法律模式来调整相关主体之间的利益关系。

想要实现生态环境的正义、公平，只靠现行各部门单行生态补偿法规、条例是远远不够的，必须依靠法律程序来加以保障。仅依靠实体法律忽略了法律程序对法治实现的重大意义，在西方将近500年的法治进程中，法律程序起过重要作用，它与法律职业并列被称为法治的两个具有重要意义的推动力。② 然而，由于我国数千年形成的重实体轻程序的法律文化传统，③ 因而不可避免地导致我国注重实体立法，轻视程序立法。使得我国目前不仅生态补偿立法中的程序规定十分有限，而且生态补偿法律关系的相关者也普遍不能领会程序理念的重要意义。例如：对森林资源的滥采滥用，对于大多数人来说，并不能直接立即感到危机与自身利益的迫切联系。而此种侵害却表现出对社会性的、全面的、长远的、间接性的侵害。在1998年，我国开始关注对森林的生态补偿立法，《中华人民共和国森林法》修订时第一次确立了"森林生态效益补偿基金，用于提供生态效益的防护林和特种用途林的森林资源、林木的营造、抚育、保护和管理"。直到2007年，财政部和国家林业局联合发布新的

---

① 史玉成：《生态补偿的理论蕴涵与制度安排》，《法学家》2008年4月。
② 杨思斌、张钧：《司法公正是程序公正与实体公正的辩证统一》，《法学杂志》2004年第3期。
③ 近代以来我国的法律制度、法律文化深受将实体公正推向极致的大陆法的影响，而新中国成立初期在创立社会主义法制的过程中，又受到强调集中性、忽视个人权利、重实体、轻程序的苏联法制的直接影响。

《中央财政森林生态效益补偿基金管理办法》予以细化。① 可见两部法律明确了森林生态保护的补偿制度，体现了森林分类管理经营的法律原则。但均未体现森林生态补偿立法所应有的程序理念。

2. 公共服务的非均等化。

从理论上来看，人们从产品属性的角度来划分，公共服务及公共产品即是满足人们的公共需求，具有公共品性质的服务和产品②。萨缪尔森认为：纯粹的公共服务和公共产品具有非竞争性和非排他性③。生态产品在很大程度上属于公共产品，生态补偿亦是公共服务。在生态补偿这一项公共服务中，想要实现公共服务的均等化并不是简单依靠政府的财政转移就可以实现的。必须运用生态补偿法律模式来构建生态补偿的基本法律制度。通过法律的权威性和束缚性来规范生态补偿这一公共服务。否则政府给予再多的资金投入也都是徒劳的，只会使得公共服务非均等化的趋势进一步加剧。

生态补偿法律模式的基本理念是通过对法律主体间的制度安排实现环境公平，由此推出：生态补偿法是以社会利益为本位的法律④。但对于我国目前开展的生态补偿工作，政府为主导的生态补偿模式补偿范围狭窄，群众参与程度很低，忽视了不同污染之间的污染控制成本差异，使得有些地方补偿过度有些地方却补偿不足。面对复杂的生态补偿也会出现"政府失灵"的情况。个别区域探索性的市场补偿模式则不能克服在生态补偿中的非对称信息，经常会出现"市场失灵"的情况⑤。这些现象

---

① 《中央财政森林生态效益补偿基金管理办法》分为五部分，第一章，总则；第二章，补偿标准；第三章，资金拨付与管理；第四章，检查与监督；第五章，附则。
② 从当前我国城乡居民的需求来看。人们共同的服务需求主要包括义务教育、基本医疗、公共卫生、社会保障、基础设施、公共文化、公共安全、生态环境保护。
③ 郑海霞：《关于流域生态补偿机制和模式研究》，《云南师范大学学报（哲学社会科学版）》2010年第5期。
④ 法的本位是指法的基本目的、基本任务或基本功用，体现了法的价值取向，反映了法的基本理念，昭示了法的逻辑出发点和存在的意义。
⑤ 政府失灵就是政府为了矫正和弥补市场机制的功能缺陷所采取的立法、行政管理以及各种经济政策手段，但在实施过程中，往往会出现事与愿违的结果，最终导致政府干预的效率低下和社会公平的损失。市场失灵是指市场价值规律这个看不见的手无法实现资源最佳配置、效率最高的情况，市场失灵是自由的市场均衡背离帕累托最优的一种情况。

都引发了在生态补偿这一公共服务中的非均等性。人们所享有的生态补偿公共服务应具有均等性，这是人们享有生存权与发展权的基础。也是与生态补偿法律模式所遵循的环境正义、公平的理念相一致的。

3. 政府权力运行的无序化。

生态补偿法律模式的设计和选择是一项复杂的系统工程①。目前我国实践中主要采用了政府指令型补偿方式②。例如：退耕还林还草项目、天然林保护工程、京津风沙源治理工程、三江源及长江中下游地区等重点保护林工程等，这些项目无一不是依靠政府的行政权力推动实施的。但在实践过程中，政府补偿模式存在一定的缺陷：一是使政府承担不太合理的信息收集负担和高昂的成本。二是对环境资源的定价低、责权利脱节。三是支付成本过高，经济效率低下。四是官僚体制本身的低效率、寻租腐败的可能性③。

究其根本原因在于此种模式必须依附政府行政权力得以保障实施。对行政权力治理的过度依赖无形中剥夺了市场的选择权和公民的参与权。行政权管理和命令的特征使得市场配置资源的决定性作用被大大削弱④。使得利用市场解决生态补偿中的供求关系，实现利益平衡，尊重市场主体的权利和自由，真实反映交换双方的平等关系等优势不能发挥。同时也使得公民以理性有序的方式参加生态环境管理和决策的权利丧失。

从根本上说，运用行政权力治理的理念是单边一元的，是以行政主体为中心的。突出了在生态补偿中行政主体的权力而忽视了行政相对方的权利。一方面，政府在参与市场运行的过程中，作为一个"经济人"，其必然会存在趋利性。尤其在面对行政权的不断扩张，而缺乏有力、有效的监督机制的情况下，很可能为追求自身利益的最大化而在立法、执

---

① 生态补偿法律模式的相关利益主体众多、影响复杂、涉及面广。
② 我国政府生态补偿的实践始于20世纪80年代初，因社会的需求驱动，率先在国家、省、县市、村镇和流域等不同层次展开的生态补偿实践是先于相关理论研究的，换句话说就是没有扎实的理论基础。
③ 缪若妮、王萌、曾瑾：《论以市场为主导的生态补偿法律制度》，《中国环境管理干部学院学报》2013年第6期。
④ 刘超：《再论行政法的价值定位》，《引进与咨询》2004年第9期。

法的过程中徇私舞弊。例如，政府在地方立法过程中为追求自身利益忽视公共利益，以损害社会的生态环境公共利益为代价，获取不正当的地方经济利益，甚至将不合法和不正当的行为合法化。另一方面，政府权力运行必须以地方官员为载体，而长期以来，地方政府将提高地区GDP增长速度作为衡量地方官员政绩的标准。这一错误的政绩观导致多数行政长官对于生态补偿这一无利可图的领域不闻不问。笔者认为：政府权力运行因缺乏外部规制而引发的无序化不可避免地导致我国生态补偿法律模式的基本理念更多的代表了政府的利益而不是公共利益。

然而，笔者提出的一些缺陷并未能穷尽当前生态补偿法律模式的不足，这只是一个初步的探讨。通过研究当前生态补偿法律模式的构建在基本理念上的一些错位，从而可以提醒我们的立法者在社会本位的基本理念指导下开展生态补偿立法。然后将这一理念具体化为可以操作、执行、遵守的法规法条，推动我国《生态补偿条例》的尽快出台。只有这样才能实现构筑生态补偿法律模式的初衷。

四、生态补偿基本原则的确立

（一）生态补偿法律制度基本原则研究缺陷分析

1. 研究思路较为狭窄。

通常而言，学者们所探讨的环境法上的基本原则是环境法律所确认的原则，但是法律原则并不是伴随着法律的产生而产生。从法律原则的历史渊源来看，世界最早的成文法典《汉谟拉比法典》共有282条法律条文，皆是对行为模式和法律后果的详细规定，资本主义国家最早的法典《拿破仑法典》也没有关于原则的规定；从环境法的历史渊源来看，我国秦朝的《秦律十八种》是世界上第一部涉及环境保护的法律，但是关于环境保护的条文仅有六条，称之为《田律》，对法律原则也未做规定。这些法律虽没有明确确认法律原则，但其中蕴含的一些理念和意图，被后世所沿用。因此，如果仅把目光关注于已经明确规定的原则进行补充和完善，思路则较为局限，难以确立既体现法的本质又体现时代特征的法律原则。

针对如何寻找法律原则的问题，德沃金提出了推释（constructive interpretation）的概念，他认为"如果一个原则在最完善的法律理论中发挥了作用，这个理论又可以为一个法律制度中的明确的实体制度规则提供确证，那么，这个原则就是法律原则"①。笔者认为这个观点可以作为研究生态补偿法律制度基本原则的基本方法。

2. 没有科学界定内涵。

在法律原则体系中，依覆盖面的大小可将之划分为基本原则和具体原则。基本原则是"体现法的根本价值的法律原则，它是整个法律活动的指导思想和出发点，构成法律体系的神经中枢"；"具体法律原则是基本法律原则的具体化，构成某一领域的法律规则的基础或出发点。"② 因此，基本法律原则与具体法律原则具有相对性。生态补偿法律制度基本原则相对于环境法律制度基本原则是具体原则，但对整个生态补偿法律活动而言是具有指导意义的。

学者们对生态补偿法律制度基本原则几乎没有专门性的研究，概念界定也比较模糊，这样导致的结果是生态补偿法律制度基本原则往往与生态补偿的原则相混淆，看似具有合理性，却不符合法理，不能称之为法律原则。

3. 各原则间缺乏逻辑联系。

学者们的观点虽各有侧重，但仍有很大的相似性。学者们对生态补偿法律制度基本原则的论述往往是对原则具体内容直接阐述，没有探讨这些原则是依据何标准而确立的，这样在确立原则时，缺乏明确的研究主线和分析工具。因此，确立起的原则之间缺乏逻辑联系，不能形成完整的生态补偿法律制度原则体系。

（二）对现阶段学者观点的分析与批判

1. 将生态补偿的原则作为生态补偿法律制度基本原则。

国内学者对生态补偿法律制度基本原则的认识和研究的出发点主要

---

① Dworkin, *Social Rules and Legal Theory*, Yale Law Review 1972/51, P876.
② 张文显：《法理学》（第三版），高等教育出版社、北京大学出版社2009年版第123页。

是将"生态服务付费（PES）"本土化，引入"生态服务付费（PES）"的原则，即污染者付费原则（Polluter Pays Principle），保护者受补偿原则（Provider Gets Principle）和受益者补偿原则（Beneficing Pays Principle），并进行相应转化作为我国生态补偿的原则，进而上升为生态补偿法律制度的基本原则①。如此理解有失偏颇是因为：

首先，国内学者对生态服务付费的原则本身理解有误。污染者付费原则（PPP）（后发展为污染者负担原则）是1992年在联合国环境与发展大会上通过的《关于环境与发展的里约宣言》的一项国际公认的国际环境法原则，并非PES的特有原则。国外学者在PES下对Provider Gets Principle②进行论证，认为污染者付费原则（PPP）应当转化为Provider Gets Principle，这项原则才是PES的体现。再次，谁受益谁补偿原则（Beneficing Pays Principle）在国外并没有明确的表述，多出现于解释Provider Gets Principle的表述中，如"生态服务付费的目的是引出生态服务的受益者支付费用和引导人们提供生态服务，这是所谓的提供者获补偿原则"。③最后，这三项原则之间存在发展、深化甚至是替代关系，不可能作为生态服务付费的并行原则，应当存在某种情形下的优先适用。

其次，生态补偿的原则不具有法律原则概括性、指导性特征。我国学者提出的诸如"谁开发谁保护，谁受益谁补偿，谁损害谁修复"，"谁污染、谁破坏谁赔偿，谁受益谁补偿，谁主管谁负责"等原则欠缺法律原则的特征。法律原则要有概括性，不预先设定任何确定而具体的事实状态，上述原则的内容较为具体，显然将生态补偿的类型依据主体进行了划分，并区分了适用情形。法律原则要对立法、司法具有指导作用，

---

① 例如，汪劲（2013）在《中国生态补偿立法：路在前方》一书中提出了"谁开发谁保护，谁受益谁补偿，谁损害谁修复"原则；常纪文（2011）在《〈生态补偿条例〉的立法问题》中提出"谁污染、谁破坏谁赔偿"，"谁受益谁补偿"以及"谁主管谁负责"原则。田义文（2011）在《再论生态补偿"谁保护、谁受益、获补偿"原则的确立》一文中论述了生态补偿"谁保护、谁受益、获补偿"基本原则的现实基础，认为确立生态补偿"谁保护、谁受益、获补偿"基本原则的现实条件已基本形成。

② 对于Provider Gets Principle含义的理解并非我国学者普遍翻译的"谁保护谁受补偿原则"，而是特指生态服务的提供者以其提供的生态服务作为交换获取费用。

③ *Technical discussion on International Payment for Ecosystem Services*，UNEP 2006.

决定了法律发展的方向,上述原则只可作为具体生态补偿中的补偿原则,无法体现生态补偿立法的方向。①

综上所述,生态补偿的原则不能作为生态补偿法律制度的基本原则。

2. 将环境保护法的基本原则作为生态补偿法律制度基本原则。

国内学者提出了将"污染者负担原则"、"可持续发展原则"、"公平原则"、"公众参与原则"、"预防为主、防治结合"、"生态优先(环境优先)"等作为生态补偿法律制度的基本原则。笔者认为这类提法的问题在于没有将生态补偿法律制度定位为一项环境基本法律制度,因此,所提出基本原则缺乏生态补偿法律制度的特殊性。

从2014年4月24日修订的《环境保护法》来看,在总则部分第一条增加了"推进生态文明建设"的立法目的,在第三章保护和改善环境部分第二十九条增加了"国家在重点生态功能区、生态环境敏感区和脆弱区等区域划定生态保护红线,实行严格保护"的规定,第三十条规定了"保护生物多样性,保障生态安全"的相关内容,第三十一条明确规定了"国家建立、健全生态保护补偿机制",第三十二条规定了"国家加强对大气、水、土壤等的保护,建立和完善相应的调查、监测、评估和修复制度。"由此可见,生态补偿法律制度是环境法律制度的一个重要组成部分,其基本原则必须是生态补偿法律制度所特有的原则,是环境法基本原则在生态补偿领域的具体适用,应是体现生态补偿法律制度的本质和目的,反映国家有关生态补偿法律制度的基础性和根本性的准则。

新修订的《环境保护法》第五条明确规定了环境保护法的基本原则,即"环境保护坚持保护优先、预防为主、综合治理、公众参与、损害担责的原则"。"可持续发展原则"和"公平原则"也是国际环境法上普遍认可的理念和原则。因此,上述原则不能成为生态补偿法律制度的基本原则。

3. 将环境保护管理的工作方针作为生态补偿法律制度基本原则。

国内学者提出的生态补偿法律制度的基本原则更类似于环境保护管理的工作方针,是不具有法律意义上的功能的。例如汪劲教授在《中国

---

① 参见张文显:《二十世纪西方法哲学思潮研究》,法律出版社2006年版第311—331页。

生态补偿立法：路在前方》一书中提出了"以人为本、统筹兼顾的原则"、"政府主导、市场运作原则"、"分类指导、稳步实施原则"，马燕教授在《浅析生态补偿法的基本原则》一文中提出"公平补偿原则"、"生态化补偿手段原则"和"灵活性原则"。

从生态补偿立法的角度说，生态补偿法律制度的基本原则应当具有引导功能，作为生态补偿法律规则的基础与出发点的生态补偿法律原则对于生态补偿机制的建立与生态补偿规范的体系化起到统帅和指导作用。生态补偿法律原则体现了生态型社会中生态利益实现与维护的法律制度的基本精神，因此它对于生态补偿法律制度的建立与完善有重要意义；另一方面，生态补偿法律制度的原则因具有抽象性、概括性与稳定性的特点，它可以协调不同位阶的生态补偿法律规则，更可以协调关于不同生态要素的具体生态补偿规则间的矛盾与冲突，促进生态补偿法制的统一，以利于生态秩序的形成。[①]

（三）生态补偿法律制度基本原则的概念界定

生态补偿法律制度基本原则的概念尚未界定，它应当是生态补偿法律原则、环境法原则及法律原则的下位概念。国内外学者对法律原则的研究往往是从不同学科角度出发的，因而突出的重点不同[②]。

笔者认为，冯嘉博士在其专著《环境法原则论》一书中论述的环境法原则的概念具有创新性和合理性[③]，因此在其研究基础上进一步对生态补偿法律制度基本原则的概念和内涵进行分析论述。

笔者认为，生态补偿法律制度基本原则指规定或隐含在生态补偿法律制度中，以生态补偿权利和义务为核心内容，作为生态补偿法律规则产生的依据，在调节自然资源利用和环境保护的生态补偿关系中，表达

---

① 马燕、赵建林：《浅析生态补偿法的基本原则》，载王金南等主编《生态补偿机制与政策设计》，中国环境科学出版社2005年版第139—146页。

② 参见冯嘉：《环境法原则论》第二章"法律原则与环境法原则之概念"相关论述。

③ 学者们研究环境法原则的焦点集中在环境法基本原则，大多从环境法调整的法律关系入手，通过明确界定社会关系来明确环境法基本原则的适用场合，冯嘉博士以环境法原则的本源为核心内容对环境法原则进行界定，不单是环境法基本原则。冯嘉《环境法原则论》第二章"法律原则与环境法原则之概念"相关论述。

生态补偿的法的价值观，具有基本性、综合性和稳定性的准则或理念。

1. 定义指明了生态补偿法律制度基本原则的存在形式。

生态补偿法律制度基本原则既可以是法律规范的明确规定，也可以存在于生态补偿相关法律及实践中。明确生态补偿法律制度基本原则的存在形式，是为了解决前述研究思路的问题，在生态补偿专门立法尚未出台之前，没有明确法律规定，那么就要通过分析梳理现行生态补偿相关立法实践，发现并总结出其内在蕴含的生态补偿法律制度基本原则。

2. 定义突出了生态补偿法律制度基本原则的核心内容。

生态补偿法律制度迟迟未能建立，其中一个原因是生态补偿法律关系的内容，即权利与义务的配置难以确定，学者关注的焦点往往在哪些行为是生态补偿行为，而不是生态补偿法律主体享有什么权利承担什么义务。因此，生态补偿法律制度基本原则应当从法学视角对这些利益关系进行基本的衡量与评判，而不必像法律规则那样对权利义务配置做出明确清晰的规定。

3. 定义明确了生态补偿法律制度基本原则的调整范围。

生态补偿法律制度基本原则的调整范围是人类在自然资源利用和环境保护过程中形成的生态补偿关系[①]。这是生态补偿法律制度的特色所在，是生态补偿法律制度基本原则应当体现的内容即调整的是生态补偿关系，而非其他社会关系，同时，这也是学者们在定义环境法基本原则所注重的内容[②]。

4. 定义强调了生态补偿法律制度基本原则的价值观念。

法律原则应当体现法的价值观，是判断原则是否是法律原则的一个标准。因此生态补偿法律制度基本原则应当是法的价值观即公平观、正

[①] 参见张钧、王燚：《生态补偿法律制度的理论考察与二元架构》，《晋阳学刊》2014年第4期。

[②] 例如王灿发教授将环境法原则定义为"调整因开发、利用、保护、改善环境而产生的社会关系的根本的或主要的准则"。参见王灿发：《环境法学教程》，中国政法大学出版社1997年版第53页。

义观、秩序观等的具体体现。同时，要体现出生态补偿的内涵，才能与其他环境法原则相区别。

5. 定义体现了生态补偿法律制度基本原则的基本特征。

一方面，定义体现了生态补偿法律制度基本原则的功能性特征，即它应当是生态补偿法律规则产生的依据，体现出基本原则对规则的指引和导向作用；另一方面，定义体现了生态补偿法律制度基本原则的表征性特征，即生态补偿法律制度基本原则应当是基本性、综合性和稳定性的准则。

(四) 生态补偿法律制度基本原则的立法技术特征

在分析生态补偿法律制度基本原则的概念和内涵的基础上，我们有必要探讨确立生态补偿法律制度基本原则的立法技术特征。立法技术分为宏观和微观两个方面，宏观立法技术主要包括立法预测、立法规划和法律整理，微观立法技术主要包括法律的外部形式、内部结构和立法语言。[①] 法律规范是法律的内部结构，其形式表现为法律条文。法律条文包括表达规范性内容的条文和表达非规范性内容的条文。这里探讨的生态补偿法律制度基本原则属于生态补偿法律的非规范性内容，如何进行准确地表达，其立法技术与法律规则是不同的。我们这里讨论生态补偿法律制度基本原则的立法技术特征，是为了能够确立统一的评判标准，为确立生态补偿法律制度基本原则奠定理论分析基础。

1. 是否是上位法原则的具体化。

如前所述，基本原则与具体原则具有相对性，在生态补偿法律活动领域，生态补偿法律制度的基本原则应当是环境法原则的具体化，是环境法原则在生态补偿领域的具体体现。2014年新修订的《环境保护法》对环境法原则进行了明确规定，为我们探讨生态补偿法律制度的基本原则提供了上位法依据。

2. 适用上是否具有广泛性。

生态补偿法律制度的基本原则应当适用于整个生态补偿领域的法律

---

① 张善恭：《立法学原理》，上海社会科学院出版社1991年版第203—254页。

活动。如果仅适用于某环境要素的生态补偿法律活动，则不能成为整体生态补偿法律活动的指导原则。例如，有学者提出的"以恢复治理矿山环境为主"的原则，主要是针对矿产资源生态补偿的原则。①

3. 效力上是否具有强行性。

生态补偿法律制度基本原则的强行性是指，生态补偿领域内的法律活动，从立法、执法、司法等各个环节，法律主体都应遵守这些原则。强行性的效力保障在于司法体制的完善，我国目前已建立环保审判庭180多个，主要表现为环保审判庭、环保巡回法庭、独立建制的环保法庭和环保合议庭四种模式，2014年5月福建省设立全国首个省级生态环境审判庭。② 因此，随着环境司法的完善，生态补偿法律制度基本原则的强行性效力可以得到充分地体现和保障。

4. 是否是生态补偿法律行为模式的抽象化。

基本原则对法律行为具有指引性，因此，基本原则应当是从生态补偿法律行为中抽象出的理念。只有基本原则与具体的法律行为模式结合，基本原则才不是虚设，才能够在法律活动中发挥作用，而具体的法律行为模式的设置有了基本原则的指引，才能更好地规制法律行为。

5. 能否体现生态补偿法律制度的价值追求。

如前所述，生态补偿法律制度的基本原则体现的应当是法的价值观念。因此，生态补偿法律制度的基本原则最根本在于通过追求人类与自然在相互作用过程中的动态平衡以实现生态正义、生态公平和生态秩序。

6. 能否体现生态补偿法律制度的权利义务配置。

生态补偿法律制度依据生态补偿法律关系主体权利义务的内容以及

---

① 宋蕾：《矿产资源开发的生态补偿研究》，中国经济出版社2012年版第68页。
② 相关信息参见：
1. 77个环保法庭的尴尬_频道_凤凰网 http：//huanbao.gongyi.ifeng.com/detail_2012_06/13/15256042_0.shtml
2. 我国已建立环保法庭或审判庭180多个—中国法院网 http：//www.chinacourt.org/article/detail/2013/11/id/1145534.shtml
3. 福建高院成立生态环境审判庭 探索司法保护青山绿水_要闻_新闻_中国政府网 http：//www.gov.cn/xinwen/2014-05/23/content_2685812.html

法律关系主体的性质，可以分为"基础型生态补偿法律制度"和"延展型生态补偿法律制度"。① 前者由政府起主导作用，后者由市场起决定作用，因此，这两种类型的生态补偿必然存在权利义务配置的差异。在确立生态补偿法律制度的基本原则时，应当以生态补偿的法律关系（基础型生态补偿法律关系和延展型生态补偿法律关系）为基础，才能提出具有宏观指导意义的基本原则，对这两种生态补偿法律制度均有约束力。

五、生态补偿法治化的路径选择

（一）日益严峻的生态环境问题凸显生态补偿立法的重要性

1. 法理学视角下的对生态补偿问题的研究。

从法理上讲，法律与利益是一对紧密联系的范畴：利益是法律形成与发展的内在驱动力，法律则是对利益的确认、界定及分配。法律必须对利益与利益间的关系做出判断并进行调整，当两种利益发生冲突又不能使两者同时得到满足时，应当如何安排它们的秩序以及权衡二者的重要性，这是法律必须认真对待和处理的事情。对于一个良性社会而言，合理地调整个人利益与眼前利益，是社会有机协作、社会团结以及保障可持续发展的关键②。为此，对于生态补偿而言，就有必要做好个人利益与社会利益的权衡，缓和消除生态补偿主体的矛盾与冲突。

我国自20世纪90年代以来开展生态补偿实践以来的主要形式，是在政府主导下通过财政转移支付等手段向生态环境保护者支付费用，所以我国生态补偿自始就与社会利益密切相关，政府与社会对经济发展的关注度显然要高于对环境保护的关注。因此，生态补偿的立法与制度构

---

① 相关论述参见张钧、王燚：《生态补偿法律制度的理论考察与二元架构》，《晋阳学刊》2014年第4期。

② 胡玉鸿：《关于"利益衡量"的几个法理问题》，《理论思考》2001年8月。庞德根据耶林的学说，将利益分为三大类：个人利益、社会利益和公共利益。在他看来，法律的作用和任务在于承认、确定、实现和保障利益，或者说以最小限度的阻碍和消费来尽可能满足各种相互冲突的利益。参见［美］詹姆斯·安修：《美国宪法解释与判例》，黎建飞译，中国政法大学出版社1994年版第147—148页。

建就必然在个人利益与社会利益的权衡下逐步开展。一个国家部门法的产生是某领域的社会关系矛盾不可调和的产物,这一社会关系的矛盾起源就在于个人利益与社会利益之间的权衡。我国社会主义生态补偿的法律作为一种普遍的制度设计既应当反映和保障最大多数人的利益,又要保障社会发展的长远利益;从另一个层面讲,生态补偿是协调部分个体当前利益与社会长远利益的重要手段。正是由于当代人对不可更新资源的耗竭和可更新资源的过度消耗,对后代人的生态利益造成了侵害,从而产生了当代人对后代人生态利益补偿的问题。因此在利益问题上应当坚持统筹兼顾的原则,正确认识和处理好眼前利益和长远利益的关系,在进行生态补偿立法和制度构建过程中管理决策时,既要考虑人类自身的利益,也要考虑生态系统的内在价值,以实现个人和社会之间的利益平衡作为构建我国生态补偿机制的起点,才能够有利于我国生态补偿法律制度构建过程中不同主体间利益平衡的实现。

2. 法律史视角下的生态补偿问题的研究。

国际上与我国生态补偿概念相近的是生态服务付费（Payment for Ecological Services）或环境服务付费（Payment for Environmental Services），简称 PES。美国斯坦福大学两位学者认为,生态系统服务的现代关注源于 1864 年马什出版的《人类和自然》。最早将生态系统功能描述为向人类提供的一种服务的是 1970 年一份名为《关键性环境问题研究》的报告。随后,生态系统服务的范围逐步扩大,在 20 世纪七八十年代,"全球生态系统的公共服务"、"自然服务"、"生态系统服务"等表述相继出现[①]。哥斯达黎加在 1996 年颁布了《森林法》,并且是第一个在法律上建立和规定生态系统服务付费的国家。在该法获得通过以后,针对 PES 概念以及设计检验其基本前提的激励措施的实施情况的学术关注急剧增加。2005 年,主要调查结果关注于逆转生态系统服务退化和确定巩固生态系统服务方法的出版物《千年生态系统评估》,提供了进一步的激励方案以发展 PES 理论和实践及其法律支持。就生态补偿制度而言,最初的

---

① 张振明、刘俊国:《生态系统服务价值研究进展》,《环境科学学报》2011 年 9 月。

生态补偿主要依据污染者付费原则（Polluter Pays Principle，PPP）向行为主体征收税费。然而，在过去的十几年中，生态补偿逐渐由惩治负外部性（环境破坏）行为转向激励正外部性（生态保护）行为。国际经济合作与发展组织（OECD）为此提出了"谁保护，谁受益"原则（Provider Gets Principle，PGP）。随着生态问题的日益严峻，逐渐有了构建生态服务付费机制的意识，这就是生态补偿的另一基本原则，"谁受益，谁补偿"原则（Beneficiary Pays Principle，BPP）。学者Hanley[1]通过对一些国家的调查发现PGP在一些地区已付诸实践，而BBP却很少被采用。即使有的项目向受益者征收补偿，但多为单要素补偿，仅考虑部分受益者。虽然随着生态意识的加深，人们的支付意愿也逐渐增强，但要使生态补偿变为一种主动行为并将其制度化仍存在很多困难。因此真正实现BPP原则是国际上完善生态补偿机制尚待解决的主要问题之一[2]。

我国的生态保护思想源远流长，在进入新石器时代以后，传统的农耕文明使得人们的生态学思想逐渐形成。而就目前所能查到的资料来看，最早将"生态"和"补偿"相提并论的是马世骏（1981），他认为"自然生态系统各成分之间具有一定程度相互补偿的调节功能，但这种补偿和调节作用是有限度的"；最早将生态补偿作为一个固定搭配使用的是张诚谦（1987），他认为："生态补偿是从利用资源所得到的经济收益中提取一部分资金并以物质或能量的方式归还生态系统，以维持生态系统的物质、能量在输入、输出时的动态平衡"；最早列入自然科学工具书使用"自然生态补偿"概念的是《环境科学大辞典》（1991），之后的学者们就开始不断引用这本工具书所提出的概念作为权威表述，开始广泛研究"生态补偿"问题。生态补偿的概念从提出至今已经过去了近三十年，从最初的纯技术探讨到后来的成本效益研究，再到当前的规则机制设计，

---

[1] Hanley N Kirkpatrick H，Simpson I，et al. Principles for the provision of public goods from agriculture：Modeling moorland conservation in Scotland [J]. Land Economics，1995，74（1）：102－113.

[2] 秦艳红、康慕谊:《国内外生态补偿现状及其完善措施》，《自然资源学报》2007年第4期。

理论界对生态补偿的研究越来越契合社会发展实践的需要。然而，在对生态补偿的理论逐步统一化的同时，却忽略了生态补偿制度在我国的构建，日益恶化的生态环境和生态补偿法律制度的欠缺使得我国生态补偿活动进展缓慢、成效低，难以适应国际社会 PES 的发展进程。中共十八届三中全会通过的《中共中央关于全面深化改革若干重大问题的决定》和全国人大第十二届二次会议审议通过的《2014 年政府工作报告》均明确使用了"生态补偿制度"的概念，既是对国内学界多年研究的充分肯定，也表明党和国家领导层对日益严峻的生态问题的密切关注以及对生态补偿的重视。结合国外 PES 发展经验和国内生态补偿理论与制度的发展，我国目前对于生态补偿理论研究的重中之重就是对生态补偿制度的建设，而制度构建的前提之一则是生态补偿立法尽快出台，使生态补偿活动"有法可依"。

3. 政策与法律的关系视角下对生态补偿问题的研究。

政策与法律作为两种不同的社会政治现象，虽然存在着密切的联系，但在制定主体和程序、表现形式、调整和适用范围以及稳定性等方面，都有各自的特点。一方面法律以政策为指导，首先表现在立法方面，政策是法律制定的依据；其次在法律的实施方面，政策对法律具有指导作用。另一方面，政策依法律实施。

我国目前生态补偿主要以政策调控手段为主，由中央政府出台的涉及生态补偿内容的相关政策有十余项，但均不是以生态补偿为直接目的而设计的，对于生态补偿的相关规定也很不规范和系统，有关生态补偿的内容只是零星地散布在不同的法律政策文件之中，未形成完整的法律、政策文件；而且政策多于法律，这很不利于我国生态补偿实践的进一步展开。然而，相关政策和国家法律，都是建设生态补偿法律体系的根本保证，是可持续发展的客观需要，把生态补偿政策和法律二者有机地结合起来，既要维护法律的稳定性和权威性，又要依据新的政策精神和环境现状适时修订法律，确保建设生态补偿法律制度的稳步前进。当前，国家与地方都有建立和实施生态补偿法律制度的意愿和需求，但尚未建立一套相对完善的制度与体系，由于缺乏生态补偿的法律支持和政策指导，不仅不利于生态环境的改善，也影响到了整个社会的经济利益与地区间的协调发展。因此，生态补偿立法迫在眉睫。

（二）当前我国生态补偿法律制度的分析探讨

1. 我国生态补偿法律制度在我国的立法现状。

21世纪以来，生态补偿机制问题已经得到党和国家的高度重视，但是由于其本身问题的复杂性，致使生态补偿专门立法工作一直处于研究和理论探索阶段。尽管如此，生态补偿机制作为生态建设和环境保护的一种重要的资金筹措、使用、管理机制已经存在于我国诸多法律法规之中，例如，我国宪法、环境保护基本法、自然资源保护专门法、自然生态保护专门法以及行政法规中都有关于生态补偿的法律规范（见附表）。笔者通过对附表的横向与纵向对比分析可以得出如下结论：

横向分析——首先，由附表可以看到，我国近几年来关于生态补偿的文件中都无一例外地使用了概括性规定，例如"适当"、"依据有关规定"、"依法给予补偿"等字眼，并无具体的执行主体、参照标准与监督机关。其次，在附表所列出的相关规定中，大多是对资源所有者或生态利益付出者被动补偿[①]，需要当事人向有关部门提出申请才能获得相应补偿，缺乏主动性、积极性。再次，在生态补偿相关法律、行政法规、部门规章和规范性文件中涉及的补偿主体一般为当地政府，主体过于单一，同时又加重政府财政负担。

纵向分析——首先，总体上看法律条文居多，对重点区域的保护划分明确，由此可见党和国家对生态补偿制度的高度重视。其次，在附表中涉及的生态补偿领域主要包括水资源、土地、森林以及矿产资源，是生态环境最基本的组成部分，与人们的生活、企业的生产息息相关。再次，其中退耕还林政策受关注度较高，并且在我国生态补偿实践中已有较为显著的成效。

---

① 生态补偿是为了预防和弥补人类活动造成的生态系统功能减损，促进恢复生态平衡，实现社会公平，由资源开发利用者及生态利益获益者通过行政或市场等法定方式，向资源所有者或生态利益付出者支付补偿费用或提供补偿利益的制度安排。

总体而言，我国目前还没有专项的生态补偿法律法规，相关规定均散布在不同位阶的法律法规中，2013年底我国《生态补偿条例》（征求意见稿）的起草工作也几近尾声。与此同时，在其他部门法例如民法、刑法、经济法中也有关于生态补偿的相关规定。《中华人民共和国宪法》第九条规定："国家保障自然资源的合理利用，保护珍贵的动物和植物。禁止任何组织或者个人用任何手段侵占或者破坏自然资源。"我国《刑法》中也有有关破坏环境资源保护罪的规定。作为调整平等主体财产关系和人身关系的《民法通则》有不少关于生态环境保护的规定："国家所有的森林、山岭、草原、荒地、滩涂、水面等自然资源，可以依法由全民所有制单位使用，也可以依法确定由集体所有制单位使用，国家保护它的使用、收益的权利；使用单位有管理、保护、合理利用的义务。"民法主要是通过规定自然资源的财产物权关系以及财产在民商事主体之间的流转债券债权关系从而构成了自然资源产权流转的法律基础。而我国的经济法主要针对农林业资源的开发利用从税收方面给予必要的优惠，例如《中华人民共和国企业所得税法》规定从事农、林、牧、渔业项目的企业所得可以免征、减征企业所得税，从而鼓励合理的资源开发利用。

2. 我国现行有效生态补偿法律制度的缺陷不足及原因分析。

我国有关生态补偿的法律制度缺乏内在的协调性和合理性，内容上也不够完善，存在诸多瑕疵，主要有以下几个方面：

其一，生态补偿立法缺乏合理的统筹规划。从表中我们可以看出，我国当前的生态补偿相关立法缺乏系统性，在一定程度上缺乏全局观念和合理规划，对于某些生态资源保护领域和重点生态保护区域的立法分布不均匀，甚至存在空白和漏洞。同时，我国目前还没有一部以生态补偿为对象的专门法律法规，也没有对现有法律法规的相关法律解释，无法对地方生态补偿实践起到指导作用，涉及生态补偿的相关法律规范也分散在森林、流域、矿产等各个具体领域和不同层次的法律、法规和规章制度中，难以形成统一、全面协调的基础性法律。另外，在部分存在相关法律规范的领域，又可能会因为该地区的具体情况变化或者地理位置的特殊性使该法不能很好地应用于该地区，所以我国生态补偿立法存在一定的被动性，立法者必须随着生态环境的不断变化及时更新法律或者做出法律解释以适应于实践，这就给生态补偿政策的执行上带来很大的困难，无疑增加了生态补偿操作的难度。

其二，生态补偿法律制度要素尚未统一。由于我国学术界对于生态补偿的含义仍然没有统一的认识，虽然学者们进行了诸多探讨，其研究成果也不乏亮点，但是始终未能达成共识，存在概念的模糊性和定位的不确定性，对于生态补偿制度的实施极为不利，也给生态补偿法律体系的完善带来障碍。我国在建立生态补偿机制过程中，也一贯注重将政府作为补偿主体，缺乏市场机制的辅助。近年来，中央政府和地方政府以财政制度为核心，进行了多种形式的生态补偿制度探索与建设，但是，单纯的政府调节并无法完全实现资源的有效配置，欠缺市场竞争机制中的灵活性，也难以充分发挥生态补偿利益相关者之间的积极性，同时又加重了政府的财政负担。现有的生态补偿标准和方式单一，没有充分考虑到各个地区间的差异以及日益增长的生活成本，无疑给生态补偿制度的构建带来负面影响。

其三，我国生态补偿相关法规自身法律规范本身存在诸多问题。从实体规范和程序性规范的角度而言，我国目前有关生态补偿的立法侧重于实体性规范，程序性规范方面相对薄弱，尤其是在执法和司法程序规范方面。这使得生态补偿最终执法和司法有较大的随意性，难以保护相关法律主体的利益。从权利性规范和义务性规范的角度而言，我国现行的生态补偿相关法律主要就生态补偿法律关系中的国家主体的职权与权利做了规定，而对其他的生态补偿法律关系主体的相关权利并未做出详细规定。这种权利与义务的分配不均使得生态补偿相关法律缺乏应有的权威性和严肃性。

（三）完善我国生态补偿法律制度的路径选择

1. 存量完善建设（现实路径）——国家生态补偿政策的法律化。

我国的生态补偿实践最早是从政策层面开始的。从20世纪50年代开始的"三北"防护林建设工程可以看作是生态补偿的肇始，但此时的生态补偿政策随意性很大，并没有形成规范性制度。随后，《关于国民经济和社会发展"九五"计划和 2010 年远景目标纲要的报告》、《中国环境与发展十大对策》等政策都有关于生态补偿的规定。1996 年《国务院关于环境保护若干问题的决定》指出,"要建立并完善有偿使用自然资源和恢复生态环境的经济补偿机制",明确了有关生态补偿的重要内容①。2013 年中共十八届三中全会通过的《中共中央关于全面深化改革若干重大问题的决定》明确了"生态补偿机制"和"生态补偿制度"的概念,随即召开的全国人大第十二届二次会议审议通过的《2014 年政府工作报告》中再次明确了"积极探索资源有偿使用和生态补偿制度"的工作目标。就我国现有的生态补偿政策而言,其大多是从某一种生态要素或为实现某一种生态目标而设计的政策②,带有较强的部门色彩。在实践中,一些稍成熟的生态补偿形式如财政转移支付、专项基金、水资源交易等没有建立起完善的法律制度,仅仅是在政策层面来运作,缺乏有力的法律支撑。因而,生态补偿实质上是一种利益协调,也是一种矛盾协调。从人类社会利益协调的历史来看,利益冲突的利益协调通常是以国家协调的形式表现出来的,利益协调是国家的重要职能。在对社会利益冲突的制度协调中,法律制度是其中的核心制度之一。将我国现有的生态补偿政策法律化,首先,通过法律机制的协调,可以有效降低已有的生态补偿政策协调的随意性,从而最大限度地保持利益制度和整个社会的稳定。其次,我国现有的生态补偿相关政策早已分布在环境与资源保护政策、法律和法规之中,已有扎实的理论和实践基础,比起专项立法更容易推行。最后,将现有的生态补偿政策法律化并体系化,目的更加明确,针对性强,在自然生态和环境保护实践中能得到更好地贯彻和实施。

然而,政策同时也需要适应社会发展的需要,及时解决新出现的社会现象和社会问题,所以相对于法律而言,政策灵活多变,稳定性不强。为了完善生态补偿法律制度,仅仅将我国现有的生态补偿相关政策法律化则会出现稳定性差,理论上存在漏洞的弊端,缺乏理论支持的生态补

---

① 史玉成、郭武:《环境法的理念更新与制度重构》,高等教育出版社 2010 年版第 134—157 页。

② 如退耕还林、天然林保护、退牧还草、矿产资源补偿费等。

偿法律法规即使能为现阶段的生态补偿活动提供依据，但很难保证其应用的可持续性，忽略了社会长远利益；此外，法律调整对国家、社会有较大影响的社会关系，政策所调整的社会关系则要比法律广泛得多，也就是说，我国目前的生态补偿政策偏重采取灵活多样的措施，涉及不同领域的生态资源有相关政策给予保护，并且针对性较强，单纯将我国生态补偿政策法律化可能导致其普适性差，无法通过法律形式提高生态资源的有效配置，更难以使法律关系得到全面的规制。

因此，我国生态补偿目前正面临着这一窘境。虽然生态补偿的实践已经在政策层面逐步展开，但尚未受到基本法律的认可，国家针对生态补偿的专门立法也处于缺位状态。为了满足环境保护和生态建设的需要，笔者认为完善现有存量建设，将国家生态补偿政策法律化不失为一种制度路径选择，它既能保证生态补偿活动正常有序地进行，同时又有法律作为支撑和依据，另一方面还可以最大限度地避免已有的补偿政策与法律的冲突，节省立法资源，为生态补偿法律制度和法律体系的完善打好基础。

2. 增量创新建设（理想路径）——直接构建完备的生态补偿法律体系。

尽管我国在生态补偿方面开展了不少工作，但在理论和实践上还存在一些问题。笔者认为，生态补偿法律制度的构建面临最突出的问题就是法律调控手段的不足，基本法律的缺失。我国生态补偿法律制度的第二种路径为理想路径，基于我国目前的生态补偿法律制度存在的诸多缺陷以及立法的缺失，环境资源法律体系缺乏内在的协调性和合理性，生态补偿的内容也很不完善，因此可以考虑第二种制度路径，即制定统领各类生态补偿法律规范的基本法，同时在目前现有的理论实践的基础上直接构建完备的生态补偿法律体系。这种路径的选择，一是可以尽快满足日益恶化的生态环境修复问题，贯彻可持续发展战略，将经济利益和生态利益并举；二是在解决生态补偿法律体系构建的问题后，生态补偿的内涵、原则、法律制度，生态补偿的受偿方和支付方、补偿标准、融资渠道以及组织管理体系的疑难问题就迎刃而解，也就不存在生态补偿在理论上的障碍。

然而我们必须看到的是，直接构建完备的生态补偿法律体系也存在着极大的弊端。于1960年颁布的《埃塞俄比亚民法典》①是一部富有特色的优秀法典，它完全可以与新《荷兰民法典》、《俄罗斯联邦民法典》一起构成世界三大模范民法典，同时也是非洲人的法律智慧的证明。尽管如此，这部民法典因为过于先进而不符合埃塞俄比亚国情被评价为"比较法学家的快事，非洲人的噩梦"，1973年这部民法典在一次政变中被推翻。由此可见，即使再完备再理想的法律体系，如果跳过了实践的检验，与本国的国情格格不入，也难以逃脱瓦解破碎的命运。

虽然如此，在我国生态保护和建设领域制度和立法缺失的情况下，即使能够因地适宜地出台相应的生态补偿政策，没有基本法的认可与保护，生态补偿在实践领域就"无法可依"，指导性的政策文件远远无法弥补生态补偿实际执行过程中的漏洞和缺陷。简而言之，生态补偿的增量创新建设，就是将生态补偿制度以基本法的形式确立下来，确立生态补偿的基本原则，对原有的法律法规没有涉及的领域加以完善，从而直接构建完善的生态补偿法律体系，在理论逐步完善的前提下才能确保补偿活动执行的可操作性，也能使补偿实践"有法可依"。

3. 我国生态补偿法律制度建设的基本原则应当是"存量完善为主、增量创新为辅"。

根据以上的分析和讨论，就我国目前自然资源环境保护与生态补偿的社会实践和法律制度的发展建设现状来看，笔者认为，生态补偿的理论研究和实践成果向我们昭示了一条适应我国环境发展的路径：以"存量完善为主、增量创新为辅"为基本原则，完善建设最符合我国当前基本国情的生态补偿法律制度。遵循这一原则，即一方面要逐步将我国现

---

① 《埃塞俄比亚民法典》作者勒内·达维德是当代法国著名的比较法学家，一生著述颇丰。他首次将"马达加斯加和非洲各国法"作为一个单独的法域提出来加以研究，体现了他对非洲法研究的高度重视。1954年，勒内·达维德应埃塞俄比亚皇帝海尔·塞拉西之邀，为埃塞俄比亚起草民法典，最终于1960年5月5日完成了《埃塞俄比亚民法典》的编纂。该法典可能因为过于先进而不完全符合埃塞俄比亚国情，并没有得到完全的实施。参见夏新华：《勒内·达维德与〈埃塞俄比亚民法典〉》，《西亚非洲》2008年第1期。

有的政策法律化，重视对已有法律规范的法律解释，使生态补偿制度政策尽快落实上升到法律层面；另一方面着手制定统领各类生态补偿法律规范的基本法，构建符合我国生态环境基本发展趋势的生态补偿法律体系。

强调法律制度在生态补偿中的重要性和权威性，对于整个生态保护和建设的可持续发展具有至关重要的意义。我国目前关于生态补偿的规定大多是政策层面上的，而且政出多门，尚未形成完整统一的向社会公布的政策文件，这无疑给生态补偿法律制度的构建带来诸多障碍和限制。全国人大第十二届二次会议审议通过的《2014 年政府工作报告》中明确了"积极探索资源有偿使用和生态补偿制度"的工作目标，同时我国多年的生态补偿实践证明，将政策上升为法律是极为必要的，"补偿政策法律化"使补偿制度名副其实地成为保护生态环境、维护资源所有者和生态利益受损者的法律手段和法律制度。加强对现存生态补偿法律规范的法律解释，通过研究我国已有的法律文本及其附随情况，即制定时的生态环境及资源储备等方面背景，探求法律规定的意思和宗旨从而进行法律解释，巩固了生态补偿相关法律法规的稳定性和适用性，以便适应不断变化的生态环境问题[①]。

与此同时，鉴于生态效益并非人类劳动的产品，当然也不具有商品属性，无法通过市场交换实现价值补偿，若想使其使用价值得以持续，必须进一步完善生态补偿法律、法规，制定生态补偿基本法律。基本法是处于除宪法之外具有最高法律位阶的立法，具有政策纲领性和原则性的特点，它往往是一个国家的其他单行环境与资源保护立法的立法依据[②]。因此，生态补偿基本法在整个生态补偿法律体系中具有统帅作用，也是完善我国生态补偿法律制度中必不可少的环节之一。总而言之，本

---

① 笔者文中提到的法律解释均指立法解释与行政解释，即全国人大常委会以及国家行政机关所做的解释，并不包含司法解释。参见张志铭：《关于中国法律解释体制的思考》，《中国社会科学》1997 年第 3 期。

② 颜世鹏：《论环境基本法的功能与我国〈环境保护法〉的修改》，《环境法治与建设和谐社会——2007 年全国环境资源法学研讨会（年会）论文集（第一册）》2007 年。

着"存量完善为主、增量创新为辅"的原则,加快生态补偿政策法律化进程的同时加强对已有法律规范的法律解释,在此基础之上,结合我国基本国情,制定生态补偿基本法律,才更加有利于我国生态补偿法律制度的建设,其重要意义有以下三点:

其一,法律解释的目标就是要根据法律和事实,在法律方法和价值原则的指导下,针对个案构建裁判规范,在立法者考虑问题不周详,甚至出现法律漏洞时,可以根据法律解释指导实践活动[①]。如果法律朝令夕改,或无法可依,那么法律就会成为一纸空文,法律的价值和权威就会荡然无存。所以说,对我国生态补偿已有的法律法规进行法律解释,能够在短时间内填补我国生态补偿立法上的空白,弥补法律漏洞,完善已建立的生态补偿法律法规,明确相关区域的范围划分以及实践中相关部门的职责和地位,同时也加快了《生态补偿条例》的制定和出台,使这一制度以国家行政法规的形式确定下来,这也是我国实现可持续发展的必然趋势。

其二,坚持"存量完善为主、增量创新为辅"的原则,以现有生态补偿政策的法律化和法律条文的改造解释适用为主,理论补缺为辅以新设专项立法,这种路径选择在很大程度上给生态补偿法律制度体系的构建和完善提供了坚实可靠的理论依据。生态补偿已经在我国一部分地区广泛展开,这对于促进生态服务市场化、为生态建设筹资、改善生态质量、增强人们的生态保护意识等起到重要作用,并积累了不少经验,然而仅仅将生态补偿停留在理论研究层面是远远不够的,只有将理论探讨和法治实践相结合,才能形成一套完善的生态补偿法律制度。

其三,根据我国国情选择现实改造为主,理论补缺为辅的路径,有助于生态补偿的综合立法,有利于弥补改善我国当前生态补偿法律体系

---

① 法律解释与一般意义的解释并不相同,它是要在经验范围内解决问题,要以维护法治为宗旨,因而如果我们能为法律解释探寻出一般的方法,并用方法指导实践,恰恰符合经验范围内解决问题的法治原则。马斯托拉蒂认为:"在法治国家,任何法律解释都必须落实立法机关决定的内容,这使语法和历史解释的方法具有优先意义。"参见陈金钊:《法律解释(学)的基本问题》,《政法论丛》2004年第3期。

结构缺位、内容失衡、效力层次混乱的重要步骤。

总之，将现有的生态补偿政策法律化，同时加强对已有生态补偿法律规范的法律解释，不仅能够合理分配立法资源，保障法律法规适应多变的生态环境问题，同时还能节省立法资源，最大限度地发挥法律解释的作用；在此基础上，构建完备的生态补偿法律体系，制定具有统领性作用的生态补偿基本法，使生态补偿法律制度的结构更加科学合理，内容更加充实客观，同时也能保证生态补偿法律制度更具有权威性和严肃性。

附表：我国法律、法规、规章及国家规范性文件中与生态补偿相关的规定

	立法名称	与生态补偿相关的条文和规定
法律	《中华人民共和国水污染防治法》1984年5月11日通过2008年2月28日修订	**第七条** 国家通过财政转移支付等方式，建立健全对位于饮用水水源保护区区域和江河、湖泊、水库上游地区的水环境生态保护补偿机制。
	《中华人民共和国防沙治沙法》2001年8月31日通过	**第三十五条** 因保护生态的特殊要求，将治理后的土地批准划为自然保护区或者沙化土地封禁保护区的，批准机关应当给予治理者合理的经济补偿。
	《中华人民共和国水土保持法》1991年6月29日通过2010年12月25日修订	**第三十条** 国家加强水土流失重点预防区和重点治理区的坡耕地改梯田、淤地坝等水土保持重点工程建设，加大生态修复力度。县级以上人民政府水行政主管部门应当加强对水土保持重点工程的建设管理，建立和完善运行管护制度。 **第三十一条** 国家加强江河源头区、饮用水水源保护区和水源涵养区水土流失的预防和治理工作，多渠道筹集资金，将水土保持生态效益补偿纳入国家建立的生态效益补偿制度。

续表

	立法名称	与生态补偿相关的条文和规定
法律	《中华人民共和国农业法》1993年7月2日通过 2002年12月28日修订	第七十一条 国家依法征用农民集体所有的土地,应当保护农民和农村集体经济组织的合法权益,依法给予农民和农村集体经济组织征地补偿,任何单位和个人不得截留、挪用征地补偿费用。
	《中华人民共和国草原法》1985年6月18日通过 2002年12月28日修订	第三十九条 因建设征用集体所有的草原的,应当依照《中华人民共和国土地管理法》的规定给予补偿;因建设使用国家所有的草原的,应当依照国务院有关规定对草原承包经营者给予补偿。
	《中华人民共和国森林法》1984年9月20日通过 1998年4月29日修订	第八条 国家对森林资源实行以下保护性措施:(六)建立林业基金制度。国家设立森林生态效益补偿基金,用于提供生态效益的防护林和特种用途林的森林资源、林木的营造、抚育、保护和管理。森林生态效益补偿基金必须专款专用,不得挪作他用。具体办法由国务院规定。
	《中华人民共和国野生动物保护法》1988年11月8日通过 2004年8月28日修订	第十四条 因保护国家和地方重点保护野生动物,造成农作物或者其他损失的,由当地政府给予补偿。补偿办法由省、自治区、直辖市政府制定。
	《中华人民共和国环境保护法》1989年12月26日通过 2014年4月24日修订	第十七条 各级人民政府对具有代表性的各种类型的自然生态系统区域,珍稀、濒危的野生动植物自然分布区域,重要的水源涵养区域,具有重大科学文化价值的地质构造、著名溶洞和化石分布区、冰川、火山、温泉等自然遗迹,以及人文遗迹、古树名木,应当采取措施加以保护,严禁破坏。
	《中华人民共和国土地管理法》1986年6月25日通过 2004年8月28日修订	第三十一条 国家保护耕地,严格控制耕地转为非耕地。国家实行占用耕地补偿制度。非农业建设经批准占用耕地的,按照"占多少,垦多少"的原则,由占用耕地的单位负责开垦与所占用耕地的数量和质量相当的耕地;没有条件开垦或者开垦的耕地不符合要求的,应当按照省、自治区、直辖市的规定缴纳耕地开垦费,专款用于开垦新的耕地。

续表

	立法名称	与生态补偿相关的条文和规定
法律	《中华人民共和国水法》1988年1月21日通过 2002年8月29日修订	**第三十一条** 从事水资源开发、利用、节约、保护和防治水害等水事活动，应当遵守经批准的规划；因违反规划造成江河和湖泊水域使用功能降低、地下水超采、地面沉降、水体污染的，应当承担治理责任。开采矿藏或者建设地下工程，因疏干排水导致地下水水位下降、水源枯竭或者地面塌陷，采矿单位或者建设单位应当采取补救措施；对他人生活和生产造成损失的，依法给予补偿。
	《中华人民共和国矿产资源法》1986年3月19日通过 1996年8月29日修正	**第五条** 国家实行探矿权、采矿权有偿取得的制度；但是，国家对探矿权、采矿权有偿取得的费用，可以根据不同情况规定予以减缴、免缴。具体办法和实施步骤由国务院规定。开采矿产资源，必须按照国家有关规定缴纳资源税和资源补偿费。
行政法规	《中华人民共和国国务院令退耕还林条例》2002年12月6日通过	**第七条** 国家对退耕还林实行省、自治区、直辖市人民政府负责制。省、自治区、直辖市人民政府应当组织有关部门采取措施，保证退耕还林中央补助资金的专款专用，组织落实补助粮食的调运和供应，加强退耕还林的复查工作，按期完成国家下达的退耕还林任务，并逐级落实目标责任，签订责任书，实现退耕还林目标。 **第五十四条** 国家鼓励在退耕还林过程中实行生态移民，并对生态移民农户的生产、生活设施给予适当补助。
	《中华人民共和国国务院令自然保护区条例》1994年9月2日通过	**第二十三条** 管理自然保护区所需经费，由自然保护区所在地的县级以上地方人民政府安排。国家对国家级自然保护区的管理，给予适当的资金补助。
部门规章	《中华人民共和国陆生野生动物保护实施条例》1992年3月1日施行	**第十条** 有关单位和个人对国家和地方重点保护野生动物可能造成的危害，应当采取防范措施。因保护国家和地方重点保护野生动物受到损失的，可以向当地人民政府野生动物行政主管部门提出补偿要求。经调查属实并确实需要补偿的，由当地人民政府按照省、自治区、直辖市人民政府的有关规定给予补偿。

续表

	立法名称	与生态补偿相关的条文和规定
部门规章	《退牧还草和禁牧舍饲陈化粮供应监管暂行办法》2003年7月9日	第五条 退牧还草饲料粮（指陈化粮）补助暂定标准：（一）蒙甘宁西部荒漠草原、内蒙古东部退化草原、新疆北部退化草原按全年禁牧每亩每年补助饲料粮11斤，季节性休牧按休牧3个月计算，每亩每年补助饲料粮2.75斤。（二）青藏高原东部江河源草原按全年禁牧每亩每年补助饲料粮5.5斤，季节性休牧按休牧3个月计算，每亩每年补助饲料粮1.38斤。（三）饲料粮补助期限为5年。
	《中华人民共和国水生野生动物保护实施条例》1993年10月5日发布 2013年12月7日修订	第十条 因保护国家重点保护的和地方重点保护的水生野生动物受到损失的，可以向当地人民政府渔业行政主管部门提出补偿要求。经调查属实并确实需要补偿的，由当地人民政府按照省、自治区、直辖市人民政府有关规定给予补偿。
规范性文件	《国务院关于加强草原保护与建设的若干意见》2002年9月16日	第四条 国家向退耕还草的农牧民提供粮食、现金、草种费补助。
	《国务院关于进一步完善退耕还林政策措施的若干意见》2002年4月11日	第六条 为了加强生态保护和建设，要结合退耕还林工程开展生态移民、封山绿化。对居住在生态地位重要、生态环境脆弱、已丧失基本生存条件地区的人口实行生态移民。对迁出区内的耕地全部退耕、草地全部封育，实行封山育林育草，恢复林草植被。中央对生态移民生产生活设施建设给予补助。
	《国务院办公厅转发全国绿化委员会、林业部关于治沙工作若干政策措施意见的通知》1991年8月29日	第十二条 新占用、征用经保护或治理的沙地，应按《土地法》的有关规定向土地管理部门提出申请，在审批前，要征求同级林业主管部门的意见；用地单位应按规定缴纳土地占用补偿费，此项费用专项用于治沙。具体办法和补偿标准，由省、自治区、直辖市人民政府制定。

续表

	立法名称	与生态补偿相关的条文和规定
部门规章	《国务院关于印发全国生态环境建设规划的通知》 1998年11月7日	(六)……加强已建立的林业基金、牧区育草基金的使用管理,切实用于水土保持、植树种草等生态环境建设,积极开辟新的投资渠道。按照"谁受益、谁补偿,谁破坏、谁恢复"的原则,建立生态效益补偿制度。按照"谁投资,谁经营,谁受益"的原则,鼓励社会上的各类投资主体向生态环境建设投资。对国内外资助生态环境建设有突出贡献者,国家给予表彰和奖励。

第六章 生态补偿立法的伦理学困境与出路

人类社会和经济的发展不可避免地带来了一系列生态环境问题，从20世纪人类进入工业文明之后发生在经济发达国家的"震惊世界的八大公害事件"[①]，到21世纪经济全球化之后发生在世界各国尤其是发展中国家的全球性生态破坏和环境污染事件[②]，让人类不得不思考和检讨自身的行为对环境的影响，并催生了环境科学、环境伦理学、环境经济学、环境法学等一系列新兴学科，试图给出人类与环境和谐相处以实现可持续发展的优选路径。

国内学者们关于生态补偿立法的讨论就是在这样的背景下展开的。实践中，我们的生态补偿立法目前仍然处在初创期。我国宪法未对生态保护和生态补偿做出明确区分，只是笼统规定了国家有保护生态环境的

---

① 马斯河谷烟雾事件［比］（1930.12）、多诺拉烟雾事件［美］（1948.10）、水俣病事件［日］（1953）、骨痛病事件［日］（1955—1972）、四日哮喘事件［日］（1961—1972）、米糠油事件［日］（1968）、光化学烟雾事件［美］（1955）、伦敦烟雾事件［英］（1952.1956.1957.1962）。上述事件的发生，成因均是人类社会的工业文明建设对环境造成了严重污染和破坏，而最终导致环境问题产生。在很突然的情况下，由于地形、季节、气温、气流与工业生产排放的有毒有害的废气、废水、废料等综合作用，导致环境污染结果瞬间放大，给人类造成毁灭性打击，污染城市和污染区域内的人群突然集中发病甚至集体死亡。

② 例如气候变暖、温室效应、酸雨、气候突变、物种多样性锐减等生态环境问题，已经成为全球话题，是全人类共同面临的问题，是需要全世界的共同努力才能破解的难题。2009年哥本哈根全球气候变化大会的召开，就是全球人类检讨自身环境行为的典型例证，但最终各国未能达成实质性的规范文件是个遗憾。

职责①，环境保护领域的基本法②也是只对生态保护做了概括性规定而缺少生态补偿的相关规定，生态补偿专项立法③的缺失以及其他环境保护单行法中生态补偿条款的不具体和不系统，均反映出我国生态补偿立法的不成熟。理论上，生态补偿立法的研究也遇到了诸如理论基础、概念界定、基本原则、主体划分、法律关系梳理等重大理论问题的困扰，单纯从法学视角进行的研究已经显出了视域不足的局限，而处于哲学层面的环境伦理学对生态补偿立法的影响正在越来越多地受到学者们的关注。

一、法理与伦理的冲突：确立人与自然之间法律关系的理论障碍

越来越多的学者认为生态补偿立法不同于传统法律部门的关键之处在于生态补偿法律制度不仅要调整人与人的关系，更要调整人与自然的关系，进而建议生态补偿立法应当突破法理学框架而更多借鉴生态伦理学的理论和原则。然而，笔者认为这种简单的思考是值得商榷的。

法理是法治之理，是法律制度之间的相互关系和处理这些关系的规则准则，是法律规范的基本精神和学理；伦理是人伦之理，是人与人之间的关系和处理这些关系的行为规范，其核心功能是解决人们道德准则层面的问题。法理与伦理是有区别的，人们依据法理立法，而依据伦理待人。可见，在制度与制度的关系和人与人的关系之间，存在着"法理"与"伦理"的鸿沟，企图简单地把人与人的伦理关系扩展到制度与制度的法理关系，必然会陷入一系列理论困境。

为什么不能简单地把属于人与人关系的伦理扩展到法律制度层面而

---

① 《中华人民共和国宪法》第二十六条明确规定："国家保护和改善生活环境和生态环境，防治污染和其他公害。"
② 《中华人民共和国环境保护法》从内容和作用上看应当是统领国家环境保护活动的基本法，但因为不是全国人大开会期间制定出台的立法，依我国立法理论判断只是一般性立法而非所谓的"基本法"。2014年4月24日，新修订的《中华人民共和国环境保护法》由十二届全国人大常委会第八次会议审议通过，仍未能改变一般法的命运。
③ 2010年4月26日，国家发改委会同财政部等11个部委启动了《生态补偿条例》的起草工作。2013年底我国《生态补偿条例》（征求意见稿）的起草工作基本完成，但至今仍未获通过。

直接作为规定人与自然关系的立法依据？这主要取决于以下三个理由：（1）主体"行为能力"不一致。伦理是规定人与人之间关系的行为标准，是对于有"行为能力"的主体的约束；而人与自然的关系则不完全是两类有"行为能力"的主体之间的关系，自然界的主体往往不具备人的"行为能力"，甚至完全没有"行为能力"。（2）对行为主体的要求不同。虽然法律和道德同属于社会行为规范的范畴，都是对人的行为的规制和约束，但法律是对人的行为最低层次的要求、设定主体行为底线，道德是对人的行为最高层次的要求、反映主体行为的理想状态。（3）行为规范的效力不同。法律制度是由国家制定或者认可的，由国家强制力保障实施的，如有违反必定要承担法律责任的，有明确的责任形式和法律上的不利后果。道德是一定范围内的社会群体认可的，但没有国家强制力保障实施，违反道德标准要承担道义责任，但责任形式并不明确，且主要偏重于内心责任、舆论谴责和精神压力。

"行为能力"是法律规范确认法律关系主体资格的前提条件，"行为能力"是与"权利能力"相对应的一对法律概念。在法律规范中，法律关系主体按照构成性质可以分为自然人和法人。统观这两类法律关系主体，其"行为能力"和"权利能力"都是有明确区分的。以自然人主体看，"权利能力"是与生俱来的，而"行为能力"须依照法律规定确认或取得，有"行为能力"才有可能承担法律责任；以法人主体看，无论是政府法人、社团法人还是其他社会组织法人，其"权利能力"和"行为能力"都是在法人设立之时获得的，"权利能力"是法人主体享有法定权利的前提，"行为能力"是法人主体履行法定义务的前提。马克思主义法理学观点认为法是调整人与人之间的社会关系的行为规范的总称，而不能调整人与自然之间的关系，概有此意。因而，按照法理学观点，生态补偿立法也只能调整人与人之间的社会关系，而不能直接调整人与自然的关系。

"行为能力"也是伦理规范调整人与人之间关系的前提条件，无论是作为传统伦理学第一原则的"人道原则"，还是"公平"、"公正"、"平等"等一般伦理要求，抑或是中国古代的"忠、孝、悌、忍、信"等人伦标准，均是强调了每一个人应当如何处理与他人关系的问题，也就是强调了主体的"行为能力"标准。"行为能力"是对自己行为所发生的社会效果的预见能力和判断能力，"行为能力"的有无和大小均受到人的理智、认知能力等主观因素制约。自然界主体显然是不具备上述主观条件的，当然也就不可能具备伦理规范所要求的"行为能力"。因而，直接将伦理标准和原则套用到生态补偿立法是不现实的。

法律制度的设计是对人的行为的最低要求，伦理标准是对人的行为的最高要求。例如，环境法律规范中有"排污收费"的规定，是指国家依法向排放污染物的组织和个人（即污染者）征收排污费的制度[①]。这种制度设计仅仅是对人的环境保护行为的最低要求，通过法律上的强制收费，让污染者承担因其污染行为对社会造成损害的法律责任。如果按照环境伦理的要求，人应当像对待自己一样平等地对待环境、关爱和保护环境，应当主动地减少甚至避免向环境排放污染物的行为、积极治理污染。这种伦理标准应当视为对人的环境保护行为的最高要求，或者是理想状态。然而，社会实践中的污染者大都在缴纳排污费之后变得心安理得，对自己污染环境的行为没有了耻辱感，认为自己是用钱买到了污染环境的权利，并没有谁会主动去减少或者杜绝自己污染环境的行为。因而，通过法律规定对人的行为做最低要求比较容易实现，而以较高标准的伦理规范对人的行为做理想化的要求则实难达到[②]。

法理学观点认为法律规范有三个要件，一是假设，二是行为模式，三是责任后果。法律制度对人的行为的规范一般由上述三部分组成，即人的行为应当在满足一定预设条件的情况下，按照法律规定选择自己的行为模式，否则就要承担因自己的行为导致的法律上的不利后果，也就

[①] 由于环境有自洁能力，所以长期以来人们一直把环境当作污染物的净化场所，任意排放污染物，而不支付任何费用。当经济的不断发展使污染物的排放量超过了环境净化能力，危害到人的健康之后，经济学家就提出将污染行为的负外部性内化的解决方案，即向污染者收费。"排污收费"制度则是经济学理论法律化的最终结果。

[②] 关于伦理要求不易达到，美国伦理学家 W. F. 弗兰克纳也曾经表述过相类似的观点，"我们对待自然的流行做法是错误的……但是，问题并不出在伦理学，而是由于我们未能按照伦理学的要求去生活"。参见 W. F. 弗兰克纳：《伦理学与环境》，《哲学译丛》1994 年第 6 期。

是承担相应的法律责任①。较之于法律制度对人的外在行为的约束，在规范人与人的关系时，伦理标准更强调对人的内心的引导。因而，伦理标准对人的行为的规范则是侧重道德和精神层面的，缺少明确的或者固定的责任形式以保障伦理要求的实现。

可见，要将人与人的伦理关系扩展到立法制度层面以确认人与自然的法律关系，必须克服三个困难：第一，人与自然同时具有"行为能力"。第二，将法理标准对人的要求提升到伦理标准水平。第三，为伦理标准找到合适的责任形式。这三个困难在现有的法理学和伦理学理论根据和研究框架内几乎是没有可能解决的，因此我们必须超越传统研究理念和研究方法，把生态补偿立法实践建立在一种全新的价值基础之上。

二、人类中心主义与非人类中心主义：确立人与自然之间法律关系的选择困难

谈及由生态危机引发的、普遍兴起于20世纪七八十年代的西方环境伦理学②，不得不提的两类主流观点就是人类中心主义和非人类中心主义。③

人类中心主义也称人类中心论，其思想实质是：人是宇宙万物的中心，一切以人的存在为目的，一切为人的存在服务，一切以人的利益为考量，一切以人的价值为意义。一般认为，由早期"狭隘的人类中心主义"发展到后来的"开明的人类中心主义"，人类中心主义经历了"宇宙人类中心主义、神学人类中心主义、近代人类中心主义、生态人类中心

---

① 法律责任形式也是法定的，不同的部门法其责任形式也有所不同，主要分为以行政处分和行政处罚为主的行政责任、以财产处罚为主的民事责任和以人身处罚为主的刑事责任等。

② 当然，也有学者认为人类中心主义思想在中国有着更为悠久的历史，"但是它作为占主导地位的思想和实践是在西方完成的"。参见余谋昌：《走出人类中心主义》，《自然辩证法研究》1994年第7期。

③ 相关详细论述可参见杨通进：《环境伦理学的基本理念》，《道德与文明》2000年第1期。周鑫：《西方环境伦理思想及主要流派探微》，《经济研究参考》2013年第62期。

主义"四种历史形态①。从公元前五世纪古希腊哲学家普罗泰戈拉明确提出人类中心论开始,人类历史上许多著名的哲学家均表述过相似的观点。古希腊哲学家柏拉图提出"以人的理念为中心构造整个世界";之后法国哲学家笛卡尔提出"借助实践哲学使自己成为自然的主人和统治者",开创了主体性哲学和主客二分理论新时代,将人定义为宇宙中唯一的主体,其他一切存在物均成为人类主体的客体对象,人的中心地位被着重强调;随后德国著名哲学家康德提出了"目的论",指出"人是自然界的最高立法者",将人类中心主义理论最终完善。最后,人类中心主义由理论走向实践是在英国著名哲学家培根和洛克的推动下完成的。

非人类中心主义也称自然中心论,与人类中心主义相对集中和统一的思想体系不同,非人类中心主义是各类反对人类中心主义的伦理思想的统称。一般认为,非人类中心主义包括"动物平等主义"、"生物平等主义"和"生态整体主义"等学说。动物平等主义以彼德·辛格(P. Singer)的动物解放论(Animal Liberation Theory)和汤姆·雷根(T. Regan)的动物权利论(Animal Rights Theory)为主要代表学说,他们认为应当将价值主体的范围从人扩大到动物,动物也应当和人一样具有权利并受到保护。生物平等主义(Biological Equilibrium Theory)以施韦泽(A. Schweitaer)的敬畏生命理念和泰勒(P. Taylor)的尊重大自然伦理思想为代表,他们认为应当将对人和动物的道德关怀拓展到对所有生物的普遍关怀,整个生物界都应受到人的尊重与保护。生态整体主义(Ecological Holism)以奥尔多·利奥波德(Aldo Leopold)的大地伦理学(Land Ethic)、阿内尔·内斯(Arne Naess)的深层次生态学(Deep Ecology)和霍姆斯·罗尔斯顿(Holmes Rolston)的自然价值论(the Value of Nature)为代表,他们共同强调了人类的道德关怀应当进一步推广至无生命的生态系统和自然环境,不但要关心生态个体更要关心生态系统这个"整体"。

---

① 李寿德、张衡、万威武:《中国环境伦理学研究进展》,《自然辩证法研究》2000 年第 6 期。

传统的法理学正是在人类中心主义的哲学思想之下构建起来的，认为法应当并且只能是调整人与人之间关系的社会规范。然而，随着全球性生态危机的出现，人类开始反思人类中心主义带来的"根本性问题"①，继而提出的非人类中心主义的一系列新的环境伦理思想，不得不促使我们对生态补偿立法的伦理学基础也进行必要的反思——在生态补偿立法的理论研究和实践过程中，我们究竟应当选择继续以人类中心主义为基础，还是选择以看似更适合应对生态危机的非人类中心主义为基础呢？

选择继续以人类中心主义为伦理基础，有利的一面是生态补偿立法在理论上没有突破原有法学理论框架的麻烦，不利的一面则是要受到人类中心主义的负面影响，给生态保护实践造成诸多障碍和问题，这也是遭非人类中心主义伦理思想最多诟病的地方。人类中心主义认为大自然没有内在价值和权利，其所谓的价值只是人的情感的反射，离开人的主体，大自然的价值就没有了存在的基础和意义。如果沿着这个思路，生态补偿立法就只能限于传统部门法调整人与人之间关系的旧领域，而无法规范人与自然的关系，无法对人的行为给大自然造成的负外部性做出最基本的限制，进而无法引导人类在生态补偿和生态保护方面有所作为，甚至连生态补偿立法自身存在的必要性与合理性都会受到质疑。

选择以新兴的非人类中心主义为伦理基础，有利的一面是使生态补偿立法从内容设计和体系架构上能更好地应对生态危机，不利的一面则是必须在理论上突破原来的法理学框架，即首先要论证——法除了能调整人与人之间的关系外，也应当能调整人与自然之间的关系。但是，这几乎是一个不可能完成的任务，理由至少有以下三点：（1）就法律关系而言，其性质必须要得到彻底的改造，原来法律关系的主体是人，大自然只是作为主体权利义务指向对象的客体而存在的，但在新的法律关系中，大自然也将成为一类独立的主体。法律关系主体必须同时具有权利能力和行为能力，才可能成为法定的权利义务的承担者，而这是大自然作为主体所无法实现的。不可能具备行为能力的大自然主体，享有法定

---

① 余谋昌：《走出人类中心主义》，《自然辩证法研究》1994年第7期。

权利也许不难实现，承担法定义务却基本没有可能。（2）就法的目的而言，法是对人的行为的最低要求，更高层次的要求是由伦理道德约束提出的。如果生态补偿立法将无行为能力主体（动物、生物甚至生态系统整体）的权利与人的权利一同作为最基本的权利要求写入法案，就相当于将各类主体权利的保障义务统统强加给有行为能力的主体之上，由人类承担整个生态系统权利实现的责任。既要保证自己的权利实现，又必须同时保证大自然的权利实现，这种要求已经远远超出法的目的而绝不仅仅是对人的最低要求了。（3）就法的性质而言，马克思主义法理学认为法是阶级统治的工具，法由国家强制力保证执行，违反法的规定，必须承担不利的法律后果，受到法的制裁。非人类中心主义伦理学认为人与自然是平等的，是同处于一个生态系统之内的，应当是相互联系、相互依存的，人有义务尊重共同体中的其他成员和共同体本身。显然，非人类中心主义强调的是人与其他主体的共同性和协调性，而未做阶级性的辨析，也没有给出利益或者道德权衡的标准答案。当发生人的利益与其他存在物的利益冲突时，如果生态立法偏重于生态系统的补偿，则不符合人的客观需要和主观选择；而如果生态立法偏重于人的价值优先，则又很难摆脱人类中心主义的质疑。

正如环境伦理学理论和实践中正在经历着的人类中心主义与非人类中心主义之争，在生态补偿立法过程中如何确立人与自然法律关系也同样面临着两难选择。事实上，在环境伦理学界，已经有学者尝试着从不同的视角解决目前的争议。美国有学者就不认可简单地将环境伦理问题的焦点归纳为人类中心主义和非人类中心主义之争，指出"目前关于环境伦理学的讨论大都流于简单化"，并分析指出至少存在八种不同类型的"关于环境的伦理学"，包括"伦理利己主义"、"人道主义或人格主义"、"有意识有感觉的存在物主义"、"有生命的存在物主义"、"所有存在物主义"、"有神论伦理学"、"混合型伦理学"、"自然秩序论"等[①]；我国也有学者提出对人类中心主义与非人类中心主义之争进行"整合与超越：走

---

① W. F. 弗兰克纳：《伦理学与环境》，《哲学译丛》1994年第5期。

向一种开放的环境伦理学"①，将环境伦理学提出的各种理论不作为争论而作为环境保护实践所追求实现的一系列过程来看待，抛弃低层次的狭隘的人类中心主义，要求做到中层次的开明的人类中心主义，进而追求高层次的动物、生物和生态整体主义理想美德。生态补偿立法亦可借鉴生态伦理学研究的理论成果，转换视角找到确立人与自然法律关系的新路径。

三、权利同源：系统论语境下人与自然之间法律关系的价值基础

权利在法学理论中是与义务相对应的一个概念。法律关系的实质就是权利义务关系，一般的社会关系经过法律的调整和规范，就形成了具有法定性质的权利义务关系。法律关系主体又称为权义主体，是依法享有权利并承担义务的法律关系参加者。法律关系中的权利和义务是一对联系紧密的概念，法律关系强调权利与义务的对等，这种对等包括了时间上的同生共灭和内容上的公平平等。法律关系主体的权利是与义务密切联系的，没有无权利的义务，也没有无义务的权利，权利和义务不过是同一个主体行为的两个方面而已。在多数法律关系中，一方主体的权利恰好就是另一方主体的义务，一方主体的义务又是另一方主体的权利，双方主体的权利和义务是相互吻合的。

权利在西方环境伦理学中不仅是一个具有悠久历史的概念，更是环境伦理学中一个非常重要的话语体系，德沃金就曾指出"权利是最强硬的道德货币"。我国学者普遍认为环境伦理学的一个主要基石就是"自然的权利"，这种自然的权利并非就生物个体而言，而是主要就生物物种和生态系统整体而言的，自然界的存在方式、生存目的和内在价值决定了自然的权利享有。当然，在自然的权利与人的权利发生冲突的时候，为了维护人的权利可以暂时忽略自然的相关权利，其原则是以不危及自然的物种存在和维护生态系统的整体性为标准。环境伦理学虽然只强调了

---

① 杨通进：《环境伦理学的基本理念》，《道德与文明》2000年第1期。

主体的权利,但是这种权利的行使并不是没有限度的,这种权利的享有也不是永恒的,当人类主体与其他主体之间的权利发生冲突的时候,人类权利的行使原则是不危及其他主体的存在或者以维护生态系统的整体性为最低限度。这种对权利行使的原则性限制事实上就是人类主体的义务,主体有义务按照权利行使原则去享有权利,而不能随心所欲地行使权利。

可见,虽然法律关系和环境伦理在表象上有区别,但其实质都是对主体行为的约束,都是进行主体权利确认和规范主体权利运行的规则体系。在生态补偿的问题上,如何确认人类主体的权利和规范人类主体权利的运行就成为环境伦理学指导生态补偿立法的关键。传统的人类中心主义认为在主客二分的伦理世界内,自然客体的"存在权利"决定了人类主体的伦理义务,进而认为人类是依据自然界的"有用性"来确立保护自然的伦理,即人类有利用自然的权利,同时也有保护自然的义务。然而,非人类中心主义认为这种建立在功利主义价值观基础上的环境伦理是不彻底的,当保护自然的需要与人的欲望相冲突时就会失效[①]。非人类中心主义环境伦理学认为自然的"内在价值"是不以人类的存在为前提的,是先于人类的产生而产生的,强调自然价值的独立性与自在性。但是,这种理论又无法说明为什么人类应当保护一个与自身无关的、独立存在的自然。

如果我们跳出环境伦理的人类中心主义和非人类中心主义争论,而在系统论语境下重新审视环境伦理,问题就迎刃而解了。系统论的核心思想是系统的整体观念,强调组成系统的各要素之间的联系与互动,而反对那种以局部说明整体的机械论的观点。生态环境是一个典型的系统自组织结构,人和自然都是这个生态系统的组成要素,都不是孤立地存在着的,每个要素在系统中都处于一定的位置上,发挥着特定的作用。人与自然作为生态系统的要素,相互关联、构成了一个不可分割的整体,

---

① 刘福森:《生态伦理学的困境与出路》,《北京师范大学学报(社会科学版)》2008年第3期。

只有在生态系统中人与自然才都有价值，如果将要素从系统整体中剥离出来，它将失去存在的意义。由此看来，无论是人类中心主义还是非人类中心主义，其共性问题都在于忽视了生态系统的整体性，而过分强调构成生态系统的要素（人与自然）的价值和作用，这必然导致以局部说明整体的机械论认识偏差。

系统论语境下的"权利同源"，才是确立人与自然法律关系的伦理价值基础。贝塔朗菲强调，任何系统都是一个有机的整体，它不是各个部分的机械组合或简单相加，系统的整体功能是各要素在孤立状态下所没有的性质。换言之，人的权利和自然的权利都是在生态系统内的权利，脱离人与自然共同组成的生态系统而单独讨论人的权利或者自然的权利就失去了价值意义。系统论整体性原理强调人与自然共同组成的生态系统的性质和功能，而非人与自然各自的价值；系统论的层次性原理强调人与自然的差异性和结构功能的秩序性，而不考虑人与自然谁居于核心；系统论的开放性原理强调生态系统与外界进行物质、能量和信息交换的性质和功能，而与人和自然谁是中心无关；系统论的目的性原理强调生态系统的发展变化不受条件和途径的影响，当然更不受谁是中心的影响；系统论的突变性原理强调生态系统发生质变的可能方式会有很多，但并不决定于谁是中心；系统论的稳定性强调生态系统能够在一定范围内自我调节以保持原有状态，这仍然与中心无关；系统论的自组织性原理强调各要素自发地组织起来向更有序和更高级发展，而并非由中心向外围扩展；系统论的相似性原理强调各系统之间结构功能和深化过程的共性，而非系统内部的相似性。总之，在系统论语境下，人与自然谁是中心已经无关紧要，而人与自然之间的紧密联系和相互影响才是决定生态系统发展演变的关键，这种谁也离不开谁的"权利同源"关系，就是人类必须保护生态环境的根本理由。

四、辩证统一：生态补偿立法的伦理考量

人与自然在生态系统中的"权利同源"关系，决定了确立人与自然之间的法律关系可以借鉴人与人之间的伦理关系。但是，这种借鉴并非

简单地否认传统伦理学主客二分的认识论,改变自然客体对象的地位并赋予自然主体地位,进而陷入自然主体无行为能力、既不能主动享有权利又不能履行义务的理论死循环。"权利同源"意味着同处于一个生态系统之中的人与自然的权利来源是一致的,其权利是各自作为生态系统的组成要素才可以获得的,离开生态系统其权利就失去了存在的基础而归于灭失。从这个角度讲,人与自然是谁也离不开谁的,其权利是平等的,不存在以谁为中心的问题;其权利是相关的,双方权利的获得都必须以对方权利的获得为前提,任何一方的权利灭失都会同时造成另一方权利的灭失。同样,也正是因为这样一种相生相伴、互为因果的"权利同源"关系,决定了确立人与自然之间的法律关系必须借鉴人与人之间的伦理关系。

生态补偿立法并非是要直接调整人与自然之间的关系,而是通过调整人与人之间的关系来间接调整人与自然之间的关系。如前所述,多年来学界对生态补偿立法的争议就在于其能否突破传统的法学理论而完成直接调整人与自然关系的任务。赞成者提出了设想却没能实现论证,而反对者坚持认为既然自然无法成为具有行为能力的主体,当然无法承担主体的法定义务,因而也不可能突破传统法理学中关于法只能调整人与人之间的关系的论断。对于这样一个学者们争论已久的问题,系统论的分析方法给了我们新的思路:既然同为生态系统组成要素的人与自然必须相依相存,并且任何一个系统要素的变化必然引起另一个系统要素的变化和反作用,那么只要调整一个要素的行为,就能达到调整双方关系的目的,而没有必要强调同时调整两个要素的行为。换言之,生态补偿立法通过调整人与人的关系,即可间接实现对人与自然关系的调整。如此,既达到了通过生态补偿立法调整人与自然关系的目的,又避免了理论上需要突破法的调整功能的难题。

生态补偿立法并非是对人的违法行为的惩治和处罚,而是对人的合法行为的规范和调整。这是对传统部门法基于对人的行为进行底线调整的一个质的飞跃,是生态补偿立法对环境伦理的直接借鉴,在生态补偿领域率先提出调整人与人的关系的更高标准,这样的立法提升也正契合了人类保护生态环境的迫切需要。生态补偿法律关系包含两类子关系，一是"涉及自然资源开发利用的生态补偿关系"，此类社会关系是人类在自然资源开发利用过程中为弥补自身活动对自然生态环境的影响而自发形成的，人与人之间发生关系和产生矛盾的焦点在于"补"，即自然资源开发者因其合法行为的负外部性而应向自然资源所有者赔付的损失，可视为对自然资源所有者原有生态利益的"补损"；二是"涉及环境保护的生态补偿关系"，此类社会关系是人们在环境保护过程中为预防自然生态系统的功能减损和促进其恢复生态平衡而自觉形成的，人与人之间发生关系和产生矛盾的焦点在于"偿"，即生态利益的获益者因环境保护行为的正外部性而应向生态利益付出者偿还的对价，可视为对生态利益付出者预期经济利益的"抵差"。可见，"补损"是人的合法行为的负外部性的成本内化，"抵差"是人的合法行为的正外部性的效益回收，虽然规范方式和结果有所不同，但均是生态补偿立法针对人的合法行为做出的调整。通过这样的立法设计，使人意识到不是所有合法行为都可以免责，不是所有合法行为都不会受到立法的否定性评价。这就会引导人们思考自己的合法行为在伦理道德上的不正当性，再如前文所讨论的排污收费制度，就不会再发生排污者缴费后理直气壮大肆排污而没有任何内疚或感恩之心的情况了。

生态补偿立法还需要以环境伦理为指导确立一系列立法调整的基本原则，以确保立法目的和精神的系统贯彻。这些基本原则包括：谨慎预防原则、合理限制原则、生态公平原则等。（1）谨慎预防原则是在传统环境保护的普通预防原则基础上，对人类的生态保护行为提出的更高标准。该原则要求在生态保护过程中，除了要预防发生人类可预见的生态破坏之外，对于那些存在科学不确定性的生态破坏的发生，也必须进行谨慎且符合成本效益的预防。（2）合理限制原则是对伦理学思想本质的集中体现。纵观古今中外各类伦理思想，其表象是各自成系统的人类道德规范和行为准则，但究其实质均是对人的个体行为的"限制"：限制小我以实现大我，限制私欲以成就公道。对人即是对己，己所不欲勿施于人，自己权利的行使以不损害他人权利行使为原则。如果每个人都没有节制地追求自身欲望的满足，结果只能是损害到其他同类主体的权利而最终招致自身的损害。生态补偿立法中确立合理限制原则，正是要求人们对自己的合法行为进行限制，其程度以保障其他主体权利正常行使为合理。（3）生态公平原则是人与人之间"公平"、"公正"、"平等"等基本伦理要求的充分体现。生态公平原则的内涵包括生态利益公平享有和生态责任公平负担。生态利益公平享有要求人在行使自己主体权利的同时，既要考虑到当代人的生态利益，又要考虑到后代人的生态利益，还要考虑到大自然的生态利益，因为生态系统的未来决定于每一个构成要素，人不能只考虑自己。生态责任公平负担是指在自然生态自我修复的同时，人类也要主动承担自身的行为给生态造成破坏的责任，包括污染者补偿、开发者补偿、受益者补偿和管理者补偿等。

综上，生态补偿立法作为一个新兴的、边缘性的部门立法，必须超越传统的部门立法，才能契合当前生态环境保护的迫切需要。生态补偿立法应当有更先进的立法理念，在立法理论上借鉴环境伦理学思想，在立法的调整对象、调整任务和调整原则上有所提升。

十二届全国人大常委会第八次会议审议通过了新修订的《中华人民共和国环境保护法》。就生态补偿而言，新增条款诸如确立"保护优先"的原则、划定"生态保护红线"、建设"生态保护补偿"制度、扩大"环境诉讼主体资格"以及"按日计罚"严格责任的设置等，均在不同程度上印证了本文所做的探讨。然而，我们也必须看到新法为平衡各方利益所做的妥协也致其存在着明显的保守和不足。例如，新法未能在全国人大开会期间通过，致其"基本法"地位的确立障碍重重；"损害担责"原则的出现，仍与无害补偿的先进环保理念相去甚远；"生态保护补偿"概念的使用，较之多年以来在学者理论研究、国家政策实践以及党中央文件中使用的"生态补偿"概念，既缩小了补偿的范围、又降低了保护的要求，与国内当前生态补偿实践的迫切需求或有背离。不可否认，新修订的环境法较旧法有了历史性突破，但同样要看到生态补偿的相关立法还有很长的路要走。

第七章 "中部崛起"战略中环境强制保险法律问题研究

一、中部地区率先设立环境强制保险的必要性

（一）"中部崛起"战略的提出

早在20世纪80年代，一些学者就提出并研究了"中部崛起"问题，2004年3月5日，在第十届全国人民代表大会第二次会议上，温家宝总理在《政府工作报告》中提出："要坚持西部大开发，振兴东北地区等老工业基地，促进中部地区崛起，鼓励东部地区加快发展，形成东中西互动、优势互补、共同发展的新格局"。"中部崛起"问题引起了理论界和实际工作部门的高度重视。

首先，我们要了解"中部崛起"提出的大背景。在中国区域发展总体战略中，中部省份起着"承东启西"的作用。中部地区粮食产量约占中国粮食总产量的40%，这个地区的山西、河南、江西等省拥有丰富的煤炭资源，该地区的发展无疑有利于提高中国粮食和能源保障能力，缓解资源约束。众所周知，中部六省矿产资源丰富，又是我国的能源基地和原材料基地。有深厚的文化底蕴，人才荟萃，是我国重要的科研教育中心。虽然中部地区具有如此的综合优势，但是中部地区的发展却不如意。中部的经济发展相对于周围地区缓慢，这就是所谓的"中部塌陷"。

其次，"中部崛起"的意义远远超乎中部地区本身。中部地区崛起关乎全局，是摆在中部各省面前的一项重要任务。突破政策硬约束，大胆探

索,勇于创新,在实践中不断完善相关财政政策措施,制定税收配套政策,有效推动"中部崛起"战略的实施。

(二)环境问题已经成为"中部崛起"的瓶颈

丰富的自然资源为"中部崛起"提供了可持续发展的动力。一是矿产资源。中部六省矿产资源种类齐全,储量丰富。矿种最多的省有140多种,最少的也有110多种。二是农业资源。中部六省地处亚热带和温带,气候温和,拥有宜农平原、宜林山地、宜牧草场和宜渔湖泊等多种农业自然生态系统。三是水资源。在全国十大流域中,中部地区拥有第一大流域长江,第二大流域黄河,第五大流域淮河,第六大流域海河;在全国五大淡水湖中,中部拥有第一大淡水湖鄱阳湖,第二大淡水湖洞庭湖,第四大淡水湖巢湖。四是旅游资源。在全国119个重点风景名胜区中,中部六省拥有27个。保护、开发和利用好这些资源,将为"中部崛起"带来无限生机。

但是,目前,对于"中部崛起"的整体发展战略而言,环境问题已成为其无法绕过的瓶颈。在某种程度上,环境问题解决得好坏甚至将从根本上决定"中部崛起"发展战略的成败。必须从地域治理法治化与经济的可持续发展的专业角度认真考虑这一问题,寻找解决方法,探索发展新路,从制度上避免中部经济发展重走东部地区"先污染,后治理"的老路。

由于自然以及历史原因,很多中部省份历来是国家重污染型能源企业的主要聚集地之一,其中尤以山西最为突出。山西因其煤炭资源储量的丰富而成为全国的"锅炉房",为全国很多省份提供着生产生活所必需的能源,与此同时也给自身留下一个污染极其严重、几近危及人类生存的不良环境。改革开放三十年以来,仍旧保持着煤炭资源政府定价这一与其他地区和产业极度不协调的"剪刀差"发展态势,使得很多像山西这样的资源开采型的中部地区"环境坏了,但经济也没好"。随着国家"中部崛起"战略的推进,大量资金涌入中部,从利益短期见效的角度来说,对资源开采型企业的投资会是很多投资者收益最快的选择。可以预测,随着"中部崛起"战略的推进,很多中部省份的矿产资源将迎来又一个开采的高峰。这将会进一步加剧中部地区的环境恶化，也将严重影响整个"中部崛起"战略的进程。

作为后发展地区，我们不能再一次重复恶性循环的发展模式，笔者认为，中部欠发达地区所特有的后发优势之一，便是汲取东部发展的经验与教训，避免中部地区再一次开始"用环境换发展"的愚蠢行为。合理利用我们的资源，有效地控制环境污染与环境破坏，给中部地区一个可持续发展的空间。

(三) 环境救济的困境

救济所要解决的首要问题是法律责任或损害最终由谁承担的问题。传统救济方式主要包括：民事救济、行政救济、刑事救济。但传统救济是建立在侵权人确定和责任个别化、具体化的基础上的，这一制度在对环境损害进行救济时具有明显的局限性：

第一，企业实行有限责任，侵权责任人有可能因为破产而丧失赔付能力。环境侵权事故受害范围广，需要赔偿的金额巨大，而企业无力承担责任，导致不能有效救济，因此，需要环境损害的社会化救济，即"个人损害到社会损害"[①]，充分救济受害人，维持社会的稳定。

第二，现阶段是我国经济发展的重要战略时期，企业在经营中环境压力很重，不利于经济发展。根据"污染者负担"原则，作为侵权主体的企业，在经营中常常受到环境污染和损害赔偿的困扰，长期的诉讼和近乎天文数字的赔偿金可能使污染企业一蹶不振，甚至破产。因此，应突破传统民事救济，兼顾侵权人的利益，以保护经济发展。

第三，环境侵权诉讼时效制度对救济的限制。我国《环境保护法》第42条规定：因环境污染损害赔偿提起诉讼的时效期间为3年，从当事人知道或应当知道受到污染损害时起计算。《民法通则》第137条规定：诉讼时效从知道或应当知道权利被侵害时起计算，但是，从权利被侵害之日起超过20年的，人民法院不予保护。环境侵害具有潜伏性特点，不仅可能超过20年，甚至可能涉及下一代人或若干代人，受害人无法提出

---

① 王明远：《环境侵权救济法律制度》，中国法制出版社2001年版，第124页。

诉求，其利益难以得到有效的法律保护。

第四，环境侵权行为可能通过自然因素传递，经过生态系统作用之后，表现为环境灾害。这种侵害无法确定侵权主体，无从追究责任人，侵害结果的承担往往是受害者、负有维护社会稳定职责的国家或社会组织。正是由于环境侵害的特殊性，传统民事救济范围已不可能涵盖所有的环境侵害，"环境侵权救济类型"① 必须扩展，从而有效实现环境损害的救济。

种种原因导致受害人往往得不到保护，即使提起了诉讼并胜诉，也并不意味着受害人就一定能获得物质上的救济，环境侵权人往往无法负担巨额环境损害赔偿而面临破产倒闭的危险。受害人手中的胜诉判决很可能成为一纸空文。

二、中部地区环境强制保险法律制度现状

（一）我国环境保险立法及实践

1. 立法状况。

在我国的《环境保护法》等法律法规中，尚未纳入环境责任保险。环境责任保险在我国仅在其他法律中有体现。1982 年制定的《海洋环境保护法》第 28 条对污染保险做了相应规定，即"载运 2000 吨以上散装货油的船舶，应当持有有效的《油污损害民事责任保险或其他财务保证证书》，或《油污损害民事责任信用证书》，或提供其他财务信用保证。"1983 年，《海洋石油勘探开发环境保护管理条例》第 9 条规定，从事海洋石油勘探、开发的企业、事业单位和作业者，应具有有关污染损害民事责任保险或其他财务保证。1999 年修订的《海洋环境保护法》第 66 条规定："国家完善并实施船舶油污损害民事赔偿责任制度，按照船舶油污损害赔偿责任由船东和货主共同承担风险的原则，建立船舶油污保险、油污损害赔偿基金制度，具体办法由国务院规定。"可见，我国正考虑以单

---

① 邹雄：《环境侵权救济研究》，中国环境科学出版社 2004 年版，第 273—274 页。

行法方式对油污保险进行专门规定。同时在国际公约的基础上，国家各个部委根据实际情况的需要，也以部门规章等形式对环境责任保险做出规定，部分地方行政机关也在地方性环境保护法规、规章中规定了油污责任保险。如国家海事局的《船舶载运散装油类安全与防污染监督管理办法》（1999 年）、国家交通部《船舶载运危险货物安全监督管理规定》（2003 年）、广东省深圳市人大常委会《深圳经济特区海域污染防治条例》（1999 年）、福建省人大常委会《福建省海洋环境保护条例》（2002 年）。除此之外，环境责任保险在我国的立法中整体上属于空白地带，而以上规定也基本局限在适用《民事责任公约》的范围内，并只有与油污、危险废物等危险性活动密切相关的险种。

2. 实践情况。

20 世纪 90 年代初，我国由保险公司与地方环保部门合作推出了污染责任保险。大连是我国最早开展此项业务的城市，1991 年起正式运作。之后，沈阳、长春、吉林、丹东、本溪等城市也借鉴了大连的做法相继开展了此项业务。该项业务在大连市 1991 年 10 月到 1994 年 10 月，累计共有保户 15 家，累计保险费收入 220 万元。4 年间保险公司只有一次赔偿，赔款金额 12.5 万元，赔付率为 5.7%。在长春市 1992 年 6 月开展业务，当年只有 1 户企业投保，收取保险费 0.5 万元，保险期内未发生事故，但第二年却发生了事故，因未续保而未能得到经济补偿。沈阳市 1993 年 9 月到 1995 年 9 月，两年累计投保企业 10 家，保险费收入 95 万元，期间无事故发生，赔付率为零。吉林市 1995 年 10 月到 1996 年上半年无企业投保。[①] 环境责任保险在我国开展的范围小，仅在几个城市展开；开展的规模小，每个城市也只有几个乃至十几个企业投保，而且投保规模还处于下降趋势。个别城市因为没有企业投保，处于停顿状态。

我国环境责任保险在几个城市的试行陷入如此尴尬境地，首先是因为保险费过高。我国现有的污染责任保险费率是按行业划分的，最低费率为 2.2%，最高为 8%，较其他险种只有千分之几的费率要高出好几

---

① 安平：我国环境责任保险制度研究，东北财经大学出版社，22。

倍。其次，是我国目前严格限定了环境责任保险的范围，把其限定在突发性污染事故造成的民事赔偿责任的范围内，将排污企业正常、累积排污行为所致损害排除在外。保险责任范围过窄直接导致了保险赔付率的低下，如沈阳市保险赔付率为零，远远低于国内其他险种50％左右的赔付率，而国外保险业的赔付率为70％—80％。保险费过高，赔付率过低，使得投保人无利可图，投保人就不愿投保，宁愿自己背负环境侵权赔偿责任。再次，我国试点适用的是任意责任保险制度。在任意保险模式下，企业是否投保取决于其自身意愿，不具有强制性。很多企业为了追求自身利润最大化或者是短期行为，不愿投保环境责任保险。另外，我国的环保法规不够健全，缺少污染赔偿方面的法律规定，再加上执法不严，对排污者客观上没有形成压力。虽然污染环境造成了损失，却很少承担赔偿责任。而且很多排污企业都是地方的利税大户，对当地的财政有重大影响，地方政府为了保护自身利益，往往对企业的污染行为网开一面，造成排污者很少有忧患意识，认为保不保险无关紧要。造成了环境强制保险在试点城市实行的失败。

(二) 中部地区环境强制保险的缺陷分析

1. 立法的不足。

中部六省关于环境保护的地方规章很多，涉及生态环境保护，环境污染，循环经济各个方面，但没有一个省份制定了专门的环境强制保险规章。仅有部分省份以保险业发展为出发点提出强制责任保险，环境保险作为一部分被提出或环境保险中的一部分被提及，但该类文件并不是立法形式。如山西省省政府2006年11月13日公布的《关于大力发展责任保险促进公共安全体系建设的意见》，要求以机动车交通事故责任强制保险、矿山开采业强制责任保险试点和公众聚集场所火灾公众责任保险试点为重点，大力发展安全生产责任、建筑工程责任、产品责任、公众责任、校方责任、执业责任、医疗责任、环境污染责任等保险业务，不断扩大责任保险覆盖面。

现在"中部崛起"战略提出，中部经济发展的同时，各个省份已经认识到了可能带来的环境问题，并积极采取有效措施预防。中部六省省会城市共同签订环境保护合作备忘录,进一步明确了"中部崛起"不以牺牲环境为代价,提出了加强环境保护合作,共同探索节能减排有关政策法规的制定和激励机制的建立。各省有关的地方立法也在不断增多,但环境强制保险只在保险改革中有人提及,在环境立法上未提及。

2. 实践的不够。

中部六省保险业处于起步之后趋于成熟的发展过程之中,经营规范有待在深化竞争中逐步完善,业务品种与盈利模式有待在深化竞争中进一步拓展,各项赔款与给付起伏较大,风险承担能力有限,社会功用发挥不足。这样的保险业客观上也不宜进行有关环境强制责任保险的实践。

在2004年"中部崛起"战略提出后,保险业抓住机遇发展完善。华建敏在湘考察时强调,要全面落实科学发展观,努力开创保险工作新局面。大力发展安全责任、建筑工程责任、产品责任、公众责任、环境污染责任等保险业务。2007年9月9日,国家环保总局副局长潘岳在《瞭望新闻周刊》撰文透露,该局已经与中国保监会建立合作机制,准备在有条件的地区和环境危险程度高、社会影响大的行业联合开展环境责任保险试点,同时,双方还将共同推进环境风险责任的强制保险立法工作。国务院、保监会和学者都呼吁推行环境强制责任保险,但是中部各保险机构并未进行积极尝试,在环境强制保险的实践上一片空白。

三、国外环境强制责任保险制度及启示

西方各国的环境责任保护经过半个多世纪的发展,已形成一整套体系完整的自然资源保护和污染防治的法律制度,环境责任保险制度也日趋成熟。我们有必要通过分析比较西方各国环境责任保险的相关立法和实践,以期作为建立符合我国国情的环境责任保险制度的借鉴。

(一)国外环境责任保险制度概述

环境责任保险的历史并不久远,其兴起可以追溯到20世纪60年代。70年代后,环保浪潮席卷整个西方发达国家,一系列环境保护法案纷纷出台。为了遏制日益严重的工业污染,各国都对环境污染行为实行严格

责任（无过错责任），罚金之高有时让非故意造成污染的企业面临破产倒闭的危险。因此，企业主迫切需要将这样大的责任风险转嫁出去，环境责任保险也就产生并发展起来了。1985年，丹麦把环境责任保险作为公众责任保险的一部分。1991年，德国将环境责任保险定为强制性保险，要求所有的工商企业者都要投保该险。美国和英国的环境保护法律比较完善，环境责任保险的发展也比较快。综观西方各国环境立法，由于各国经济发展水平、污染的产生方式以及立法模式等不同，大体分为强制责任保险和任意责任保险两种制度，目前主要有以下三种模式：

1. 强制责任保险制度，以美国为典型。

美国的环境责任保险，也称为污染法律责任保险（Pollution Legal Insurance），是以被保险人因玷污或污染水、土地或空气，依法应承担的环境赔偿或治理责任为标的的责任保险。①

美国的环境保险业走在世界的前列，美国的环境责任保险发展可分为三个阶段：(1) 1966年以前，美国以一般的公众责任保险单承保突发的偶然性的环境责任；(2) 1966年至1973年随着污染危害的突出和市场的需求，公众责任保险单开始承保因为持续和渐进的污染所引起的环境责任；(3) 1973年以后，环境责任保险从公众责任保险单中分离，成为独立的险种，并在1988年，成立了专门的环境保护保险公司，承保被保险人渐发、突发、意外的污染事故及第三者责任。目前，美国的环境责任保险主要分为两类，环境损害责任保险和自有场地治理责任保险。前者以约定的限额，承担被保险人因其污染环境造成邻近土地上任何第三人的人身损害或财产损失而发生的赔偿责任；后者以约定的限额为基础，承担被保险人因其污染自有或使用的场地而依法支出的治理费用。

在投保方式上，美国是强制性环境责任保险制度的代表，针对有毒物质和废弃物的处理可能造成的损害责任实行强制保险。美国的环境污染责任保险还是工程保险的一部分，无论是承包商、分包商还是咨询设计商，如果涉及该险种而没有投保的，将不能取得工程合同。

---

① 安树民、曹静：《试论环境污染责任保险》，《中国环境管理》2000年第3期。

美国政府每年还向财产与巨灾保险人征收 5 亿美元的税款,专门用于环境污染的清理,分散保险人之间可能的巨大责任。除了环境责任保险以外,美国政府还采取货币赔偿或刑事制裁的方式,对污染者处以严厉的惩罚,如对严重违反环保标准的行为,法院将对企业处以 25000—50000 美元的罚款,对个人判处一年以上的监禁,甚至关闭违规企业。①

2. 强制责任保险制度与财务保证或担保制度相结合,以德国为典型。

德国是欧洲较早开展环境责任保险业务的国家之一。德国从 1965 年起,保险人开始赔偿水面逐渐污染损失。1978 年后,保险人又同意负责赔偿大气和水污染造成的财产损失,但发生在被保险企业地域之外、可预见的经常排放物引起的损失仍列为除外责任。自 1991 年 1 月 1 日起,为了确保环境侵权受害人的损失能够得到及时合理的赔偿,德国采取兼用强制责任保险与财务保证或担保相结合的制度。德国《环境责任法》第 19 条特别规定了特定设施的所有人必须采取一定的预先保障义务履行的预防措施,包括与保险公司签订损害赔偿责任保险合同,或由州、联邦政府、金融机构提供财务保证或担保。如有违反,主管机关可以全部或部分禁止该设施的运行,设施所有人还可能被处以一年以下有期徒刑或罚金。② 由于法律做出了强制性的规定,所以环境责任保险实质上就成了特定设施的企业法定强制性义务。

3. 任意责任保险制度,以法国为典型。

法国等国家以任意责任保险为原则,在法律有特别规定的情况下实行强制责任保险。法国在 20 世纪 60 年代尚无专业的环境污染损害保险,仅在必要时,就企业可能发生的突发性水污染事故或大气污染事故,以传统的、一般的责任保险单加以承保。以至 70 年代,保险公司的一般保险单上还将水污染、噪声、臭气、振动、辐射、光害及温度变化等环境损害所造成的损失排除在承保范围之外。1977 年,由外国保险公司和法国保险公司组成污染再保险联营(GARPOL),制定了污染特别保险单。

---

① [美]小哈罗德·斯凯博等著:《国际风险与管理:环境·管理分析》,荆涛等译,机械工业出版社 1999 年版。

② 贾爱铃:《环境责任保险的运作机制》,《四川环境》2003 年第 2 期。

至此，保险公司的承保范围不再限于偶然性、突发性的环境损害事故，对于因单独、反复性或继续性事故所引起的环境损害也予以承保。

在投保方式上，法国采取柔性渐进的方式，以任意保险为主，强制保险为辅，优点在于"不会造成有害事业主在经济措施与意愿上之反弹，危害公权力之行使。同时，由保险界与事业界主导，可以避免立法上之争扰"。①

（二）国外环境强制责任保险制度对我们的启示

1. 国外环境责任保险制度的评述。

对各国环境责任保险的相关立法和实践进行比较后，我们可以看到，虽然各国对于环境责任保险制度的接受程度有较大的差异，但是其环境责任保险制度的发展，都与本国保险市场和相关法律制度的发展同步，其存在着一些共同的特点：

首先，各国政府都非常注重以非经济利益因素来推动环境保险的实施，将环境保险作为一种社会事业。在环境保险中，环境侵害具有损失难以确定性、侵害行为与结果之间的因果关系不明确性、侵害的长期性、复杂性以及侵害后果的严重性等特点。环境保险是一种社会事业，不能仅以保险公司能否获得及获得多少经济利益来推动该事业。从目前各国环境保险历史和发展现状来看，不能和传统保险领域相提并论，主要是环境损害的特殊性所决定的。为此，美国、瑞典、德国等国家都采用了强制保险的模式，通过政府干预，结合多种经济刺激手段，才得以激发环境保险市场的发育。

其次，环境责任保险制度法律化是各国共同的追求。不同法系的立法要求不同，但各国都把环境责任保险制度建立在责任保险的理论和实务的基础上，因地制宜颁布与各自国家国情相适应的专门性法律，例如美国政府为了加强环境保护力度，在《清洁大气法》（1970年）、《清洁水法》（1987年）、《环境应对、赔偿和责任综合法》（1980年）等相关法律

---

① 陈慈阳：《环境法总论》，中国政法大学出版社2003年版。

法规中对污染者的付费原则做了规定。① 德国的《环境责任法》和《环境损害赔偿法草案》以及法国的《法国环境法》等较为典型。

再次，在环境责任强制保险与任意保险的选择上，基本以强制责任保险制度为主，任意责任保险为辅。同时，环境责任保险的强制性程度适应不同领域而有所不同：在高度危险性生产或活动领域，例如有关核设施、海洋油污以及危险废弃物等领域，大都实行强制环境责任保险；在其他领域，实行任意环境责任保险。

最后，在承保方式上，很多国家的保险公司联合了其他的保险人，甚至是其他国家的保险人，进行保险联营（Pooling），以降低自身风险。这在欧洲一些国家表现得尤其突出。

2.国外环境责任保险制度对我国的启示。

经过了几十年的发展，发达国家已经建立了一套较为科学合理的环境保险理论和制度体系，其较为完善的理论和成功经验为我国环境责任保险制度的建立提供了很好的借鉴，我国可以根据国情和发展水平选择适合自己的运作模式。西方国家环境责任保险制度的发展和实践对我国有以下启示：

首先，各国的实践经验为我国环境保险的发展提供了模式参考，我国在开展环境保险时，应给予保险公司积极的扶持政策，鼓励通过联合保险公司进行集团承保，以社会责任牵制保险公司在保险经济活动中的"自利性"。

其次，建立强制环境责任保险为主，任意责任保险为辅的保险制度。环境责任保险在我国大多属于自愿性保险，企业存在侥幸心理，大多数没有参加该项保险，受害者无法得到公平赔偿的现象普遍存在。基于我国环境问题的现状，可借鉴美国的立法模式，实行强制责任保险为主，任意责任保险为辅的制度。我国在一些行业已经推行了强制责任保险。2006年初首次以法律形式规定了机动车辆第三者责任险的强制投保，开创了法定责任保险的先河。另外，我国对于海洋石油勘探与开发的企业、

---

① 马丽娟：《环境责任保险制度研究》，《清华大学》2004年硕士论文。

事业单位和作业者已经实行强制环境责任保险。① 根据我国已有的经验,把强制保险合理恰当地融入环境责任,在产生环境污染和危害最严重的行业实行强制责任保险,其他污染较轻的行业,如城建、公用事业、商业可以采取任意责任保险。

再次,采取柔性渐进的演进方式。各国构建环境责任保险制度大致分为两种演进方式。首先是立法方式,即以先制定法律的形式,使污染责任保险成为财政经济上必须遵守的法定条件。其优点是强制性、明确性、一致性强,缺点则是立法程序旷日持久,生效后的执行效果亦不确定。其次是柔性渐进方式,即以保险业实务为推动,先行实践,获取保险经验与累积保险成效,代替立法方式的全面管制,除法律特别规定强制责任保险外,以任意责任保险为主要运用原则。其优点在于避免了保险人和被保险人以法律强制撮合而无充分实务经验积累而产生抵触,影响国家法律的严肃性。缺点是,因企业财力所限,保险界和实业界就污染责任是否有订立保险契约的积极性很难把握。实务中由于污染损害保险机制涉及风险几率、赔偿额度、保费费率等其他诸多复杂关系,其建立、运行、管理是一项非常复杂庞大的系统工程。鉴于中国的法制状况、公众环保水平,我国宜采取设立试点地区,在实践中进行研究,再予以立法推行的渐进性推广模式。②

四、中部六省环境强制保险的构建

(一) 环境强制保险的可行性

1. 经济基础分析。

2004年3月,"中部崛起"战略提出,中部的发展迎来契机。中部省份通过扩大开放,改善环境,承接国际、国内产业转移,利用自身的优势条件能够培育出新的经济增长点,增强区域的产业竞争力。过去的经

---

① 宋宗宇、李扬:《环境责任保险制度的国际实践与借鉴》,《山西省政法管理干部学院学报》2005年第3期。

② 邹海林:《责任保险论》,法律出版社1999年版,第102页。

验告诉我们随着经济的发展，环境问题也会出现，加上中部六省本来就面临着大气污染、水资源短缺等环境问题，如果不能有效地解决必然会影响中部的发展。能有效地预防和解决环境问题的制度呼之欲出。

中部省份为了更好更快地发展势必要接纳发达国家以及东部地区转移过来的产业，根据以往的经验，产业转移在带来经济发展的同时，也伴随着一系列的环境风险。因此，中部地区在承接产业转移的过程中，不能忽视可能面临的环境风险，要正确认识产业转移与生态环境的关系，处理好经济发展与生态环境之间的关系，走出一条可持续的发展道路，以便更好地吸引高技术低能耗的产业，促进中部发展。鉴于1984年印度举世震惊的环境污染事件促成了印度的环境责任保险法规，我们可以借鉴印度的经验防止此类事件的发生，建立环境保险制度。

"中部崛起"刚刚开始，企业可能借此机会发展壮大自己，环境责任保险的高额保险费，致使企业可能不愿投保。所以在中部要实行环境强制保险，避免90年代初环境责任保险的尴尬状况出现。

2. 法制基础分析。

中部目前没有省份制定专门的环境强制保险法律，也没有成功的实践经验。但是一些相关的法规和规章以及各项环境标准，为环境保险法律制度的实施提供了具体的操作模式。例如在地震保险方面，地震保险责任最早在1951年实行的普通火险办法中就已有规定。1979年恢复国内保险业务以来，地震风险就被列为基本保险责任范围。改革开放以来，我国政府又专门对地震保险做了相关的规定。1992年又以文件提出"开展地震保险是实现社会互助、减轻国家财政负担、提高抗震救灾能力的有效途径"。

2006年《机动车交通事故责任强制保险条例》出台和实施，使"交强险"制度实施具有了法律依据。在"交强险"制度下，一方面使受害人获得基本补偿的权利得到保障，另一方面通过强制保险分散了被保险人的责任风险，兼顾了各方主体的利益。当然"交强险"在实施中也有不少问题。这就为与"交强险"相似的环境强制保险提供了经验，在制定具体制度时可以吸收"交强险"的成功之处，而对"交强险"的不足之处予以完善。

环境影响评价制度也为环境责任保险提供了前提。环境影响评价的结果，可以作为保险人风险评价的参考依据。环境影响评价组织所采用的先进的评价技术和经验，为保险人核保提供了借鉴。各种环境标准也可以作为确定保险费率的参考。现有的各种制度为中部实施环境强制保险提供了可能。

(二) 环境强制保险的权利义务

1. 环境强制保险的权利义务概述。

环境强制保险由于其特殊性，其权利义务的规定除去一般保险的内容外，还有一些特别规定。总体而言，环境强制保险与机动车交通事故责任强制保险的权利义务大同小异，环境责任保险应赋予第三人以直接请求权。

我们有必要明确环境强制保险中各个主体的权利义务。环境强制保险中投保人应按照合同约定支付保险费，如果保险标的的危险程度增加时，投保人有义务及时通知保险人。投保人在保险事故发生后，有义务及时通知保险人，以便保险人及时派员查勘，确定保险事故发生的原因和评估损害后果及时赔付。同时有责任尽力采取必要的措施对保险标的进行抢救，防止或者减少保险标的的损失。保险人应当在订立保险合同时对保险合同进行说明，对其享有的抗辩权和免责条款应告知投保人，还应对因订立保险合同得知的投保人的商业秘密保密。根据环境责任保险合同的特点，保险人有权在保险合同约定的合理时间视察用于与被保险人行业、业务或工作有关的场地、厂房、工程、机械或器具，以确定是否变更合同。在环境污染事故发生并导致保险标的受到损害或者保险合同约定的期限届满时，保险人向被保险人或者受益人支付保险赔偿金。另外保险人在特定条件下享有代位权和求偿权。

2. 环境强制保险中的第三人直接请求权。

虽与环境强制保险相似的《机动车交通事故责任强制保险条例》并没有直接规定第三人的直接请求权。但环境强制保险设立之初的主要目的之一便是环境污染发生后对权益受损的人们给予及时的赔偿和挽救侵权造成的损害。避免企业无力赔偿或诉讼成本等问题引起受害人权利得不到救济的情况发生。为了更好地实现环境强制保险制度的这一具体目标，应赋予第三人直接请求权。

按照西方发达国家的实践，强制责任保险中一般是不附抗辩事由的直接请求权即保险人不得以对抗被保险人的请求权的事由，对抗受害第三人的直接请求权，但可以以被保险人对抗受害第三人的事由来对抗受害第三人。中部六省实行强制环境责任保险第三人的直接请求权也应是不附抗辩事由的，即在被保险企业发生环境侵权事件造成保险合同约定的当事人以外的受害人的人身伤亡、财产损失的，如果被保险人没有提出请求，则受害人可以直接请求保险人在责任限额内予以赔偿。保险人应在接到请求后，派专业人员对环境侵权事件进行审查，只要确定有环境侵权事件发生且造成了受害人的损害，则保险人就应根据侵权造成的损害确定赔偿额进行支付。以便受害人可以防止损失的扩大。

3. 环境强制保险中的保险人的追偿权和代位权。

《机动车交通事故责任强制保险条例》第二十二条规定了保险公司在机动车交通事故责任强制保险责任限额范围内垫付抢救费用后向致害人追偿的三种情况，确立了保险人的追偿权。

同样在环境侵权事件发生后，被保险人有下列情况的，保险人不承担保险责任。如果保险人在事故发生时为避免受害人损失扩大而支出了相关费用，则保险人享有追偿的权利。情况一：如果被保险人对有毒有害的污染物故意不采取任何措施进行处理或未按照合同要求的标准将污染物进行处理，将其排出导致了环境侵权事件的发生；情况二：被保险人擅自更换设备设施，降低了合同要求的条件而使侵权事件发生的，或者是其他被保险人故意造成损害的情形。

在环境侵权事件中，如果受害人的损害是由数个主体造成且无法确定各个主体承担责任的比例，后果一般是向受害人承担连带责任。保险人向受害人承担赔偿责任后，可以就其他致害人应当承担的赔偿责任份额，代位被保险人请求其他致害人予以补偿。另外，如果被保险人的环境侵权行为是由第三人造成的，保险人就该侵权行为进行赔偿后，可以对该第三人行使保险代位权。保险人代位被保险人请求其他致害人或第三人的补偿金额以其实际给付给受害人的赔偿金额为限，超出的部分被保险人享有。

（三）环境强制保险的制度设计框架

1. 保险费率的确定。

环境强制保险合同应具有一定的特定性，即使同一险种，也不能像普通的保险合同完全采取格式合同的做法。各个企业的生产流程和生产地点都不同，对环境造成污染的危害程度和性质也各不相同，这就要求保险公司在承保时应当由专业工作人员对保险标的进行实地考察和评估，以企业污染风险等级为基础设立浮动的保险费率。不仅照顾到了不同污染区域不同污染程度的企业的公平，也有利于企业不断提高防止环境污染发生的能力。

2. 承保范围的确定。

环境强制保险的承保范围应综合考虑保险人、被保险人和受害人的利益来确定。如果承保的范围过窄，没有达到企业转嫁其环境风险的目的，企业不愿投保也达不到环境强制保险设立的目的；范围过宽，保险机构无法承受，无人承保。承保范围是否合理是中部地区能否顺利实施环境强制保险的关键。根据各国环境责任保险的立法，突发性环境风险属于环境责任保险的承保范围无疑。对于渐进式环境风险，我国目前一般不将其纳入承保范围，但是环境侵权事件的发生有一部分是由于渐进式环境风险造成的，这种损害后果往往比突发性的环境损害后果更大。如果不将其纳入环境强制保险的承保范围，则企业不愿投保，如果将其一概纳入，由于其不易鉴定且赔偿额大，不利于保险机构承保。综合考虑，中部地区环境强制保险应将已经发生过的或是根据经验易发生的渐进式环境损害纳入其承保范围，而对于其他的渐进式环境风险则不宜纳入。随着环境强制保险的发展，其他的渐进式环境风险也会纳入环境强制保险的承保范围。

3. 赔付范围与赔付限额。

具体的赔付范围以被保险人造成的受害人的人身伤害、财产损失为限。人身伤害赔偿可以参照民法关于人身损害赔偿的范围确定,根据我国的司法实践对于受害人的精神损害赔偿理应承担。保险人对于环境侵权直接造成的财产损毁、为防止污染扩大和消除污染而支出的费用等直接的财产损失应全额赔付。对失去正常情况下可获得的利益等间接的财产损失在环境强制保险之初应有限赔偿,否则可能不利于保险人积极承保。环境侵权往往面临巨额赔偿,如果保险人对被保险人环境侵权的损害全部赔付,保险人会面临破产,那样也不会有保险机构愿意承保。企业的环境风险全部转移与保险人,企业不承担环境侵权责任,显失公平,也不利于环境保护,所以保险人的赔付应有责任限额。受害人的损害赔偿金额在保险人赔付限额内,则保险人应全部赔付。如果受害人的损害赔偿金额超过了保险人的赔偿限额,则保险人仅在赔偿限额内赔付,在保险人赔付后被保险人仍应就保险赔付之外的部分承担赔偿责任。

4. 保险责任免除。

国外环境责任保险法律均规定了环境保险责任的免除。无论何种情况均要保险人对被保险人造成的一切环境责任承担后果,显然不公平。在环境侵权事件的发生由不可抗力造成、受害人故意造成或是第三者造成的情况下,应当免除保险人的保险责任。

5. 承保机构与时效。

由于环境强制保险的特殊性,巨额的赔偿使单个保险机构难以负担,所以中部地区的承保机构应实行联保。同时由于环境强制保险风险大于各种商业保险,又处于起步阶段,需要政府的大力扶持。各省市政府因地制宜,引导保险机构联合参与环境强制保险,给予投保企业优惠的税收政策。由于环境污染具有长期性、潜伏性的特点,使得有的环境侵权造成的损害不易察觉,可能在几年以后才会发生,因此保险的索赔时效应比现在法律的一般时效长,以有利于受害人得到赔偿。

结论:

在中部地区经济发展的同时建立有效的环境预防解决机制,不仅可以改善中部的环境现状,还可以在全国起到示范作用。环境保险制度在西方各国已经取得了成功的经验,是当今世界环境保护的大趋势,中部六省应当及时汲取西方国家环境保险相关法律制度的成功经验，结合自身的环境现状，率先建立环境强制保险制度，有效地促进中部的经济发展，实现"中部崛起"。

第八章 我国的行业生态补偿基金问题研究

一、行业生态补偿基金的内涵

国内学界使用生态补偿这一概念始于20世纪80年代,其初始含义是指自然生态系统的自我修复过程。经过多年的研究,生态补偿的内涵进一步丰富,其同时具有生态学含义、经济学含义和法学含义。生态补偿的生态学含义是弥补人类活动造成的生态功能减损,维持自然生态平衡;生态补偿的经济学含义是实现环境行为外部成本内部化的手段;生态补偿的法学含义是相关权利义务的公平分担。制度层面的生态补偿是指为了弥补人类活动造成的生态系统服务功能减损,维持自然生态平衡,实现社会公平,资源开发利用者及生态利益获益者依据强制性法律规定或市场运行规则向资源所有者或生态价值受损者支付费用或提供相关补偿性措施的相关制度安排[①]。行业生态补偿是指为了弥补特定行业的开发行为造成的生态功能减损,实现生态成本在不同主体间的公平分担,资源开发者为主的获益主体向资源所有者或生态价值受损者支付费用或提供相关补偿性措施的制度安排,其主要包括但不限于"涉及资源开发利用的生态补偿关系"[②]。

众多的工具书对"基金"给出了不同的解释,但其基本含义是指用

---

① 张钧、王希:《生态补偿法律化:必要性及推进思路》,《理论探索》2014年第3期。
② 山西大学法学院张钧副教授提出法学语境下的生态补偿至少应当包含两类子关系,一是"涉及资源开发利用的生态补偿关系";二是"涉及环境保护的生态补偿关系"。

于特定用途并独立核算的一部分资金，这也正是行业生态补偿基金所采用的含义。如《辞海》对于基金的解释是"为兴办、维持或发展某种事业而储备的资金或专门拨款。基金必须用于指定的用途，并单独进行核算。"[1]《中华金融辞库》从资金关系和组织关系两个角度对基金进行定义，认为①在资金关系上专门用于某种特定目的并进行独立核算的资金；②在组织关系上管理和运作专门用于某种特定目的并进行独立核算的资金的机构或组织。基金的英文同义词是 Fund 和 Fundation。Fund 的名词含义是指①用于特定目的的一定数额的财产；②特定组织所有或需要的资金；③募集一定数量的资金并用于特定目的的组织[2]。Foundation 的名词含义是指募集资金并用于特定目的的组织[3]。可见，基金的基本含义是指用于特定目的并独立核算的一定数量的资金。

基于以上的分析，笔者认为，行业生态补偿基金是指为了弥补特定行业的开发行为造成的生态功能减损，实现生态成本在不同主体间的公平分担，由资源开发者为主的资源开发受益主体对资源所有者或生态价值受损者进行补偿而设立的专项资金。行业生态补偿基金有以下几个特点：第一，相关的开发企业是行业生态补偿基金的主要资金来源，资源开发的其他受益主体适当补充。相关开发企业作为资源开发行为的主要受益者，是行业生态补偿基金的主要资金来源。此外，基于我国不同时期实行不同的资源价格政策以及长期以来形成的资源价格机制、国家的整体经济布局等因素，资源开发的受益主体更为多元化。由资源开发企业之外的主体对所需资金进行必要补充具有理论和现实的合理性。第二，行业生态补偿基金设立和运行主要依据是法律法规及相关政策。首先，行业生态补偿基金所需资金面向特定资源开发领域的全部企业进行筹集，资金筹集的手段具有强制性，需严格依照法律法规及相关政策进行。其

---

[1] 参见：辞海在线词典 http://tool.gaofen.com/cihai/jijin3.htm，最后登录时间：2014 年 6 月 29 日。

[2] 参见：朗文现代英语在线字典 http://www.ldoceonline.com/dictionary/fund_1，最后登录时间 2014 年 6 月 29 日。

[3] 参见：朗文现代英语在线字典 http://www.ldoceonline.com/dictionary/foundation，最后登录时间 2014 年 6 月 29 日。

次,行业生态补偿基金的管理和使用具有明显的公益性,由法定主体按照法定的程序进行。第三,行业生态补偿基金具有最后保障性[1]。生态补偿不是一种法律责任形式,而是由前期的合法行为所引起的后果。在适用的时间顺序上,生态补偿要晚于相关法律责任的承担。只有在其他救济方式无效或者不能完全满足需求时,行业生态补偿基金方得使用。山西省针对煤炭资源开发行业推行的煤炭可持续发展基金和矿山环境恢复治理保证金即属于典型的行业生态补偿基金。对其进行分析,发现其中的缺陷和不足,对于未来我国行业生态补偿基金的推进和完善具有重要意义。

二、山西省行业生态补偿基金的实践及存在的问题

(一)山西省行业生态补偿基金的实践

山西省的行业生态补偿基金体系主要包括煤炭可持续发展基金和矿山环境恢复治理保证金,两者均以煤炭采掘业为基础设立。其中,矿山环境恢复治理保证金实施较早,以国家的相关政策为基础,主要为矿区范围内开发企业实施的生态补偿提供资金保障;煤炭可持续发展基金的征收以山西省煤炭工业可持续发展试点的获批为背景,更多的体现了山西省作为煤炭大省在生态补偿领域的自主探索,主要为企业无法解决的跨区域生态补偿提供资金支持。二者共同构成了山西省煤炭开发行业的生态补偿基金体系。

矿山环境恢复治理保证金在我国实施较早,山西省是最早实施该制度的省份之一。2000年,国土资源部提出矿山环境恢复治理保证金政策,包括山西、安徽、云南、江苏在内的十个省级行政区随即着手制定颁布了相关的地方立法文件并开始实施。矿山环境恢复治理保证金制度的早期实施在一定程度上缓解了矿产资源开发引起的生态破坏和环境污染,也为其进一步完善和在全国的推广积累了经验。

---

[1] 黄锡生、焦念念:《试论流域生态补偿基金制度的构建》,《时代法学》2013年第5期。

2003年12月,《中国的矿产资源政策》白皮书发布,对于矿区环境保护的资金投入机制做了原则性的论述。《中国的矿产资源政策》指出我国将建立多元化的矿山环境保护投资机制,建立矿山环境保护和土地复垦履约保证金制度。坚持"政府引导,市场运作"的原则,健全矿区环境治理的资金投入机制。同年,山西省开始研究制定煤炭资源开发领域的生态补偿政策。

2005年《国务院关于全面整顿和规范矿产资源开发秩序的通知》(此后简称《通知》)进一步指出要"探索建立矿山生态环境恢复补偿制度",坚持"谁破坏,谁恢复"的基本原则。对于非生产矿山按照"谁投资,谁受益"的基本原则,积极探索市场融资渠道,修复矿区受损的生态环境。《通知》同时要求财政部、国土资源部等部门研究制定相关政策。《通知》的规定表明我国对于生态补偿工作的总体规划是由政府负责组织协调,主要依靠市场主体实现矿区生态修复的目标。2006年5月,财政部、国土资源部和国家环保总局联合发布《关于逐步建立矿山环境治理和生态恢复责任机制的指导意见》,明确要求各地方政府在前期试点的基础上逐步建立实施矿山环境恢复治理保证金制度[1]。这为矿山环境恢复治理保证金制度的实施和完善提供了政策支持。至此,国家层面关于矿区生态恢复的制度框架初步形成,为山西省设立行业生态补偿基金的实践探索提供了政策支持。

2006年,国务院批复同意在山西省设立全国唯一的煤炭工业可持续发展政策措施试点,要求山西省将建立煤炭开采综合补偿和生态环境恢复补偿机制作为一项主要任务来完成。2007年山西省制定《山西省煤炭工业可持续发展政策措施试点工作总体实施方案》(后文简称《方案》),提出要建立"不欠新账,渐还旧账"的生态补偿机制。《方案》提出山西省将通过三条途径保证矿区生态补偿的资金需求:一是出让矿业权价款地方留成资金部分用于矿区生态修复;二是煤炭可持续发展基金的50%

---

[1] 王世进、孟春阳:《论我国矿山环境恢复治理保证金制度的完善》,《江西理工大学学报》2008年第4期。

用于企业无法解决的跨区域生态环境问题；三是矿山企业提取的矿山生态环境恢复治理保证金，用于满足企业实施矿区生态修复的资金需求。至此，山西省煤炭行业生态补偿基金的框架基本形成。

2007年，山西省人民政府制定《山西省煤炭可持续发展基金征收和使用管理实施办法（试行）》、《山西省煤炭可持续发展基金安排使用实施细则（试行）》上报国务院有关部门，并获批准。山西省于2007年3月1日正式开始征收煤炭可持续发展基金。之后，山西省人民政府又制定了《山西省煤炭可持续发展基金分成入库与使用管理实施办法（试行）》，进一步规范了煤炭可持续发展基金的分成使用。同年，山西省制定《山西省矿山环境治理恢复保证金提取使用管理办法（试行）》，并正式颁布实施。煤炭可持续发展基金缴存和矿山环境恢复治理保证金的缴存标志着山西省煤炭行业生态补偿基金正式得以建立。

表-7

基金体系	煤炭可持续发展基金	矿山环境恢复治理保证金
征缴主体	山西省人民政府	煤炭开采企业提取，政府监管
征缴对象	本行政区域内的煤炭开采企业	本行政区域内的煤炭开采企业
征缴方式	计量征收	计量提取
基金管理	省、市、县三级政府分成，纳入同级财政预算管理	财政专户储存（部分企业经批准可自设专户储存）；环保部门和其他有关部门对资金实行审批管理
基金用途	基金的50%用于企业无法解决的跨区域生态环境治理	用于本企业矿区生态环境和水资源保护、地质灾害防治、污染治理和环境恢复整治

2013年，在煤炭价格下行压力加大，煤炭开发企业经营困难的大背景下，山西省人民政府出台《进一步促进全省煤炭经济转变发展方式实现可持续增长的措施》，宣布暂停征收矿山环境恢复治理保证金和煤矿转产发展资金。2014年，山西省人民政府出台《关于印发进一步落实"煤

炭20条"的若干措施的通知》，规定2014年继续停征矿山环境恢复治理保证金和煤矿转产发展资金。矿山环境恢复治理保证金面临中断的风险。

（二）山西省行业生态补偿基金存在的问题

1. 资金来源渠道单一，没有体现生态成本在不同主体间的公平分担。

我国在不同时期实行不同的煤炭价格政策和煤炭价格构成的多元化决定了煤炭资源开发的受益主体是多方主体，行业基金的设立和运行单纯依靠煤炭资源开发企业造成生态成本的不公平分担。首先，我国在不同时期实行不同的煤炭价格政策，开发企业仅在部分阶段是煤炭资源开发的受益主体，其他受益主体广泛存在①。其次，煤炭的价格构成包括多个部分，相应的煤炭资源开发的利润也由多方主体共享，煤炭资源开发企业仅是其中一方主体。以物流成本为例，目前我国物流成本在我国煤炭价格中所占比例为20%—60%，有些甚至高达70%②。相比之下，煤炭生产成本和开发企业的利润在煤炭价格中所占比重较小，收益能力也相对较差。这为其他相关主体适当分担资源开发的生态成本提供了现实基础。山西省煤炭行业生态补偿基金的设立和运行仅仅明确了本省行政区域内资源开发企业的补偿主体地位，其他煤炭资源开发的受益主体未被纳入补偿主体的范围，事实上导致了资源开发生态成本在不同地域范围和不同主体间的不公平分担。

2. 审批程序繁杂，一定程度上影响了资金的使用效率。

山西省对于基金的使用实行严格的计划管理，降低了资金使用的灵活性。根据《山西省煤炭可持续发展基金安排使用管理实施细则（试

---

① 我国的煤炭价格政策大体上可以分为四个阶段。第一阶段为1992年之前。该阶段国家对于煤炭实行计划调配，不允许煤炭进入市场流通。对于资源开发企业的亏损，由政府财政进行补贴。该阶段煤炭资源开发的受益主体主要是使用煤炭资源的各工业企业，煤炭开发企业被排除在受益主体之外。第二阶段为1992年至2002年。该阶段我国的煤炭价格实行"双轨制"，即国家部分放开煤炭价格，同时规定发电用煤的"政府指导价"。在"计划煤"和"市场煤"并存的背景下，煤炭开发企业初次进入资源开发受益主体的行列，同购买"计划煤"的各工业企业并存。第三阶段为2002年到2009年。该阶段国家取消了电煤指导价，仅在小范围内对电煤价格进行调控，煤炭开发企业成为资源开发的主要受益主体。第四阶段为2009年以后，国家全面放开煤炭价格，煤炭价格由市场决定。该阶段，煤炭开发企业成为资源开发的主要受益主体。

② 刘艳敏：《煤炭价格影响因素分析及机制研究》，《中国矿业大学（北京）》2012年。

行)》的要求,各级政府均需制订基金使用规划。下级政府的基金使用规划参照省级基金使用规划制订,并报上级政府批准。省级基金使用规划需符合《山西省国民经济和社会发展第十一个五年规划纲要》。多重的政府计划将基金的使用限制在特定范围内,降低了基金使用的灵活性。

相关规范性文件对于资金的使用和划拨规定了详尽的审批程序,影响了资金的使用效率。根据《山西省煤炭可持续发展基金安排使用管理实施细则(试行)》规定,使用省级煤炭可持续发展基金的项目所需经历的程序包括本级发展改革部门同行业主管部门制定项目计划、同级政府审定、上级发展改革部门审批、上级行业主管部门审批、省直行业主管部及有关部门审查并提出计划、省发展改革部门综合平衡、省发展改革部门组织专家评审、省煤炭工业可持续发展试点工作领导组办公室研究和省政府决定。在煤炭可持续发展基金主要归省级政府支配的情况下[①],过于繁杂的审批程序对基金使用效率的损害表现得更为明显。矿山环境恢复治理保证金的使用同样采用计划管理,并且需要经过多个政府部门的审批。根据《山西省矿山环境恢复治理保证金提取使用管理办法(试行)》第十一条的规定,煤炭开发企业应当依据省级环境保护整体规划制定本矿区生态修复方案。本级政府环境部门会同国土资源、林业、水利等部门对计划进行审批,通过之后由矿产开发企业按照计划具体实施。过于繁杂的行政审批程序对于资金的使用效率可能造成重大影响。此外,审批权限过度分散也增加了资金使用成本。

3. 资金使用分配不合理,在跨区域生态环境治理中的投入比例偏低。

煤炭可持续发展基金和矿山环境恢复治理保证金的整体资金使用率较高,但资金分配结构不合理,在企业无法解决的跨区域生态环境治理中的投入比例偏低。自 2007 年山西省开征煤炭可持续发展基金以来,到

---

① 根据《山西省煤炭可持续发展基金分成入库与使用管理实施办法(试行)》第六条的规定,省属煤炭开采企业和中央(或中央控股)企业在本省境内出资设立的煤炭开采企业在基金开征前为中央矿或省属矿的,缴纳的基金省级政府分成比例为 80%;其他类型的煤炭开采企业所缴纳的煤炭可持续发展基金,省级政府的分成比例为 60%。煤炭可持续发展基金向省级政府集中,市县政府分成比例低于 40%。

2010年底山西省累计征收煤炭可持续发展基金594.75亿元，投入使用的煤炭可持续发展基金总额超过590亿元，整体资金使用率维持在较高水平。同时期山西省煤炭可持续发展基金用于矿区生态修复的资金总额约为160亿元①，占基金支出总额比重仅为27%，远低于《山西省煤炭可持续发展基金征收使用管理实施办法（试行）》规定的投入比例。以上数据表明，山西省可持续发展基金的资金使用在一定程度上偏离了制度设计的初衷，政府基金对生态修复的投入力度明显不足。此外，部分地市的矿山环境恢复治理保证金还体现出资金使用效率低的问题。以晋城市为例，2011年晋城市煤炭开发企业缴存的煤炭可持续发展基金共计2.4524亿元，支出金额为1.1117亿元②，占收入的比例仅为45.33%。

此外，山西省在设立行业生态补偿基金的同时，配套改革措施未能及时跟进，导致煤炭开发企业负担过重。目前，我国的涉煤税费在109项左右，其中收费项目达到88项。各项税费中，增值税和行政性收费占了大头。山西省开征煤炭可持续发展基金和要求企业缴存矿山环境恢复治理保证金之初，对于煤炭产销环节征收的相关费用未能及时清理，增加了煤炭开发企业的生产成本。加之煤炭可持续发展基金和矿山环境恢复治理保证金均采用计量征收的方式进行征收，在有效保障矿区生态修复的资金需求的同时，煤炭价格未能在征收数额上得到体现，在当前煤炭价格下跌的情况下造成煤炭开发企业负担加重。

三、推进和完善我国行业生态补偿基金的设想

（一）改革现有管理结构，逐步采用独立的公法财团法人的组织结构

山西省设立的行业生态补偿基金属于不具有独立人格的政府"会计基金"，组织管理依赖于各级政府及其职能部门，在跨行政区域生态修

---

① 参见《山西治理煤矿生态环境年征收160亿煤炭可持续发展基金》，《人民日报》2010年10月12日。
② 参见中华人民共和国财政部网站 http://www.mof.gov.cn/xinwenlianbo/shanxicaizhengxinxilianbo/201203/t20120302_632164.html，最后登录时间：2014年6月30日。

复和资金使用的灵活性方面均体现出一定的局限性。《山西省煤炭工业可持续发展政策措施试点工作总体实施方案》指出,根据国务院的批复制定该方案,煤炭可持续发展基金的征收主体是省人民政府,要求各级基金收支纳入统计财政预算管理。要求山西省境内所有的煤炭生产企业提取矿山环境恢复治理保证金,按照"企业所有,政府监督,专款专用"的原则进行管理。可见,煤炭工业可持续发展基金属于政府"会计基金",其组织结构不具有独立的法人资格。矿山环境恢复治理保证金虽属于企业所有,但资金的使用需经政府职能部门的审批。政府及其职能部门事实上取得了对于基金的控制权,企业能否使用资金的决定权在于政府及相关职能部门。因而,将矿山环境恢复治理保证金的性质认定为政府"会计基金"较之将其认定为企业基金为宜。政府"会计基金"的运行依赖于划分区域的层级结构的政府及其职能部门,对于跨行政区域的生态补偿体现出一定的局限性。此外,政府"会计基金"实行严格的计划管理,资金使用按照事先制定的规划进行,体现出一定的滞后性。

采用独立的公法财团法人的组织结构具有理论上的可行性和现实的可行性。我国《民法通则》第三十六条规定,法人是具有民事权利能力和民事行为能力,依法独立享有民事权利和承担民事义务的组织。根据成立的依据的不同可以将法人分为公法人和私法人,依公法成立的法人为公法人,依私法成立的法人为私法人。根据成立基础的不同,可以将法人分为社团法人和财团法人。社团法人以人的联合为基础,强调其人合性。财团法人以财产的集合为基础,又称为"目的财产"。因而,通过设立以财团法人对行业生态补偿基金进行管理具有法理上的可行性。我国《基金会管理办法》第二条规定"由国家拨款建立的资助科学研究的基金会和其他各种专项基金管理组织,不适用本办法",这说明依据一般法设立私法财团法人的模式同我国现有法律规定相抵触,采用依据特别法设立公法财团法人的组织模式更为适宜。依据《中国清洁发展机制基金管理办法》设立的中国清洁发展机制基金(China Clean Development Mechanism Fund)这一现实案例说明依据特别法设立公法财团法人的组织结构具有现实可行性①。

(二)在综合考虑"横向"和"纵向"生态成本公平分担的基础上,逐步建立多元化的资金来源渠道

煤炭资源开发的受益主体是多方主体决定了生态成本也应当由多方主体共同分担。在行业生态补偿基金设立和运行过程中,生态成本的公平分担具体体现为资金来源的多元化。针对不同时期我国实行不同的煤炭价格政策,导致资源开发受益主体多元化的状况,应当在区分"新账"和"旧账"的基础上,通过多种方式实现生态成本的公平分担。对煤炭实行计划调配的时期,资源开发的受益主体包括广义上的全体公民和使用煤炭资源的各工业企业,应当通过财政转移支付的方式进行补偿。煤炭价格实行"双轨制"的时期,资源开发的受益主体包括开发企业和购买使用"计划煤"的电力企业,应当由煤炭企业和电力企业通过一次性支付或分年度支付的方式来承担资源开发的生态成本。国家全面放开煤炭资源价格之后,资源开发企业成为主要的受益主体,应当通过政府强制征收或企业自行缴存相关成本费用的方式进行补偿。针对我国煤炭价格构成复杂的状况,可以由包括铁路、公路收费等部门适当分担资源开发的生态成本。

总之,我国行业生态补偿基金的设立应当在综合考虑生态成本的"横向"公平分担和"纵向"公平分担的基础上,构建多元化的资金来源渠道。逐步建立以资源开发企业为主,其他受益主体公平分担,通过"横向"和"纵向"财政转移支付解决历史遗留问题的多元化资金来源渠道。

(三)配套改革措施应同行业生态补偿基金的设立运行同步推进,防止造成资源开发企业负担过重

生态成本在资源价格中体现的实质是资源成本结构的正常化②,其至

---

① 竺效:《我国生态补偿基金的法律性质研究——兼论〈中华人民共和国生态补偿条例〉相关框架设计》,《北京林业大学学报(社会科学版)》2011年第1期。

② 资源开发过程中会造成环境污染和生态破坏,即资源开发的生态成本,又称资源开发的负外部性。在资源开发成本不包含生态成本的情况下,资源开发的生态成本由一定范围内的民众承担,包括资源开发企业在内的广大受益主体单纯享受利益,资源开发的受益主体和负担生态成本的主体出现错位,称为资源成本结构的非正常状态。资源价格体现生态成本正是要扭转这种非正常状态,实现资源成本结构的正常化。

少应当包含两方面的内容,一是合理成本在资源价格中的体现,二是非合理成本及替代性成本在资源价格中的剔除。合理成本的体现和非合理成本的剔除是资源成本结构正常化的一体两面,不可偏废,否则将造成新的不公平。煤炭可持续发展基金的征收和矿山环境恢复治理保证金的提取意在使合理成本在资源价格中得到体现,改变包括开发企业在内的受益主体单方面受益却不承担生态成本的局面。非合理成本的剔除则着眼于资源开发企业单方面负担成本却不享有对应利益的状况。在合理成本在资源价格中已经得到体现的情况下,剔除非合理成本除具有"公平正义"的价值外,其社会意义还体现为防止资源开发企业负担过重,影响生产。

开征煤炭可持续发展基金和要求煤炭资源开发企业缴存矿山环境恢复治理保证金的情况下,资源开发中不合理成本和替代性成本的剔除主要体现为取消不合理的行政收费项目。有关资料显示,现阶段我国的涉煤税费总量在109项左右,除去21项税收项目,收费项目有近90种。这些费用包括港口建设费、炸药安保费、车皮点装费、民兵训练费等[①]。在众多的收费项目中有一部分属于资源开发的非合理成本或替代性成本,如煤炭可持续发展基金开征之前的能源基地建设基金就属于典型的替代性成本。山西省人民政府发布的《关于印发进一步落实"煤炭20条"的若干措施的通知》中要求,对省级以上政府批准的收费项目进行清理,未经省级以上政府批准的一律取缔。这从另一个侧面说明,不合理的行政收费项目事实上存在,且已经对煤炭开发企业的正常生产造成影响。在煤炭价格下行压力加大的情况下,非合理成本和替代性成本的提出具有更大的现实意义。

---

① 参见新华网 http://news.xinhuanet.com/energy/2013-09/22/c_125422492.htm,最后登录时间:2014年6月30日。

下篇：

生态环境法立法与实践案例再反思

第九章 区域治理比较
——中部地区环境立法现状与对策建议

一、中部地区的环境与资源问题分析

（一）中部地区环境与资源基本情况概述

本文论及的中国中部地区，既不同于华中地区，也不同于三大经济地带中的中部经济地带，它是中国地理版图上真正的中心区及重心区，其范围涵盖山西、河南、安徽、江西、湖北、湖南六省，土地面积102万平方公里，占全国总面积的10.7%；拥有3.61亿人口，占全国总人口的28.1%。

我国产量高的耕地主要集中在中部地区，同时中部地区也是我国淡水河流、湖泊、池塘、水库的密集区，这也就是说，中部地区是我国粮食、蔬菜、水果、水产、药材、肉禽等食品的主要产区。

我国长江流域供水量约为1750亿立方米，供应我国1/3的人口用水，而长江水源的主产区主要在中部地区的湖北、湖南、江西、安徽四省，这四省区年降水量在1400—3000mm之间，地表径流在600—1400mm之间，它不仅能满足中部约3亿人口的生活、生产用水，而且是长江三角洲经济区的水源区。中部地区水资源总量为5258.2亿立方米，占全国水的18.93%，其中湘、鄂、赣、皖是长江流域中下游的主要水源

地。此四省水资源总量为4707亿立方米，占全国水资源的16.95%[①]，中部地区六省的面积仅占全国总面积的10.60%，而水资源量却占全国的18.57%。

在中国未成为核能大国之前，煤炭、水电乃是我国目前的主要能源。中部地区不仅拥有中国的煤都——山西，而且湖北三峡水电站工程是中国电力的核心，向东南西北四方辐射。

中部地区得天独厚的地理环境决定了其在未来中国发展中具有独特作用。

(二) 中部地区环境的基本特征

河南省正处于我国第二阶梯向第三阶梯的过渡地带，位置适中。河南省在全国的版图上，从政区和交通地位来看，占着居中的地位。京广、京九、焦枝、陇海、新菏等铁路干线纵横交错于河南省，这种优越的地理位置和方便的交通条件，更加密切了河南省与全国各地的联系。河南省地处北亚热带和暖温带地区，气候温和，日照充足，降水丰沛，适宜农、林、牧、渔各业发展。因此，无论从与全国经济联系考虑，还是从相邻省区经济技术交流着想，河南省均处于中心位置。在当前大力发展社会主义市场经济、开发中西部地区的形势下，对全国经济活动中的承东启西，通南达北的重要作用是其他省区不可比拟的。

山西省地处华北西部的黄土高原东翼，境域狭长，纬度跨度大，地形多样，高差悬殊，因而既有纬度地带性气候，又有明显的垂直变化。地处中纬度，距海不远，但因山脉阻隔，夏季风影响不大，属温带大陆性季风气候。黄土高原的地质特征和半干旱的气候条件导致了严重的水土流失。山西省矿产资源极为丰富，已发现的地下矿种达120多种，其中探明储量的有53种。煤、铝矾土、珍珠岩、镓、沸石的储量居全国之首，其中尤以煤炭闻名全国。目前山西已探明煤炭储量达2612亿吨，占全国总储量的1/3，故而有"煤海之乡"之称。山西省电力充足，是全国

[①] 秦大河、张坤民、牛文元：《中国人口资源环境与可持续发展》，新华出版社2002年版，第355页。

拥有装机百万千瓦以上电厂最多的省份。山西省在华北电网中居于举足轻重的地位，是全国向省外输电量最多的省份，山西省是全国少数以资源能源著称的省份。

湖北省地跨东经108度21分—116度07分、北纬29度01分—33度6分，总面积18.59万平方公里，占全国总面积的1.94%。全省地势大致为东、西、北三面环山，中间低平，略呈向南敞开的不完整盆地。在全省总面积中，山地占56%，丘陵占24%，平原湖区占20%。全省山地大致包括西北秦岭东延部分和大巴山的东段。西南云贵高原的东北延伸部分，东北桐柏山、大别山脉，呈北西—南东走向。东南的幕阜山脉四大部分。全省丘陵主要分在鄂中、鄂东北两大区域。省内主要平原为江汉平原和鄂东沿江平原。江汉平原由长江及其支流汉江冲积而成，是比较典型的河积—湖积平原，面积4万多平方公里，整个地势由西北微向东南倾斜，地面平坦，湖泊密布，河网交织。大部分地面海拔20—100米。鄂东沿江平原也是江湖冲积平原，主要分布在嘉鱼至黄梅沿长江一带，为长江中游平原的组成部分。这一带注入长江的支流短小，河口三角洲面积狭窄，加之河间地带河湖交错，夹有残山低丘，因而平原面积收缩，远不及江汉平原坦荡宽阔。湖北省是中部地区的中心，地理位置得天独厚，区位条件优越，经济沟通、辐射、互动能力强，在承接国内外产业转移方面处于有利位置。同时它是全国重要的老工业基地之一，产业基础条件较好，全国高校和科研人员聚集，具有人才资源丰富和科技力量雄厚的特点。

位于中国中部的湖南省，地处东经108度47分—114度15分、北纬24度38分—30度08分之间，总面积21.1875万平方公里，占全国总面积的2.2%。其地貌以山地、丘陵为主，山地面积占全省总面积的51.2%，丘陵及岗地占29.3%，平原占13.1%，水面占6.4%。全省三面环山，形成从东南西三面向北倾斜开口的马蹄形状。湘西山地大多数山峰海拔1000米以上。湘北为洞庭湖平原，海拔多在50米以下。湘中则丘陵与河谷相间。湘北有洞庭湖，为全国第二大淡水湖。有湘江、资水、沅水和澧水四大水系，分别从西南向东北流入洞庭湖，经城陵矶注入长江。省内河网密布，水系发达，五公里以上河流5341条，河流可通航里程1.5万公里，内河航线贯通95%的县市和30%以上的乡镇。湖南毗邻广东等沿海地区，京珠高速、京广铁路等大动脉穿境而过，长江黄金水道横贯东西，陆路、航空、水运等立体交通网络，造就了在中部独特的区域优势。

安徽省环境与资源的基本情况主要表现在以下几方面：第一，水生态环境问题突出，水承载污染负荷居高不下。淮河、巢湖流域的水污染问题是安徽省最主要的环境问题。安徽省淮河流域水污染十分严重，尤其是水污染类型在沿淮四省中具有典型性和代表性。原因主要有：一是工业废水排放量大；二是淮河的水资源开发利用率太高，现已超过60%；三是排到淮河的生活污水大幅度增加。巢湖水污染同样严重，2004年，湖区整体水质为劣Ⅴ类。安徽省废水排放总量逐年增加。第二，大气污染比较严重，酸雨出现频率在部分地区逐年提高。工业废气排放量逐年增加，工业粉尘增加速度越来越快。第三，森林系统功能下降，生态系统结构受到破坏，且丘陵地带水土流失面积仍在扩大。第四，农业面源污染呈扩散和加重趋势。农村化肥、农药、除草剂、农膜的大量使用，削弱了生态功能，已经造成了严重的面污染，许多河道发黑，河岸杂草丛生，垃圾成堆；不少农田土壤层有害元素含量超标、板结硬化。农村水环境的恶化不仅危及农民的身体健康，也影响了农产品的安全。第五，矿产资源开发占用大量土地，生态破坏严重。安徽省是矿产资源大省，主要矿种煤、铁、铜、硫及部分非金属在全国占有重要地位。矿产资源的无序开发已诱发了部分地区地质灾害，造成了环境污染、植被破坏和水土流失等问题。如两淮煤炭区采煤已引起地面塌陷，两地周边农民的生产、生活受到严重影响。以上问题直接导致了环境污染事件的频繁发生和巨大的经济损失。安徽的环境污染在中部地区是较为严重的。总体来看，安徽省生态环境状况是三个并存：生态建设与干扰破坏并存；生态恢复的数量型增长与质量型下降并存；生态保护与资源过度开发利用并存。我们应清醒地认识到环境问题依然存在，且很严重。

江西省近年来实现了土地资源的占补平衡，但部分城市周边土地污染较为严重；森林覆盖率高，但森林生态系统较为脆弱；大江大河水质良好，工业"三废"及生活污水对环境污染较大，所以城市江河段水质较差，生活污水成为主要污染源；农业方面污染源也有加重趋势；江西省以水旱灾害为主的各类自然灾害频率较高，全省农业受灾面积较大。总的来说，江西省生态环境现状总体良好，但人为因素等对生态环境所造成的破坏不容忽视，生态环境不断恶化很大程度上是由于人类不合理的土地开发、资源利用活动所致，是不遵循自然规律发展经济的后果。长期以来，在经济建设中，重速度、轻效益，忽视节约资源与保护环境；在工业领域，重复建设严重，技术进步缓慢，生产工艺落后，管理水平较低，造成资源浪费和环境污染。究其原因，主要是由于其固有客观和自然方面的原因所造成，如：人均资源量少、历史欠账多以及自然地理和气候变化的影响等，但人类对自然资源的不合理开发利用是造成严重生态破坏的根本原因，亦是加速生态环境恶化的症结之所在。

(三) 中部地区环境与资源存在的突出问题

伴随着经济的快速发展和人口的迅速增长，我国中部地区的环境污染正从点源污染扩展到面源污染；从工业污染扩展到农业和生活领域的污染；从城市污染扩展到乡镇地区的污染，而且各种污染复合叠加，增加了环境治理的难度和成本，对生态系统、食品安全和人体健康构成了日益严重的威胁。总体上看，中部地区面临的环境形势依然很严峻，生态环境脆弱、环境污染严重的状况尚未得到有效遏制，可持续发展的能力较低。

由于对生态的破坏和大量的开发区项目，工业用地急剧增加，人均耕地面积明显减少。由于水资源的地区分布和年内降水分布不均匀，除湖南、湖北、安徽淡水资源比较丰富外，山西、河南等地的水资源比较紧张。加上上游生态环境的破坏，长江、黄河的水体里面含有大量的泥沙，水质不断恶化。长江、黄河流域两岸许多中小型企业排放的含有汞、镉、铅、锌、砷等有毒物质的工业废水，进一步恶化了水质，使水资源的利用成本大大提高，水污染问题和缺水相互交织的现象，中部部分省市的缺水问题日益严重。另外，中部地区一些矿产资源对经济发展的保证程度下降，几种重要的大宗矿产趋向短缺，一些关系国计民生的大宗矿产除煤炭以外，大部分都难以满足需要。石油、富铁矿、铝矿、锌矿、钾矿、铬铁矿、锰矿等大宗紧缺矿产供需缺口将进一步扩大，特别是优质能源紧缺将成为今后中部地区能源供需中的主要矛盾。煤的燃烧造成二氧化硫等有害气体散溢于空气中，引起了气候变化、臭氧层破坏等严重后果。由此可见环境污染治理任务的艰巨性和重要性。

二、中部地区环境立法现状分析

（一）中部地区环境立法综述

从20世纪60年代开始，环境问题开始受到人类的高度关注，各国都纷纷对环境保护进行立法。1979年制定的《中华人民共和国环境保护法（试行）》是我国第一部关于环境保护的法律，这对推进环保工作奠定了重要的基础。经过十年的不断实践、发展，对试行法进行了修订，于1989年12月颁布了《中华人民共和国环境保护法》，这部法律更全面、详细地规定了环境保护的各个方面，成为环境保护领域的基本法。同时根据这一基本法，全国人大及其常委会针对各个不同的领域制定了《中华人民共和国水污染防治法》、《中华人民共和国大气污染防治法》、《中华人民共和国固体废物污染环境防治法》、《中华人民共和国环境噪声污染防治法》、《中华人民共和国海洋环境保护法》、《中华人民共和国环境影响评价法》。由此可见，中央对于环境保护的立法已经形成一个比较完善的法律体系，这为地方立法提供了依据。

武汉、长沙、合肥、郑州、太原、南昌六个中部省会城市共同签订了《环境保护合作备忘录》，提出将加强区域生态环境联合建设，建立开发与保护的区域协调机制，促进人口、资源、环境的和谐统一。武汉城市圈和长株潭城市群被国家确定为资源节约型和环境友好型社会建设综合配套改革试验区。

(二) 中部地区环境立法分述

1. 河南省

《河南省建设项目环境保护条例》作为河南省关于环境保护的主要地方法规。关于污染物控制的地方规章有：《河南省排污费征收使用管理办法》、《河南省污染源限期治理管理办法》、《河南省城市污水处理费征收使用管理办法》、《河南省建设项目环境影响评价文件分级审批规定》。

2. 山西省

《山西省环境保护条例》是山西省环境保护的基础规范，它根据《中华人民共和国环境保护法》以及相关的法律法规并结合山西省的实际情况制定，对山西省其他有关环境方面的规章有指导作用。其他相关的规章主要依据以下四条线制定：

第一条线：环节控制。主要法规规章有《山西省环境污染防治设施管理办法》、《山西省污染防治专项基金使用管理暂行办法》、《山西省贯彻〈征收排污费暂行办法〉的实施细则》、《山西省重点工业污染源达标规划》、《山西省排放污染物许可证管理办法》、《山西省推行清洁生产实施方案》、《建设项目环境保护条例》等。主要是立足于从规划、生产、管理到排放等各环节的控制。

第二条线：污染物控制。主要法规规章有《山西省固体废物污染防治条例》、《山西省大气污染防治条例》、《山西省征收二氧化硫排污费实施办法》、《太原市机动车排气污染防治办法》、《太原市锅炉污染物排放标准》[①] 等，主要立足于重点污染物排放的控制。

第三条线：地域控制。主要法规规章有《汾河流域水污染防治条例》、《汾河流域水污染防治实施方案》、《丹河流域水污染防治条例》、《桃河流域水污染防治条例》《太原市清洁生产条例》等，主要立足于重点地域的环境污染治理。

第四条线：生态环境建设。山西省关于生态环境方面的立法主要有《山西省泉域水资源保护条例》、《山西省五台山风景名胜环境保护条例》、

---

① 这是山西省颁布的第一个地方性环保标准。

《山西省农业环境保护条例》、《太原市兰村泉域水资源保护条例》、《大同市云冈石窟保护管理条例》、《山西省水环境保护功能区划分》、《山西省国家生态环境重点工程建设管理办法》、《山西省国家生态环境重点县建设标准》等。

另外为了及时有效地查处违反环境保护法规的行为，山西省还制定了《山西省违反环境保护法规行为行政处分办法》，对违法行为进行查处。通过《山西省环境违法行为举报奖励暂行规定》，发动群众共同参与环境整治，改善生存环境。

3. 湖北省

湖北省人民政府为了贯彻国家环境保护方面的法律法规，根据国家有关法律、行政法规的规定，结合湖北省的实际，制定了许多地方法规：《湖北省农业生态环境保护条例》、《湖北省实施〈中华人民共和国水法〉办法》、《湖北省城市市容和环境卫生管理条例》、《湖北省地质环境管理条例》、《湖北省实施〈中华人民共和国水污染防治法〉办法》、《湖北省实施〈中华人民共和国节约能源法〉办法》、《湖北省汉江流域水污染防治条例》、《湖北省资源综合利用条例》、《湖北省大气污染防治条例》、《湖北省环境保护条例》、《湖北省城市环境噪声管理条例》、《武汉市湖泊保护条例》、《武汉市保护城市自然山体湖泊条例》等。

湖北省制定的政府规章有：《湖北省城市污水处理费征收使用暂行办法》（省政府令第313号）、《湖北省排污费征收使用管理暂行办法》（省政府令第310号）、《湖北省矿山地质环境恢复治理备用金管理办法》（省政府令第298号）、《湖北省水资源费征收管理办法》（省政府令第285号）、《湖北省建筑节能管理办法》（省政府令第281号）、《湖北省畜禽产品有毒有害物质监督管理办法》（省政府令第260号）、《湖北省森林和野生动物类型自然保护区管理办法》（省政府令第249号）、《湖北省加强灭鼠药安全管理暂行规定》》（省政府令第238号）、《湖北省水库管理办法》（省政府令第234号）、《湖北省环境保护计划管理办法》（省政府令第215号）等。

4. 湖南省

湖南省人民政府为了贯彻国家有关环境保护方面的法律法规所制定颁发的地方性法规有：《关于印发〈洞庭湖区废纸造纸污染整治企业试生产条件〉的通知》、《洞庭湖区造纸行业技术改造项目环保审批暂行规定》、《洞庭湖区造纸企业污染整治验收要求》、《湖南省环境保护局行政执法依据》、《关于加强矿产资源开采中环境保护工作的通知》、《湖南省实施〈排污费征收使用管理条例〉办法》、《湖南省机动车排气污染防治办法》、《湖南省湘江流域水污染防治条例》、《湖南省环境保护条例》等。

制定的政府规章有：《湖南省污染源自动监控管理办法》。

5. 安徽省

安徽省关于环境保护方面的法律、法规包括：《安徽省环境保护条例》、《安徽省城镇生活饮用水水源保护条例》、《安徽省饮用水水源地环境保护规划》、《安徽省城市污水处理费管理暂行办法》、《安徽省清洁生产促进条例》、《安徽省污染源治理专项基金有偿使用实施办法》、《安徽省农业生态环境保护条例》等。

6. 江西省

江西省关于环境保护方面的法律、法规包括：《江西省环境污染防治条例》、《江西省建设项目环境保护条例》、《江西省资源综合利用条例》、《江西省野生植物管理条例》、《江西省野生动植物自然保护区条例》、《江西省湿地保护管理规定》、《江西省矿产资源开采管理条例》、《江西省保护性开采的特定矿种管理条例》、《江西省古树名木保护条例》、《江西省鄱阳湖湿地保护条例》等。

三、中部地区环境立法的缺陷

(一) 中部地区环境立法的整体不足

1. 在立法方面，主要存在的问题是立法体系不完备，地方性特点不突出，可操作性较差。各省的环保法规尽管已经有一些，但就现有的法规内容看，不能突出本省的特色，只是蜻蜓点水式的规定，甚至是照搬国家的相关规定。

2. 侧重污染防治,轻自然资源保护。我们应该坚持污染防治和自然资源保护并重,根据中央的相关立法因地制宜,制定相应的配套法规和规章,提高可执行性和可操作性。

3. 部分规章和法规的内容不够完善、操作性差。每一部法规、规章或者是政策性文件都应该规定有法律责任,才算是一部完善的法律,而各省颁布的有些规章是没有这一部分内容,有待改进。相当部分的法规、规章的条款都是做原则性的规定,没有具体、详细的规定,这样可操作性就差,应对这些法规或规章进行修订、补充和完善,以实现全面、有效地调整环境问题的各个方面。

4. 缺乏调整废弃物综合利用的法规。循环经济理论向我们提出了对废弃物实行综合回收、加工、再生利用的要求,根据我国颁布的《关于进一步开发利用再生资源若干问题的通知》、《关于开展资源综合利用若干问题的暂行规定》、《关于治理工业"三废"开展综合利用的几项规定》,中部地区应该对这一方面有所体现,因为中部地区有些资源是很丰富的,必须综合利用才能保证资源的长期利用。

(二) 中部六省各自存在的问题分析

河南省环境立法的数量较少,主要集中在建设项目环境保护和影响评价、环境污染防治等方面,没有形成一个完整的环境保护体系。据此,河南省作为全国的农业大省和人口大省,其生活污染和农业面源污染应该得到高度重视,应该注重抓优势产业的发展,通过立法予以巩固,把一些具有地方特色的产业发展成为强势产业。加强环境宣传教育,提高公众的环境意识和法律观念,在各项法律制度的制定、执行及实施过程中重视发挥人民群众的作用,赋予公民参与环境保护的各项权利,形成公众参与的机制。

山西省环境立法的重点是污染防治立法,其次是自然资源保护立法,而生态环境保护和改善方面的立法相对少。但是在众多的污染防治立法中并没有体现出山西特色的污染防治,特别是对于煤矿区环境这一十分复杂的环境领域,并没有设立相应明确而有力度的地方法规,等同于一般的污染进行防治,使立法目的不能很好地实现。因此,因地制宜地制定具有山西特色的矿区环境保护的地方性法规对于山西省的生态环境保护具有重要的引导作用。其次,山西省环境立法的权利义务有失衡现象,主要体现在两个方面:一是行政相对人权利义务失衡。立法中存在着明显的重罚轻奖的倾向,对于行政相对人,强调其法律义务,而忽视奖励,这种失衡现象不利于调动和保护行政相对人的守法积极性。二是执法者权利责任失衡。立法中,十分强调执法者的权力,而忽视其法律责任。这就在一定程度上造成了环境行政不作为,降低了环境执法力度。

湖北省环境法治的问题主要集中于立法理念不够清晰、地方配套法规内容比较宽泛、生态补偿机制尚未建立、公众参与程度很低、环境管理体制混乱、环境信息公开的欠缺、环境监察能力差等主要问题,造成这样的问题主要是:在我国整体环境法治工作的大背景下,许多问题是普遍存在的,所以湖北省环境法治工作中也很难避免。另外,具体的环境问题立法工作不够,没有体现当地地方特色,现有立法内容上并没有紧密结合当地特点特色,贯彻实施中也存在一定的困难。

湖南省在全国整体环境法治工作的大背景下,也存在着一些相同的问题:环境执法依据不够完善,环境立法不够全面和细致,地方法规和政府规章不足以将所有的环境问题都囊括进来。同时,湖南省作为具有丰富水系的省份,没有把这一省情积极地贯彻到立法活动中去,只是概括性地对重点水域进行了立法,其他流域得不到很好的保护。公众参与的理念也没有得到重视,环境监察工作不够细致。

安徽省缺少经济和人口双增长给环境造成负面影响的法律规制,环保法律法规对环境违法的处罚规定不够有力,实际上存在违法成本低、守法成本高、执法成本高的问题。环境执法力度不强,基层环保执法监管手段落后,难以满足执法需要,对违法企业动态监管不力,不能及时发现并制止企业违法排污等问题,所以应加强在执法方面的立法研究。

江西省在立法方面存在的问题主要反映在:首先,立法不健全,人治代替法治。目前的法规大多数是政策性的,缺少配套的实施细则,不足以成为公安和执法部门的依据,许多毁林盗伐、哄抢乱采国家资源、滥捕滥猎珍稀动物、任意排放污染物等造成重大生态环境破坏的人或单位，因缺乏具体量刑标准得不到应有的惩戒。此外，法制的权威性不够，许多地方仍然是人治大于法治。某些地方的经济规划、资源开发、工程项目上马等重大决策，仍然仅由少数官员做主，缺乏专家论证和科学化、民主化、规范化，因而行为短期化成为一个鲜明的特点。

四、中部地区环境立法的对策建议

（一）因地制宜尽快制定关于生态资源保护方面的环境法规和规章

我国关于环境方面的立法，一直都是以环境污染防治为核心，轻自然资源和生态环境方面的立法。中部各省的立法也同样沿袭了这样的传统，重心放在环境污染防治，对于生态农业、自然资源保护、废弃物综合利用这些方面的立法显得很薄弱。中部地区的资源是相当丰富的，必须通过立法加强对这些资源的保护和合理利用。同时，中部地区应该因地制宜、实事求是、有针对性地发展优势产业，利用优势产业带动经济的发展，实现中部崛起。我们要保证优势产业每年都呈现持续、快速增长的局面，就必须以法律为武器，以法律作为保障，做到有法可依，这样才能在保住基础产业的情况下，再掌握先进技术，切实按照循环经济的要求来发展中部地区的经济。另外，在执行国家法律的基础上革新地方立法，创造符合地方实际的执法手段和纠纷解决方式。

（二）尽快制定关于循环经济方面的地方性法规

中部地区应该参照国外的先进立法，立足于现实情况，制定适合当地的地方性法规，实现循环经济型的社会目标。

《中华人民共和国循环经济促进法》于2008年8月29日通过，自2009年1月1日起施行。由于现实所需，中部地区各省人大及其常委会应该在不与宪法及其他法律相冲突的情况下，根据本地区的实际情况，制定相关法规和规章，构建循环经济的框架，以实现资源的有效利用，将优势产业，切实按照循环经济的要求发展，创造更大的经济价值。

(三)尽快将有效的政策和规范性文件上升为地方立法

中部各省目前的立法现状多数是以政策或是规范性文件对环境问题进行规定的,实际上对于排污收费、排放尾气污染防治工作这些政策或措施经过实践都已经证明是有效的、可行的,应该将其上升为地方立法以保障其实施的稳定性和强制性,用法律的威严规范人们的行为,保障环保工作的可持续性和长期性。

(四)各省应该进一步提升立法理念

今后各省在立法过程中,一定更要以科学发展观作为立法的指导思想,并以人和社会的可持续发展为最终目标,达到能够正确处理环境保护和经济发展的关系的立法目的,让立法为当地经济发展和环境保护作出双重贡献。

(五)充分发挥市场机制在环境保护中的积极作用

应该看到市场经济参与主体在环境保护工作中的作用。各省份理应通过立法鼓励和支持环保产业的发展,通过奖励、激励等手段降低守法成本,促进污染者主动守法,从守法中获益。这样不仅可以减少环境污染事件的发生,避免许多相关问题的产生,更有利于社会经济的可持续发展,利于人和自然的和谐相处。

第十章　地方经验反思
——山西省环境立法的历史考察与分析

一、山西省环境立法十年回顾

（一）山西省自然环境特点

1. 山西省矿产资源储量巨大。

山西省是我国重要的能源基地，矿产资源丰富，品种繁多，分布广泛且相对集中，已发现的矿产有 120 多种，已经利用的矿产近 70 种，煤、铝等矿产资源储量都居全国第一。提到山西，人们总是会自觉不自觉地想到煤炭，源于其境内近百分之七十的国土下蕴藏着丰富的煤炭资源，而被人们冠以"煤海之乡"的美誉。

2. 山西省煤炭资源采掘量巨大。

山西省利用煤炭资源方面的优势，发展起来了一系列焦化、电力、冶金、化工、建材等行业。尤其是改革开放以来，随着科学技术的迅猛发展，煤炭挖掘设备进一步机械化，挖掘技术有了很大的进步，挖掘效率也随之增长。煤炭价格亦随经济发展不断提升使得煤炭资源的采掘数量巨大。

3. 山西省生态环境破坏严重。

闻名天下的煤炭资源在引领山西省经济飞速发展的同时，也带来了比较严重的环境问题，环境污染与生态破坏形势严峻，经济发展与环境保护之间的矛盾仍然比较尖锐。山西省空气污染比较严重，主要以颗粒物和二氧化硫为主，如图-5所示。就山西省2010年的情况来看，山西省有11个省辖城市降水平均pH值介于5.44—6.92之间（酸雨标准：pH值<5.60)[①]，这与山西省作为煤炭大省的地位是分不开的，空气质量较差，严重影响了山西省的经济发展和民众的身体健康。

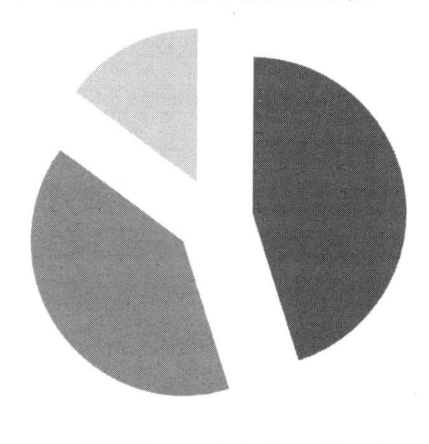

■ 颗粒物　■ 二氧化硫　■ 其他

图-5　山西省2010年城市环境空气污染污染物比较图

4. 山西省水资源严重短缺、水环境质量差。

从第一次水资源评价结果的水资源总量来看全国多年平均水资源总量为28124亿立方米，人口为12.66亿，人均占有水资源量2229立方米，为世界平均值7342立方米的30%。而山西省的多年平均水资源总量为142亿立方米，人口为3240万立方米，人均占有水资源量438立方米，为全国平均值的20%，在全国排第23位[②]。从这些数据可以看出，山西省人均占有水资源量不足500立方米，属于严重缺水的地方。所以说山西省的水资源具有总体上资源性缺水的特征。

[①]《2010年山西省环境状况公报》，2010年。
[②] 薛凤海:《山西省水资源问题研究》，《水资源保护》2004年第1期。

表-8　2001年至2010年全省地表水质状况表①

统计项目		断面数									
		2001年	2002年	2003年	2004年	2005年	2006年	2007年	2008年	2009年	2010年
监测断面数		101	102	105	106	103	102	103	103	102	101
污染断面		98	92	100	98	91	81	86	87	72	66
其中	重度污染断面（劣Ⅴ类）	66	72	77	67	64	60	64	60	55	52
	中轻度污染断面（Ⅳ－Ⅴ类）	32	20	23	31	27	21	20	27	17	14
	优良断面（Ⅰ－Ⅲ类）	3	11	5	8	12	21	17	16	30	35

从表-8可以看出，2001年至2010年，虽然地表水污染有所改善，但污染仍然很严重。在统计的10年中其中每一年的重度污染断面均在该年总监测断面数的半数以上。而水污染的主要途径源于山西省的煤炭产业。山西省每挖1吨煤损耗2.48立方米水资源。从1949年到2004年，山西共挖煤约77亿吨，损失水资源达191亿立方米。山西每年挖5亿吨煤，使12亿立方米的水资源遭到破坏。这相当于山西省整个引黄河水入晋工程的总引水量②。

5.山西省环境保护形势严峻。

山西省位于黄土高原，处于半干旱地区，降水相对较少，蒸发量比较大，不论是工业生产、农业种植，还是生活对水资源的需求都比较大，黄河、汾河等在山西省境内出现断流现象，水污染比较严重。山西省虽然还存在其他环境问题，但是尤以煤炭开发利用带来的环境问题和水资

---

① 山西省环保厅：2001—2010各年度《山西省环境状况公报》。
② 牛仁亮：《山西省煤炭开采对水资源的破坏影响及评价》，中国科学技术出版社2003年版。

源问题比较突出。

科学发展观认为,在发展经济的同时也应做好环境保护工作,而从法律的角度考量,山西省地方环境立法是顺利开展环保工作的前提和保障,一系列行之有效的法律制度可以促进环保工作的顺利开展。本文就山西省在环境立法与环境法治实践过程中暴露出的一些问题,以数据分析的方法,尽可能从客观的方面阐述其特点,避免主观认识的局限性,从而有针对性地提出建设性意见,为山西省环境法治建设以及和谐社会的构建做一些有益的尝试。

(二)山西省环境立法的特点

本文选取山西省自2000年至2011年这十余年间制定的环境法律法规为研究对象,通过数字统计与整理,结合图表说明和定量分析等方法,直观地讨论环境立法的发展情况,并希望以此来找出山西省环境立法的一些特点。

1. 山西省环境立法整体情况的研判。

其一,环境立法在震荡中前行,虽有波折,但整体趋强。

从采集的数据上看,山西省有关环境方面的立法2000年为4部,2001年为2部,2002年为1部,2003年为3部,2004年为2部,2005年为3部,2006年为4部,2007年为5部,2008年为9部,2009年为2部,2010年为4部,2011年为4部,每年都有一定数量的环境立法出台,且根据图-6所示,每年的环境立法数量在震荡中整体趋强。

其二,立法质量越来越高,法制体系逐步完善。

2001年至2010年山西省共有环境类立法35部,其中关于水资源管理及水污染防治的有6部,占到23%。分别为:2004年11月27日颁布的《山西省汾河流域水污染防治条例(修订)》,2007年12月20日修订的《山西省水资源管理条例》,2007年12月20日颁布的《山西省汾河中上游流域水资源管理和水环境保护条例》,2008年12月28日颁布的《山西省丹河流域水污染防治条例》,2010年11月26日修订的《山西泉域水资源保护条例》,在2009年3月26日修订的《山西省城市供水和节约用水管理条例》,2010年11月26日废止了《桃河流域水污染防治条例》。

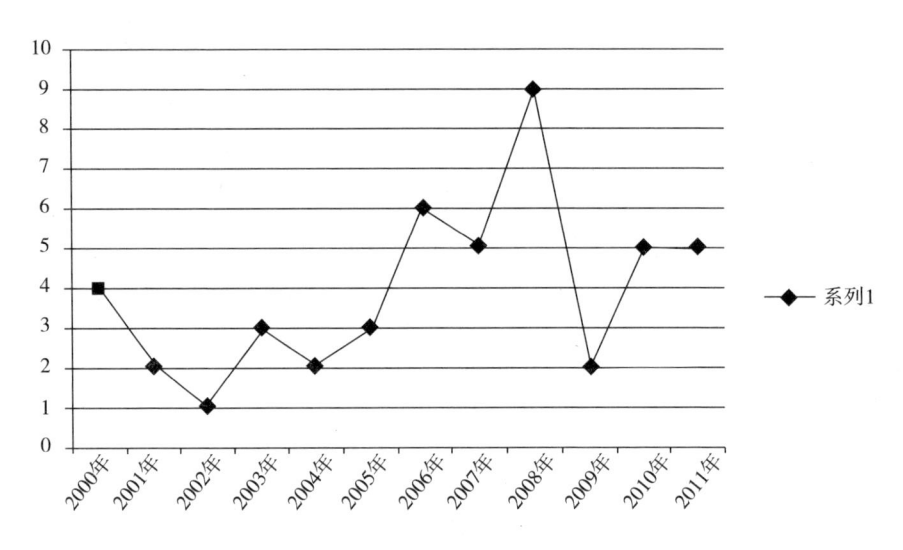

图－6　2000年以来山西省每年环境立法数量分布图

从上述立法过程我们可以清晰地了解到，环境立法已从宏观的河流整体管理逐步转向关注更加精细的分段式治理，涉及的立法内容更为具体，法制体系逐步完善。

2. 山西省环境立法具有被动性特点。

这种被动性的特点主要体现在突发事件与政府决策对环境立法的影响明显多于自然事件和社会需要。

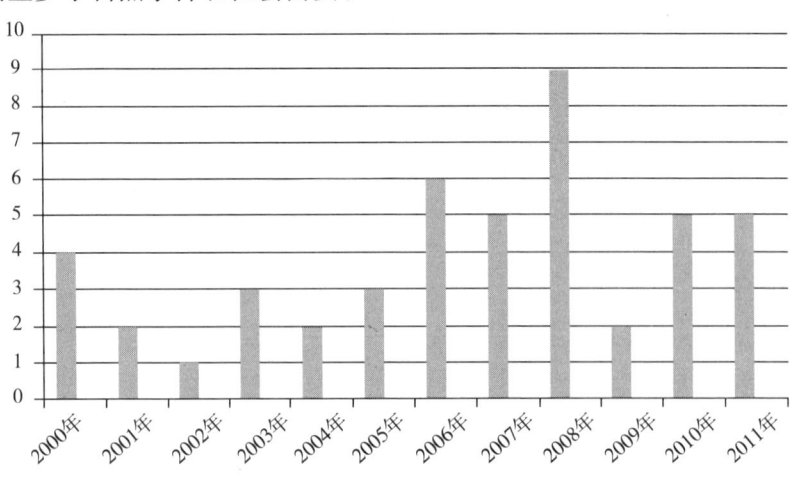

图－7　2000年以来山西省环境立法的情况

自 2000 年以来，有些年份出台的环境立法较多，有些年份出台的环境立法则偏少，山西省每年的立法项目安排和环境立法的规划并不是很科学。

从图－7 所示的数据可以看出，山西省环境立法的数量从 2000 年至 2002 年有所下降，但是从 2003 年开始山西省环境立法的数量基本上呈上升趋势，尤其是 2008 年山西省出台的关于环境方面的立法数量最多，从 2009 年开始环境立法的出台又趋缓。究其社会原因可知，2003 年出现了非典事件，2008 年又出现了矿难和水污染事件，这些都是突发性事件，为了应对突发问题，山西省人大及人大常委会和山西省政府做出了努力，制定了相关立法。由此可见，山西省的环境立法的动力还停留在外部，更多地被社会突发事件和政策决策所推动，而未能主动地研究和制定环境立法规划内容，从而体现社会可持续发展的需要。

3. 山西省环境立法具有幼稚性特点。

其一，环境立法主体分工不明。

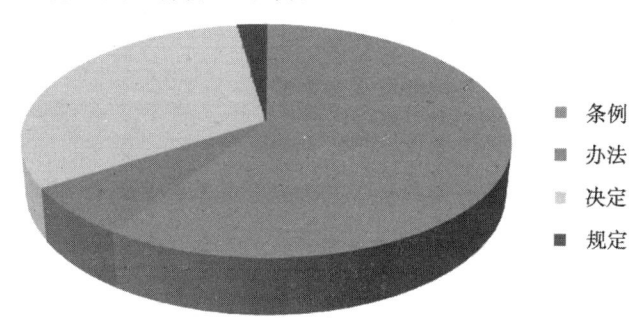

图－8 2000 年以来山西省环境立法

山西省环境立法名称主要包括条例、办法、决定和规定四种，其中以条例命名的地方环境立法占绝对多数，而非规律分布。由于山西省在何种情况下应该用哪种名称，并没有相关依据，省人大及其常委会和省政府两家立法主体的立法分工不够明确，致使立法权限混乱，有些情况可以由省政府颁布规章或者由政策作出规定但实际仍由省人大及其常委会进行立法，有浪费地方环境立法资源之嫌，一味追求环境立法层次的提高并不一定能够保证有更好的社会法治实践效果。

其二，环境立法重实体、轻程序。

环境法条文大多是关于宏观的环境保护问题的规定，涉及具体操作的程序性法条甚少，可操作性不强。

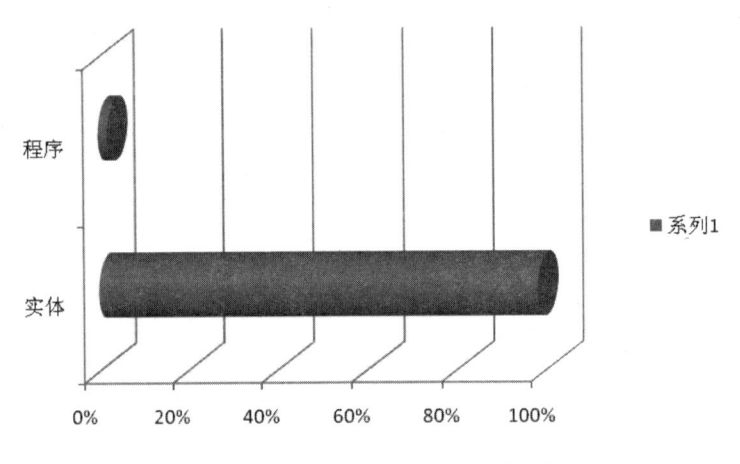

图－9　程序立法与实体立法分布比例

从 2000 年以来山西省环境立法的内容可以看出，在环境立法中注重实体内容的规定，但是常常忽视程序方面的规定，有关实体方面的规定占到环境立法的百分之九十多，但是涉及程序方面的规定却很少。实体法上所规定的权利义务如果不经过法定程序，就只能是一种学理主张或"权利义务的假象"，只是在一定的法律认可的程序过程产生出来的确定性实践中，权利义务才得以实现真正意义上的实体化或实定化[①]。山西省地方性环境立法在程序方面的规定存在欠缺，不利于法律制度的实际应用。

其三，环境立法不系统。

2000 年以来山西省出台的环境立法，被修正过的地方性环境立法占立法总数的五分之一，只有极少数环境立法被废止，已经制定的环境立法基本上都是现行有效的环境立法。如图－10 所示。地方环境立法的系统性，不仅仅包括法律法规的制定，更应包括对旧法所做的必要修改、

---

① ［日］谷口安平：《程序的正义与诉讼》，王亚新、刘荣军译，中国政法大学出版社 2002 年版，第 6 页。

甚至废止等工作。地方环境立法不及时的修改和废止，会造成地方环境立法不协调、不统一，甚至相互矛盾，形不成一个有机整体，从而影响到地方环境立法的有效性和权威性。

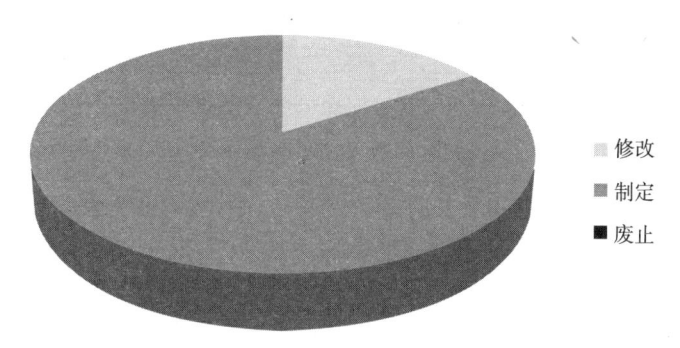

图－10 2000年以来山西省环境立法的效力状况

4. 山西省环境立法的局限性特点。

山西省存在的环境问题主要是煤炭资源的开采利用引发的环境问题和水资源方面的问题。因此，山西省环境立法从2000年开始也主要集中在能源和水资源的环境保护问题上，几乎每年都颁布一部新的环境法律文件。在农业生态和自然灾害的环境立法方面分别只有5部和6部法律文件，平均每两年颁布一部。风景名胜和污染防治方面的环境立法活动更是少得可怜，分别只有2部和4部。山西省是风景名胜的大省，山川秀美，古迹众多，应加强对其的法律保护。污染问题对山西省的侵害，以及加强污染防治的重要性更是不言自明。以上问题从2000年以来山西省环境立法的内容统计也可以得出该结论。如表－9所示。由此可知，山西省在地方环境立法资源的内部分配上不太合理。环境立法的大部分条文只集中在环境保护方面，忽视了其他方面的环境立法。

表-9 2000年以来山西省环境立法的具体内容分类与统计

年份	能源	水资源	农业生态	风景名胜	污染防治	自然灾害	其他	合计	与上年相比
2000年	2	1				1		4	
2001年	1					1		2	−2
2002年						1		1	−1
2003年			1				2	3	2
2004年	1	1						2	−1
2005年	2	1						3	1
2006年		1		2			3	6	3
2007年		2			2	1		5	1
2008年	2	1	1			1	4	9	4
2009年		1				1		2	−7
2010年			2		2		1	5	3
2011年	1		1			1	1	5	0
合计	9	8	5	2	4	6	9	47	

(三) 山西省环境立法实践中的问题及原因分析

1. 山西省环境立法在法治实践中的问题。

山西省在环境法治实践中也一直不断地提高自身的环境法治水平，以环境立法为依据，以解决本省具体环境问题为目的，为减缓环境污染和生态破坏做出了很大努力。但是在实践过程中，在立法理念和法律文件的执行等方面依旧存在着一些问题。

其一，环境立法的法治实践科学性不强。立法应具有预见性，但山西省立法过程中不经规划研究，只针对一时一事的环境立法为数不少，大都是"头痛医头，脚痛医脚"，稍做论证就制定环境立法来应付突如其来的环境问题。2001年颁布的《山西省煤炭管理条例》就是明显的一例。

该条例共分六章①，其体例与《中华人民共和国煤炭法》体例完全相同，除总则、附则和法律责任外，条例的内容也只涉及"煤炭生产开展规划与煤矿建设"，"煤炭生产、煤矿安全与矿区保护"，以及"煤炭经营"等有限的几个方面。而与煤炭相关如矿工合法权益保护、权利救济等方面的内容均无涉及。时隔四年只得再次浪费立法资源，重新对《山西省煤炭管理条例》进行修订②。由此可见，这部现行条例的内容是十分有限的，远远不足以规范现有的煤炭资源开发利用中存在的一系列问题。实践证明，此类立法根本无法适应调整山西省复杂多变的环境保护现实的需要，而必须进行后续研究，多次占用立法资源修补成法，以满足法治实践的需要。这种"先立法后研究"的本末倒置现象是造成山西省环境立法的法治实践科学性不强的主要原因。

其二，环境立法的法治实践视野不够开阔。2001年至2010年山西省共有环境类立法26部，其中关于能源（资源）管理的有5部，关于污染防治方面的有8部。根据图-7我们依旧可以看出山西省在环境法治实践上仍然是重视经济效益而忽视生态效益，即在实践上重视环境污染防治而轻视对自然资源的保护。在环境法治实践中立法资源的分配缺乏可持续发展理念的指导，是导致山西省环境立法视野不够开阔的主要原因。

2. 山西省环境立法实践出现问题的原因。

上述内容对山西省环境立法与环境法治实践中所暴露出的一些问题进行了汇总、分析考量后，笔者认为问题出现的原因不外乎以下两种情况。

其一，地方环境立法的指导思想有待完善。地方环境立法的指导思想不够明确。地方环境立法的指导思想不能真正贯彻经济发展与环境保

---

① 《山西煤炭管理条例》内容：第一章：总则；第二章：煤炭生产开发规划与煤矿建设；第三章：煤炭生产、煤矿安全与矿区保护；第四章：煤炭经营；第五章：法律责任；第六章：附则。

② 山西省最早于2005年就开始了《山西省煤炭管理条例（修订草案）》的立项修订计划，2008年发布的草案中已涉及矿工合法权益的保护，设立煤矿安全监管、建立安全投入长效机制、安全生产监控三大系统管理制度等，但至今仍未施行。

参见 http://www.lawyer.net/OT_Data/Legislation_Display.asp?ChannelID=7000000&KeyWord=&RID=10469

护相协调的思想，而往往是以经济利益为重，忽视环境利益。虽然在现代环境立法理念中，人们已经开始注入环境保护与经济协调发展的新鲜理论血液，试图改变过去以牺牲环境为代价来发展经济的局面，但是山西省在地方环境立法中，尤其是在环境保护和经济发展发生不可调和的冲突的时候，我们总是会为了取得经济的快速发展，提高GDP数字的大幅度增长，在选择的时候不自觉地把环境作为牺牲品，同时以经济发展后才会有实力保护环境来进行自我安慰。地方环境立法过程中公众参与原则贯彻的不彻底。社会公众参与环境立法不足，公众参与环境立法权难以得到有效保障，且未在法律中明确规定公民环境知情权。不论是山西省人大还是山西省人民政府总是会习惯性地将环境法作为管理者防治环境污染的工具。由于信息的不对称性，山西省地方环境立法仅仅是山西省立法者的工作，很多情况下没有为公众参与环境立法提供渠道和有利途径。公民参与环境立法意识的淡薄，也使得地方环境立法涉及的相关利益主体在山西省地方环境立法实践中缺位。

其二，地方环境立法实践的质量有待提高。已经出台的法律法规在法治实践中缺乏权威性。法律能否在社会生活中很好地发挥作用，关键在于法律具有权威性，有国家强制力作保障，有公民对法律的信服和遵守。而法律的权威性源自于法律实践的持续性和稳定性，为了实现山西省地方环境法治实践的持续和稳定，只有做到科学立法、严格执法、才能使社会民众遵纪守法。如果法律朝令夕改，或无法可依，那么法律就会变成一纸空文，法律的价值和权威就会荡然无存。在山西省地方环境法治建设中，有大量法律都是在环境问题出现之后，为了更好地解决问题，治理环境污染，使善后工作有法可依，有章可循，才迅速组织相关部门进行立法。立法缺乏必要的科学预测和立法规划，出台的法律必然会有缺失和不足，需要重新进行研究，致使法治实践缺乏权威性。环境立法的思想不能贯穿法治实践的全过程。在实践中，忽视可持续发展理念，缺乏该理念的指导。立法资源分配的眼光局限于加强污染防治能促进地方经济的一时发展，却忽视了人类经济发展过程中，资源环境的承载能力是十分有限的，如果资源和环境遭到破坏，就会很难恢复，随之产生一系列的生态问题。自从党中央提出科学发展观的理论后，各省市各级政府纷纷开始组织学习科学发展观，响应党的号召，并且想要把科学发展观运用到各行各业，落实到生活的方方面面，贯彻到立法、执法、司法、守法的各个环节。以人为本，根本方法是统筹兼顾，根本要求是全面协调可持续发展，理论上是无可厚非的，但是在实践中科学发展观在落实上还是要打折扣的。就拿山西省地方环境立法来说，立法者也试图把科学发展观贯彻到山西省地方环境立法中，运用优秀的立法观念来指导山西省地方环境立法，但是在立法实践中总会遇到这样或者那样的问题，受到这样或者那样的限制，而在山西省地方环境立法中落实得不是很到位。

（四）山西省未来环境立法展望

通过对山西省十余年环境立法和法治实践的数据整理及分析，我们应当在看到山西省的环境法建设已经取得长足进步的同时，也看到其差距并为其找到进步的空间。至少笔者认为还需要从以下几方面完善：

1. 制定科学的立法规划，实现环境法治实践的可持续发展。

科学的立法规划，是立法机关从宏观上调控，配置立法资源的重要手段，能使资源按照规划和计划目标进行配置，山西省在今后的环境立法中要重视和加强环境立法规划的制定和实施，坚持可持续发展，立足于现阶段环境立法的同时把握环境立法的全面性，根据具体情况制定符合山西地域特点的环境立法。可持续发展是我国当前一项重要的国家发展战略。然而在山西省的环境立法中，对可持续发展理论的认识不足，仍然只是停留在简单的理论层面上，在立法上重视环境污染防治而轻视对自然资源进行保护，使得可持续发展理论在法律中很少得到体现，能够做到法律实施目标的评价建立在可持续发展的理论上更是无从谈起。为改变这一状况，要根据山西省的相关环境资源状况制定相应的可持续发展战略，把改善生态环境作为山西省可持续发展的目标。在起草环境法律法规时，要充分考虑山西省的可持续发展战略，制定相应的条款来保障可持续发展战略的实施。在实践的过程中，要兼顾生态效益和经济效益，将保护生态环境的长远发展放到首位，树立生态本位思想。在可持续发展理论的指导下,山西省环境的法治建设要做好预测,不仅要着眼于现阶段的利益,还要看到长远的需求,必须为后代的生产生活考虑,满足他们的环境与资源需求,从而实现代际公平①。

2. 地方环境法治建设应当同时关注环境立法的社会属性和自然属性。

法治实践的行为标准,必须是在社会上大部分人的能力所及的限度之内②。经济要发展,生态要保护,社会要进步,归根到底是永恒的主题,但是在经济发展、生态保护与社会进步之间发生冲突的时候,人们看到的是往往是眼前的利益,做出的选择常常忽视或者牺牲生态环境。经济发展是基础,生态保护是条件,社会进步是目的,环境法律所要保障的是经济、自然和社会的和谐发展,促进三位一体的共同进步。因此在山西省的地方环境法治建设过程中要同时关注环境法律的社会属性和自然属性。

3. 环境立法应当既注重解决重点问题又注重体系内的相互协调。

不仅要确保地方环境立法解决重点环境问题,还要确保地方环境法律体系内部的协调性。要想实现山西省地方环境立法的科学性,在立项时就要充分考虑该项环境立法与已经出台的环境法律法规之间的关系,在内容的制定、规范的设计、名称的确定等方面要保持协调一致,完善地方环境立法体系。修正和完善一些与环保相关的法律制度,明确法律责任,充分考虑到山西省的实际环境情况,以及在执法、监督过程中可能会出现的问题,平衡不同利益主体之间的需求,使山西省环境法治建设不再跟风、不再失衡,以提高法治实践的整体质量。

结论:

地方环境立法对于一个地区经济与环境的协调发展具有重要的作用。高质量的环境立法是山西省经济可持续发展的前提和保障,也是山西省践行科学发展观的基本要求。提高山西省环境立法的质量,需要立法者

---

① 肖兴、姜素红:《论我国地方环境立法之完善》,《中南林业科技大学学报·社会科学版》2007年第4期。
② [英]彼得·斯坦、约翰·香德:《西方社会的法律价值》,王献平译,中国法制出版社2004年版,第123—134页。

制定科学的立法计划，使山西省的环境立法资源得到科学合理的分配，要严肃地审视过去的环境立法观念，摒弃过去轻环保、轻节约、重经济的传统发展理念。树立科学发展观，以社会的长远发展为目标，遵循循环经济理念，尊重生态环境，做到经济与环境保护协调发展，才能促进山西省环境立法工作的进一步完善，从而为山西省的转型跨越以及和谐社会的构建作出积极的贡献。

二、山西省能源条例修订案例

(一)《山西省节约能源条例》修订的原因与内容

1.《山西省节约能源条例》修订的原因。

全球气候变暖、冰川融化、臭氧层破坏、酸雨、淡水资源危机、能源短缺等环境危机的严重引起了世界的关注，各国领导人的多次会晤也都证明环境问题的严重，由此可见环境问题早已突破区域性而成为全球性问题。于是世界各国普遍开展保护环境的活动，尤其是一些经济发展水平较高的国家或地区，积极倡导发展循环经济，努力实现可持续发展。

其一，政治原因。2007年召开党的十七大，胡锦涛主席提出了在新的发展阶段继续全面建设小康社会、发展中国特色社会主义，必须坚持以邓小平理论和"三个代表"重要思想为指导，深入贯彻落实科学发展观。在"十一五"规划结束，"十二五"规划进行中都提到要大力发展循环经济，按照减量化、再利用、资源化的原则，减量化优先，以提高资源产出效率为目标，推进生产、流通、消费各环节循环经济发展，加快构建覆盖全社会的资源循环利用体系。山西省常委会积极贯彻党的政策，在明确山西省省情的前提下坚持推动环境立法，努力实现可持续发展，努力实现再造一个新山西的目标。因此，《山西省节约能源条例》的修订是在党的政策的指导下完成的，也是在基于山西省省情的基础上完善的。

其二，经济原因。山西省是一个煤炭资源大省，山西省经济的发展全靠煤炭资源带动，可以说山西省的产业结构链很是单一。自然资源是有限的，煤炭总有被挖光的一天，到时候山西省又将何去何从？过去在发展经济的过程中一直坚持"先发展后治理"的原则,又加之在开采资源的过程中因滥采滥挖,过量开采等不合理的开采方式导致植被破坏,水土流失等生态破坏以及环境污染问题严重。严重的环境问题已成为制约山西省进一步发展的瓶颈,这也是发展市场经济所不得不解决的问题。粗放式发展模式仍在延续,资源利用率低,增长模式急需转变。山西省经济近年来快速增长,但同时也付出了沉重的资源和环境成本。传统产业和重点行业仍然较多地延续粗放式的发展模式。煤炭、冶金、焦炭、电力产业初级化、关联度差,技术装备落后,在开发、加工、转化过程中资源综合利用率比全国平均水平低10个百分点,比国际水平差距更大;2005年全省万元GDP综合能耗2.95吨标煤,是全国平均水平的2.42倍;能源消耗在企业生产成本中占20%以上,能源投入与国内生产水平相比,吨钢能耗、吨合成氨电耗分别比全国水平高41%和15%。长期以来,在煤炭丰富、价格低廉、使用方便等因素的影响下,从开采运输到加工利用上形成一种粗放型生产经营方式,致使能源利用环节损失大,资源利用率很低,浪费现象十分严重。这不仅加剧了资源供需矛盾,而且加剧了人与自然之间不和谐的矛盾。在对外贸易中遇到绿色壁垒。山西省多数企业未采用符合国际贸易中资源和环境保护要求的技术规范与标准、节能产品认证、能源效率标识制度、包装物强制回收利用制度等,产品无法获得进入国际市场的"绿色通行证",这成为制约产品走向国外市场的障碍之一。这就制约了山西省经济的进一步发展,不利于山西经济增长模式的转变。

其三,自然和生态原因。面对着一年年的气候反常,看着脚下一寸寸的黄土流失,望着一条条或黄或黑的河水,我们都向往那舒适干净的环境,我们期望身心愉悦。然而高能耗、高污染的产业结构使我省面临巨大的环境生态压力,污染负荷、人均烟尘、二氧化硫、工业粉尘、化学需氧量的污染负荷均居全国第一位。这样的生态环境迫使我们采取措施来遏制其继续恶化,但最有强制性的措施莫过于用法律来推行可持续发展,将其上升到至高的法律地位才有可能减轻生态危机的压力,才能实现我们所渴望的"那抹绿色"。根据山西省2010年的环境公报中的数据可以看出,与 2009 年相比,山西省 11 市整体环境空气质量有所改善,全省地表水水质总体有所好转,但与全国其他地方相比山西省仍有近半城市处于重度污染,这也就说明环境问题的严重性,如表-10 所示。

表-10

序号	年度 指标 城市	2009 年					2010 年					2010 年与 2009 年比较变化率(%)
		SO_2污染指数	NO_2污染指数	PM_{10}污染指数	综合污染指数	由重到轻名次	SO_2污染指数	NO_2污染指数	PM_{10}污染指数	综合污染指数	由重到轻名次	
1	太原	1.25	0.28	1.06	2.59	1	1.13	0.25	0.89	2.27	1	-12.4
2	大同	0.65	0.33	0.77	1.75	7	0.60	0.35	0.75	1.70	5	-2.9
3	阳泉	0.77	0.31	0.72	1.80	5	0.73	0.36	0.78	1.88	2	4.4
4	长治	0.47	0.33	0.76	1.55	10	0.45	0.33	0.83	1.61	6	3.9
5	晋城	0.82	0.34	0.69	1.84	4	0.80	0.24	0.67	1.71	4	-7.1
6	朔州	0.83	0.19	0.73	1.75	6	0.60	0.14	0.75	1.49	9	-14.9
7	晋中	0.78	0.26	0.80	1.85	3	0.63	0.19	0.70	1.52	8	-17.8
8	运城	0.73	0.23	0.72	1.68	9	0.58	0.21	0.75	1.55	7	-7.7
9	忻州	0.62	0.24	0.62	1.47	11	0.60	0.23	0.61	1.44	11	-2.0
10	临汾	0.63	0.24	0.85	1.72	8	0.63	0.24	0.84	1.71	3	-0.6
11	吕梁	0.88	0.25	0.73	1.86	2	0.62	0.18	0.67	1.46	10	-21.5

其四,法律原因。促使这部法修订还有一个重要原因,就是因经济发展水平的限制,现行环境法都存在这样一个问题:重政府环境权力轻政府环境义务、重政府环境管理轻政府环境服务、重政府环境主导轻公众环境参与、重对行政相对人的法律责任追究轻对政府的问责[①]。这部法律在修订前存在同样的问题,所以有必要进行修订以发挥国家政府在保护环境中的主导作用。又加之《山西省节约能源条例》是在 2000 年通过的,随着经济的发展,新的环境问题越来越多,这使得旧的法律无法很好地解决这些问题,法律漏洞也就越来越多,这就要求修订法律来适应

---

① 刘爱军:《国家责任制》,中国环境科学出版社 2008 年版。

经济的发展。

2.《山西省节约能源条例》修订的内容。

《山西省节约能源条例》已由省第十一届人大常委会第二十五次会议修订通过，自 2011 年 12 月 1 日起施行。原《条例》共 6 章 31 条，修订后为 6 章 52 条，修订的内容主要有：

第一章"总则"中修订的有：第一条立法目的；第四条坚持能源节约与开发并举的方针；第五条政府领导节能工作；第六条节能行政主管部门的细化；第七条环保宣传的主体。增加的条款为：节能目标责任制与考核评价制度的确立。

第二章"节能管理"中修订的有：第八条固定资产投资项目实行节能评估和审查制度；第九条节能专项资金支持；第十条能耗过高名录公布；第十一条至十四条删除。增加的条款为（修订后的位置）：第八条节能中长期专项规划和年度节能计划的编制与实施；第九条省政府的领导作用；第十条省市政府对其下达的节能目标完成进行考核；第十三条政策支持节能；第十四条建立节能信息服务平台；第十五条发改委行政管理部门的职责；第十六条住房、城乡建设行政管理部门职责；第十七条交通运输行政管理部门职责；第十八条人民政府管理机关事务工作的机构职责；第十九条质量技术监督部门的职责；第二十条统计行政部门的职责；第二十一条受委托的节能监察机构的职责。

第三章"合理使用和节约能源"中修订的有：第十五条用能单位职责；第十六条用能单位的职责。增加的条款为（修订后的位置）：第二十四条重点用能单位的义务；第二十五条重点用能单位的义务；第二十六条重点用能单位的义务；第二十七条重点用能单位的义务；第二十八条工业企业的义务；第二十九条电网企业的职责；第三十条服务行业的职责；第三十一条建筑工程的职责；第三十二条营运机动车辆、船舶的能耗规定；第三十三条受委托节能服务机构的职责；第三十四条公共机构采购节能产品的义务；第三十六条能源生产单位的禁止性义务；第三十七条实心黏土砖的禁用。

第四章"节能技术进步和激励措施"中修订的有：第十九条节能行

政主管部门倡导性职责;第二十条删除;第二十一条政策支持使用清洁能源。增加条款为:第四十二条设立淘汰落后节能产品补偿资金;第四十三条金融机构与民间资金的支持;第四十四条区别性电价政策。

第五章"法律责任"内容全部细化,具体为:第四十六条国家工作人员受处分或追究刑事责任的情形;第四十七条政府的行政处罚权;第四十八条使用明令淘汰设备与工艺的责任;第四十九条阻碍节能监察、违反治安管理处罚法的后果;第五十条重点用能单位未开展节能审计或不按规定编制节能规划、节能计划的责任;第五十一条工业企业超过单位产品能耗限额标准用能的后果。

(二)《山西省节约能源条例》的修订充分体现了环境法的指导思想

1. 立法目的的修订体现了环境法的指导思想。

修订前立法目的是"为推进全省节约能源,提高能源利用效率和经济效益,保护环境,促进国民经济和社会持续发展",修订后"为了推动全社会节约能源,提高能源利用效率,保护和改善环境,促进经济社会全面协调可持续发展"。由此可见,这部法指导思想由过去的"末端治理"为特征的环境公害对策转变为可持续发展思想,这就首先奠定了这部法的灵魂与基础,为可持续发展观的推行提供了宏观上方向性指导。没有环境法的基本指导思想作为准则,在实践的过程中就难免会有所偏离。

2. 国家行政管理部门职责修订体现了环境法的指导思想。

修订后详细地列出了各具体行政部门的职责,如经济和信息化行政管理部门、发改委、住房和城乡建设、交通运输等行政管理部门在其各自的职权范围内履行职责,避免无人执法、推脱责任的情况出现。行政职权的细化为可持续发展提供了制度保障。

这次修订强调国家行政管理部门的职责是有其理论基础的:过去我们一直以为环境问题是因为人类不合理的经济增长方式,肆无忌惮地掠夺自然造成的,但是事实上环境问题产生的主要原因是政府决策失误造成的。陈泉生教授认为,造成环境危机跟政府失范有关;张建伟副教授在《政府环境责任论》中也认为政府失灵是造成环境问题的主因。政府作为权力的拥有者，任何一项决策都是由其制定或同意的，过去我国是计划经济，虽然现在是市场经济，但是并不完善。在当前市场起基础调节作用的前提下国家也在发挥其调控作用。环境问题随着市场经济的发展是越来越严重的，这样看来市场的基础性调节作用并不能解决这一问题，因此想要说跟政府无关恐怕不会让人信服。

这次修订加重了政府部门的职责，既要求政府很好地履行其第一性环境责任，又要求政府为其第一性环境责任负责，也就是法律规定的第二性环境责任。在可持续发展观的实践中会涉及政府利益、社会利益与企业利益之间的博弈。政府利益是为了政权的稳定，社会利益是一项决策要符合大众的利益要求，而企业利益是企业希望实现利润的最大化。可持续发展观的实行会损害到企业的利益，这是因为可持续发展观要求企业从登记成立到生产、销售的各个环节都要求以不损害环境为代价，这就使得企业成本会增加，利润会减少，这就是为什么企业经常阳奉阴违的原因了。此时就需要政府积极发挥其作用，具体表现为：

第一，政府作为执法主体来强制推行可持续发展观。如法律中规定"固定资产投资项目要求实行节能评估和审查制度，未经节能评估和审查或不符合节能标准的，不得开工建设；已经建成的，不得投入生产使用。""禁止生产、进口、销售国家和政府明令淘汰或者不符合强制性能源效率标准的用能产品，设备。禁止使用国家和本省明令淘汰的用能设备、生产工艺。"在这个过程中政府或其部门不仅有权利也有义务，也就是在执法的过程中还要为其行为负责，也就是第二性环境义务。若是企业违反了法律的规定那么就要承担相应的法律责任，这就是通过强制性的方式保证可持续发展观的落实。

第二，国家通过优惠性政策平衡国家与企业之间的利益纠纷。政府鼓励支持科研机构、高等院校、企业和个人研究开发节能新技术、新能源等可再生能源，并提倡多渠道开展国际、国内节能信息、技术交流与合作，这不仅有利于保护环境，而且可以节约企业成本、增加企业利润。政府还设立节能专项资金，鼓励企业开展节能改造工程。政府还通过财政补贴、价格调控、落实税收优惠政策等方式鼓励和支持节能活动，这在一定程度上可以缓和利益矛盾，为可持续发展的落实提供了一个相对稳定的大环境。

3. 公众参与机制的修订体现了环境法的指导思想。

《中华人民共和国宪法》第二条规定："人民依照法律规定，通过各种途径和形式，管理国家事务，管理经济和文化事业，管理社会事务。"这是我国公众参与环境保护的宪法依据，从根本上明确公民在环境保护方面的基本民主权利。就环境领域的公众参与，1989年颁布的《中华人民共和国环境保护法》规定："一切单位和个人都有保护环境的义务，并有权对污染和破坏环境的单位和个人进行检举和控告"；1996年8月《国务院关于环境保护若干问题的决定》要求："建立公众参与机制，发挥社会团体的作用，鼓励公众参与环境保护工作，检举和揭发各种违反环境保护法律法规的行为"；2005年12月《国务院关于落实科学发展观加强环境保护的决定》指出："发挥社会团体的作用，鼓励检举和揭发各种环境违法行为，推动环境公益诉讼。对涉及公众环境权益的发展规划和建设项目，通过听证会、论证会和社会公示等形式鼓励公众提意见，发挥社会监督的作用。"①

公众参与制度的落实有利于民主制的实现，有利于公民更好地行使自己的权利，发表自己的观点。在保护环境的过程中，公民这一群体力量大，具有广泛性，倘若能调动他们的积极性，相信任何好的决策都能达到最满意的结果。山西省此次修订后学校、社区、新闻媒体都被纳入保护环境的主体中，法律规定其有义务进行节能环境保护宣传，都必须在其能力范围内支持可持续发展观的推行。这不仅可以提高公民的环境保护意识，而且有利于扩大环境保护主体，调动人民参与环境保护的积极性，从而为可持续发展奠定了群众基础，保障这一目标能更好地实现。

然而纵观我国相关法律，我们可以发现对公众参与的形式仅限于检举、控告，在听证会、论证会或社会公示中提出意见等。面对公权力的强大与救济制度的不完善，检举与控告几乎没有胜诉的把握，而参与听

---

① 吕忠梅：《环境法导论》，北京大学出版社2008年版。

证会、论证会和社会公示又是在政府的主导下进行的，所以我认为这部法律理应做出更详细、具体、可操作的规定，而不是仅仅将学校，小区或是新闻媒体列入保护环境的主体中。比如说可以规定在做出环境立法、决策、执法以及司法中要求必须有人民代表参与，实行一票否决制，当然这个前提是选出的代表是在具有一定知识的前提下真正代表人民，而不能是滥竽充数。还可以更为频繁地举行听证会、论证会等，目前在环境领域较有影响的听证会就是 2005 年 4 月 13 日举行的圆明园湖底渗漏工程听证会，其他的就没有了。一项好的制度只有得到好的落实时，它的作用才能真正显现，所以我们很有必要在公众参与这一方面继续努力。

4. 企业强制性义务的修订体现了环境法的指导思想。

企业作为经济发展的推动者与实行者，在环境保护中起着至关重要的作用。前面也已提到，政府决策失误是造成环境问题的主要原因，但是政府决策是宏观上的指导，真正实行的是企业。企业是引导科技进步、经济发展的主体，但也是环境主要问题产生的直接实施者。

此次修订规定"用能单位应当建立健全能源计量、检测管理制度，配备和使用经依法检定合格的能源计量器具。用能单位应当加强能源统计工作，建立健全原始记录和统计台账，并对统计数据的真实性负责；重点用能单位应当每年安排资金用于节能技术改造和节能新技术、新工艺、新设备的研究开发及推广应用，淘汰高耗能落后工艺、技术和设备，调整企业产品结构和能源消费结构。"修订后对用能单位、重点用能单位等工业企业及第三产业企业还有其他详细的规定，可见这些规定都是要求企业必须走可持续发展之路，不能再坚持传统的经济增长方式。

明确了企业的强制性义务有利于从源头上预防环境问题的进一步加重，这是相当重要的。在发展可持续经济的过程中，对作为其主要参与者的企业很有必要进行严格约束，这样才能保障可持续发展的实现。但是基于我国特有的国情，企业履行其强制性义务需要以国家机关依法执法为前提，也只有当国家机关真正依法执法时，企业才会很好地履行其义务，所以这又回归到前面的强调国家的责任上了。

5. 法律责任的细化体现了环境法的指导思想。

修订前法律没有详细规定国家工作人员、企业以及公民违反法律所应承担的法律责任,只是很笼统地说明依照《中华人民共和国节约能源法》相关条例处理。修订后详细规定了国家工作人员执法不力、执法不严甚至违法执法时所应承担的法律责任,也规定了企业、公民违反条例规定所应受到的处罚。

法律责任细化保障了政府的第一性义务的履行,使得法律在实施中更具操作性,从而有利于促进服务型政府的建设,同时也有利于企业、公民更好的遵法、守法,这为我们更好、更快的实现山西经济的可持续发展提供了法律保障。

法律责任作为最后一道防线,我们并不希望它被频繁运用,保护环境关系到我们每一个人,也是我们每一个人应尽的义务,因此提高全民素质,提高全民环保意识是解决这些问题最好且最长久的方法。

(三)《山西省节约能源条例》修订的立法评价

这部法律是在山西省经济发展需要的前提下紧跟党的政策要求、紧跟时代的脉搏所进行的符合山西省经济发展模式转变的修订。修订后体例成熟,概念准确,而且可操作性强,这对于推动全社会节约和高效利用能源,保护和改善山西省的生态环境具有重要意义,对促进山西省经济社会全面协调可持续发展有重大影响。山西省作为资源型综合配套改革试验区坚持可持续发展观不仅关系到山西的利益,更关系到整个国家的利益。山西省在全国占据着至关重要的地位,为全国的经济稳定提供能源保障。

因此,可持续发展观不仅是山西省保护环境所应坚持的基本原则,更是全国实现生态环保这一目的都应坚持的行动准则,未来的几年甚至是几十年都不应偏离此基本原则。可持续发展观对于我国实现经济与环境保护协调发展的目的起着不可替代的作用。

可持续发展观作为环境法的指导思想,其合法性与合理性基础已毋庸置疑。可持续发展观对环境法的实施起着关键性的作用,但是在具体实施中还存在较多问题,比如可持续发展的推行还需要科学技术、人才和相关制度等因素的配合，这都是需要我们来解决的。目前因推行可持续发展时间较短，整体成果还不是很明显，但不排除在部分区域已取得可喜成绩，所以我们还需要很多的努力来完善可持续发展的实行，还需要相关监督体制来保证可持续发展观的推行。但是我们有足够的信心相信可持续发展的目的是可以实现的。

结论：

21世纪是生态文明建设的世纪，人们崇尚生态文明，渴望生态文明。山西省作为"综合改革试验区"，建设生态文明既是任务与目标，也是机遇与挑战。因此这在客观上为可持续发展观的推行提供了客观环境基础，同时山西省的省情决定了可持续发展观的贯彻具有必然性。坚持可持续发展思想对于改善生态环境、保护生物多样性都是百利而无一害的，尤其对于生态文明的实现有着非常重要的现实意义。

三、环境立法在山西地方治理中的实践与反思

在改革开放三十多年的进程中，环境立法逐步成为中国环境保护工作的重要支柱和保障，成为中国社会主义法律体系中新兴的、发展迅速的一个有机组成部分。[①] 随着可持续发展观、科学发展观以及生态文明建设等环境发展战略的先后提出，我国现代环境立法进入了全面快速发展阶段，地方环境立法也蓬勃发展起来，在我国环境立法体系中占有较大的比重。地方环境立法对区域社会治理发挥着举足轻重的作用。这里我们以山西省环境立法的法治实践为视角展开分析。

（一）山西省环境立法现状

山西省地方环境立法在震荡中前行，虽有波折，但整体趋强。

---

① 薛惠锋、张强、李玮：《世界、历史双重背景下的中国环境资源立法》，《绿叶》2009年第7期。

首先,近十年来山西省环境立法数量相对较多。① 山西省每年都有一定数量的环境立法出台,但是单从数量上看,这些立法项目的立项和出台并无太多规律可循,即环境立法项目的规划似乎并不系统,仍有不合理之处。

其次,环境立法主要在能源和水资源方面。自 2000 年以来,能源方面立法 9 部,水资源立法 8 部,占到环境立法总数的 36%,但是在立法资源的分配上存在着不合理之处,例如,在资源能源管理方面的 7 部立法中,仅有一部是关于矿产方面的。

最后,环境法规与环境规章在数量方面悬殊。环境法规 43 部,环境规章 4 部,存在衔接性的缺失,不利于环境法规的有效执行。在内容方面,环境法规涉及面比较广,环境规章仅有污染防治方面的相关立法,虽然山西省环境法规的制定也不尽完善,但是较之政府规章还是要丰富得多。

(二)山西省环境立法的法治实践现状

1. 蓝天碧水工程②与地方环境立法。

从 2006 年开始,山西省在省委、省政府的领导下,实施"蓝天碧水工程"。在实施"蓝天碧水工程"期间,水资源的管理与污染防治得到重视,山西省立法活动较为频繁,相继颁布、修订了 5 部法规。这些法规的颁布、修订与实施,为主要流域水污染治理和城市用水管理提供了有力的法律依据和法律保障,对"蓝天碧水工程"的顺利进行有重大意义。

虽然,"蓝天碧水工程"取得了显著成效,但是水资源的保护工作仍旧是环保工作的重点,相关配套法律制度仍有待完善。例如,将城市饮水及城市污水处理配套立法纳入环境立法计划中,完善汾河流域水资源

---

① 自 2000 年以来,山西省环境立法在 2000 年为 4 部,2001 年为 2 部,2002 年为 1 部,2003 年为 3 部,2004 年为 2 部,2005 年为 3 部,2006 年为 4 部,2007 年为 4 部,2008 年为 4 部,2009 年为 2 部,2010 年为 4 部,2011 年为 4 部。

② 蓝天碧水工程:以电厂、工业炉窑脱硫和道路、建设工地扬尘及机动车排气污染治理为重点,加强二氧化硫和可吸入颗粒物以及饮食业油烟污染控制,有效削减大气污染物排放总量,确保全年空气质量优良,符合国家标准要求。对乱开滥采、遍地开花使青绿的山头植被遭受毁坏的现象,进行整治复绿,在恢复生态环境的同时,防治水土流失。

管理及水污染防治的配套立法等。另外,在流域内构建并实施生态补偿机制,在加速流域经济社会发展的同时控制水污染。

2. 煤炭资源整合[①]与地方环境立法。

煤炭行业的发展同时也伴随着煤炭资源整合的进行,山西省的煤炭资源整合可追溯到 20 世纪 90 年代。山西省自 2000 年以来相继颁布、修订了 8 部煤炭资源的相关法规,这些法规的颁布、修订与实施,对规范煤炭行业发展,煤炭资源整合,节约能源,保护环境具有积极意义。

随着 2009 年山西省的煤矿兼并重组及煤炭资源整合的力度不断加大,山西省煤炭行业的格局开始新一轮的变革。纵观其他地方有关能源保护立法的现状和趋势,不难发现山西省的相关立法还存在着诸多不足,例如,山西省煤炭行业发展历史悠久,体系完备,但相关立法却不成体系,比较分散,并且尚未随着煤炭行业的转型发展进行修订。

(三)环境立法在区域社会治理中的法治实践缺陷分析

1. 环境立法缺乏合理的统筹规划。

地方环境立法在一定程度上缺乏全局观念,缺乏合理的规划,对现行地方环境问题缺乏实地考察和数据分析,只是在出现环境问题的基础上,在环境问题没有办法合理解决的情况下,才想到要运用法律武器来解决难题,对违法行为实施强制性措施进行制裁和打击,以儆效尤,来治理环境污染和处理环境问题。

2. 立法资源分配上存在空白和漏洞。

纵观山西省地方环境立法可以看出,立法资源分配上存在空白和漏洞,使得某些领域的环境保护工作无法可依,法律实效性比较差,缺乏有力的法律保障。各区域社会应就其地方特色问题制定法规与规章,合理分配立法资源,这样才能符合社会发展的客观规律,才能够真正实事求是地解决实际问题。

---

① 煤炭资源整合是指以现有合法煤矿为基础,对两座以上煤矿的井田合并和对已关闭煤矿的资源/储量及其他零星边角的空白资源/储量合并,实现统一规划,提升矿井生产、技术、安全保障等综合能力,并对布局不合理和经整合仍不具备安全生产条件的煤矿实施关闭。

3. 地方法规和政府规章相互衔接性不到位。

地方法规与政府规章在时间上衔接得不到位，会直接影响到法规与规章内容之间的相互衔接，也无法及时地解决当时出现的环境问题。因此，保证二者在出台时间上的一致性，对于完善二者内容的联系至关重要，如果能够解决二者衔接的问题，自然也能够使地方环境立法更完善、更有针对性、更具操作性。

4. 法律体系内部各法律文件之间协调性不足。

地方环境立法通常比较分散，法律体系内部各法律文件之间缺乏协调性，尚未形成完整的体系。环境立法文件没有形成相互联系、相互统一的整体，而是各个独立的部分。这些法律文件对环境问题的规制或者不够全面，或者存在重叠，浪费了宝贵的环境立法资源。环境立法存在漏洞和空白，出现问题难免措手不及。

（四）区域社会治理中环境立法发展对策

1. 提高地方环境立法科学性和前瞻性。

科学的立法规划，是立法机关从宏观上调控、配置立法资源的重要手段，能使立法资源按照规划进行配置。各区域社会在今后的环境立法中要加强环境立法规划的制定和实施，使立法工作有序协调，要在立足于现阶段环境立法的同时把握环境立法的全面性，根据具体情况制定符合地域特点的环境立法。同时，要做好科学预测，有一定的前瞻性，在维护代内公平的同时，兼顾代际公平。

2. 弥补立法资源分配上的空白和漏洞。

各区域社会在环境立法资源分配方面，要以可持续发展观为指导思想，尽早制定尚属地方环境立法空白而又事关国计民生的地方性环境法规，完善环境立法体系。合理分配立法资源，查缺补漏，更好地处理地方经济发展与生态保护之间的关系，使得各项环保工作有法可依，有章可循。

3. 协调好地方法规与政府规章的关系。

地方环境法规与规章的数量应当是大致相当的，而不应该是相差甚远。当一个新的环境法规颁布之后，应当有具体相对应的规章或实施细则来详细解释和呼应法规,并且为法规的顺利执行提供依据。协调好地方法规与政府规章的关系,有利于完善法律体系,增强法律的实效性。

4. 确保地方环境立法内部与外部的协调性。

在确保地方环境立法内部协调性的同时,还要确保地方环境立法与其他地方立法之间的协调性。在立项时就要充分考虑该项环境立法与已经出台的环境法律法规之间的关系,完善地方环境立法体系。修正和完善一些与环保相关的法律制度时,要充分考虑不同区域社会环境的具体情况和问题,平衡不同利益主体之间的需求,使国家环境立法在具体化和地方化的同时,形成完整的立法体系。

第十一章 社会热点透视
——环境立法的主动与被动

一、国务院两部节能条例的重大意义

2008年8月1日，时任国务院总理温家宝签署第530号和531号国务院令，公布了《民用建筑节能条例》和《公共机构节能条例》，这两部节能条例已于2008年10月1日起正式施行。条例的公布和施行引起了社会各界的广泛关注，大家关心的问题主要集中在条例内容、制定背景和施行意义等几个主要方面。下面，我们就来分析一下，两部节能条例分别对哪些问题做出规制，国务院又为什么会同时制定两部节能条例，节能条例的施行有什么重大意义。

《民用建筑节能条例》共六章45条，主要从新建建筑节能、既有建筑节能和建筑用能系统运行节能三个方面对民用建筑节能领域的问题进行了立法规制，并规定了相应的法律责任。条例明确了民用建筑节能标准的适用范围；条例针对新建建筑节能管理的问题，在不增加新的行政许可的前提下，实现了对包括规划许可、设计、建设、竣工验收、商品房销售、使用保修等阶段在内的全过程节能监管；条例规定了既有建筑节能改造的原则，强化对既有建筑节能改造的管理，明确了既有建筑节能改造的标准和要求，确立了既有建筑节能改造费用的负担方式；条例针对公共建筑耗电量过大的问题，建立了分项用电量报告制度并确立了公共建筑用电限额与公布制度；条例规定了资金支持、金融扶持和税收优惠等有关民用建筑节能的政策扶持和经济激励措施；条例强调国家鼓

励和扶持太阳能等可再生能源的利用。

《公共机构节能条例》共六章43条，主要从公共机构的节能规划、节能管理、节能措施、监督和保障等方面对公共机构节能领域的问题进行了立法规制，并规定了相应的法律责任。条例规定既有统一监督管理，又有相互协调配合的公共机构节能管理体制；明确了公共机构节能规划的制定主体、制定依据以及应当包括的主要内容；针对当前公共机构节能工作中存在的责任不明晰、规章制度不健全、能耗底数不清、监督和约束不力等问题，条例规定了八个方面的基本管理制度，包括负责人制度、节能建章立制、能源消费台账报告制度、定额使用能源制度、节能产品采购制度、建设项目评估制度以及能源审计制度等；条例从公共机构的系统设备、能源管理岗位和方式、物业合同、节能改造、重点用能部位运行以及公务用车等方面对于公共机构节能的具体措施做了详细规定。

两部节能条例制定的总体思路是：根据节约能源法有关建筑节能和公共机构节能的规定，总结近年来民用建筑节能和公共机构节能工作中出现的新情况、新问题，从民用建筑耗能和公共机构用能的实际情况和特点出发，以提高能源利用效率为核心，有针对性地细化节约能源法的有关规定，特别是要区分新建建筑节能监管和既有建筑节能改造，健全公共机构节能管理体制，明确部门职责，完善公共机构节能管理制度和节能措施。

两部节能条例的制定和施行反映出国务院对节能降耗工作高度重视，也是国务院落实科学发展观、调整经济结构、转变经济增长方式的重要举措。随着我国工业化、城镇化的加速发展，能源供应紧张已成为制约经济社会发展的重要因素。

与此同时，能源消费不合理、利用效率低的状况仍然比较严重，工业生产、民用建筑、交通运输、公共机构、重点用能单位等方面还存在许多浪费现象，节约潜力巨大。解决我国能源问题，必须坚持节约优先的方针，把节能减排工作摆在更加突出的位置。因而，2007年10月28日第十届全国人民代表大会常务委员会第三十次会议重新修订了1997年《中华人民共和国节约能源法》，在进一步规范工业节能的基础上，扩展法律的调整范围，对建筑节能、交通运输节能和公共机构节能等节能工作的薄弱环节做出新的规定。

国务院两部节能条例正是在这样的大背景下出台的,这两部节能条例可以说是新能源法的配套法规。从条文本身我们可以看到,"建筑节能"和"公共机构节能"在新能源法中虽然都单列了一节,但也分别只有7条和5条的简要规定。相比之下,《民用建筑节能条例》和《公共机构节能条例》分别有45条和43条之多。两部节能条例的制定使新能源法中相关条款的规定得以充分延伸,因而使新能源法的精神得以贯彻,使新能源法的相关规定在法律实践中更具可操作性,使新能源法的施行有了真正落到实处的可能。

节约能源是全体人民的共同责任,国务院两部节能条例的制定与施行促进了全民节能行动的深入开展,进一步增强了国民的能源忧患意识和节能意识,引导能源合理消费,在全社会大力倡导节约型生产方式、消费模式和生活方式,使经济社会向可持续发展的方向迈进了一大步。

二、关于废旧节能灯处理难的思考

(一)废旧灯泡回收处理的现状

随着社会经济不断发展,人民物质生活的不断丰富,对于电能的需求也直线上升。以往我们对于旧灯泡的处理往往是将其直接扔掉,不做任何处理,但是由于现今灯泡主体发生了变化我们急需改变传统观念,提高自身的认识。在近几年里,中国政府大力提倡节能灯的使用和推广,使节能灯逐步代替了普通的白炽灯。现在市场上销售的灯泡主体已从传统的白炽灯向节能灯替换。节能灯,又称为省电灯泡、电子灯泡、紧凑型荧光灯及一体式荧光灯,是指将荧光灯与镇流器(安定器)组合成一个整体的照明设备。节能灯较普通白炽灯有使用寿命长、节能等优点。废旧节能灯的回收工作的重要性也日益凸显,且与百姓的联系越来越紧密,所以本文所讨论的废旧灯泡将限定在废旧节能灯的范围之内。

(二)废旧节能灯处理不当具有很大危害性

节能灯较传统的白炽灯有诸多的优势已被消费者认可。但是如果对废旧节能灯处理不当会对自然资源产生相当大的破坏。一个节能灯灯管平均含有0.5毫克的汞（只有少数名牌产品可以做到0.25毫克左右），而1毫克的汞浸入地下会造成大约360吨水的污染。直观地讲，标准游泳池长50米，宽21米，水深1.8米，那么1克汞就直接污染了大约200个标准游泳池的水资源。由此我们可以想象，目前在照明市场上占据主要力量的节能灯在废弃后，会给我们的环境带来多么触目惊心的危害。

此外，节能灯主要是利用高压使一些气体放出紫外线，照射汞蒸气而发光的。一旦节能灯管破裂，汞蒸气就必然会污染环境，甚至危害人类健康。科学研究结果，汞和汞化合物都可以透过皮肤迅速进入人体，但从人体中排出却很缓慢，对肝肾功能、中枢神经系统和植物神经功能会造成不可逆转的损害。由于汞的沸点低，常温下即可蒸发，蒸发的气体经呼吸道进入人体，废弃的节能灯管破碎后，瞬间可使周围空气中的汞浓度超标百倍。所以，废旧节能灯的危害后果十分严重，一旦处理不当会造成巨大的社会危害性。

（三）法律法规对废旧节能灯的相关规定

1. 对于回收废旧节能灯泡的法律规制。

目前，尚无法律法规对回收废旧节能灯做出明确规定。目前，仅知道含汞废弃节能灯已被列入《国家危险废物名录》，行政机关只能依据《中华人民共和国固体废物污染环境防治法》应当组织建设对危险废物进行集中处置的设施。目前，仅有云南省文山州及苏州两项提案，明确强调废旧节能灯的危害性，希望政府明确回收废旧节能灯的负责部门，建立回收体系，开展一定的社会宣传活动。

2. 政府对于废旧节能灯的行政调控。

仅有的一项资料显示，国家高效照明产品补贴推广项目进行招标时，不仅对汞含量做了明确规定，还特别把废旧灯管的回收比例、有无回收设备及企业是否通过清洁生产评审列入投标的要求。这使一些照明企业开始高度重视"废旧节能灯回收"的问题，这是国家使用鼓励的方式引导企业回收废旧节能灯。北京市发展和改革委员会也只是建议市民要回收废旧节能灯，回收废旧节能灯已经引起了政府的一定重视，云南文山州和苏州对于社会提案给予了积极的回应,承诺重视回收废旧节能灯问题。但是,现行政府的措施缺乏相应的奖惩措施,很难激励企业和居民在实践中将这项工作做好做到位。

3. 企业和社会公众对于废旧节能灯的认识和行动。

企业出于宣传以及自身的利益出发已经开始注意回收废旧节能灯的问题。有些厂商开始了一些回收节能灯的活动,例如节能灯生产龙头企业大明灯业根据2010年高效照明产品推广实践经验已启动节能灯回收计划,并相应地建立了废旧灯管回收站和运行机制。但是,总体上大多数企业没有相关的服务以及回收方式,大明的回收方式范围过于狭窄,很难有普遍的社会性。

居民由于自身的局限性,无法确切知道废旧节能灯的危害性,回收意识淡薄。即便有些消费者存在这样的意识,但是在其周围的环境根本不存在回收点而无疾而终。有报道证实,在现实生活中,消费者找不到废旧节能灯回收站点成为这一工作无法顺利开展的最直接原因。

(四)对回收废旧节能灯的建议

1. 在国务院层面制定鼓励节能灯企业主动、全面、跟踪回收废旧灯泡的减免税政策。——根据《中华人民共和国清洁生产促进法》第七条第一款[①]。

由国务院制定奖励回收政策可以从全局掌握回收废旧节能灯的实际情况,一方面可以调动企业回收废旧节能灯的积极性,另一方面可以更好地规制节能灯市场,使节能灯市场向健康的方向发展。国务院还可以根据免税政策改变现在监管过于被动的局面,化被动为主动对节能灯市场进行整体布局,推动节能灯更好地推广。实行跟踪政策让免税政策落到实处,让真正回收废旧节能灯的企业得到其应有的奖励,保证了政策的连续性和公正性。

2. 国家对节能灯生产实行严格的审查制度,制定严格的生产标准,保证节能灯生产的高效性和科技型。对不合格的企业实行惩罚措施,对

---

① 第七条第一款:"国务院应当制定有利于实施清洁生产的财政税收政策。"

于严重不合格的企业实行限期淘汰。——根据《中华人民共和国清洁生产促进法》第十二条第一款①。

我们重视回收废旧节能的同时更不能忽视从源头上的管理，节能灯作为代替白炽灯的新科技产品理应有更好的照明能力、更利于环保。我们要对那些不符合标准的企业予以制裁才能更好保证回收废旧节能灯不会出现问题，保护消费者合法权益。对于市场规制我们要强调奖惩协调的手段，对优秀企业我们要进行奖励，对于不合格企业我们一定要处罚，只有这样市场才能健康发展。

3. 在各省级政府制定节能灯行业清洁生产的产业政策。——根据《中华人民共和国清洁生产促进法》第七条第二款②。

省级政府在制定产业政策的时候应更加注意清洁生产。现在我们的主要问题就是发展问题，但是我们再也不能走西方资本主义国家走过的先污染后治理的老路子。面对我们国家环境问题日益突出的新环境，我们各级政府在制定产业政策时更应注重清洁生产。我们要改变原来的粗放经营的模式，在发展生产力的同时我们更应注意对环境的保护。国家对于节能灯生产给予了很大的财政支持，早在2007年底，财政部、国家发展和改革委员会就联合发布了《高效照明产品推广财政补贴资金管理暂行办法》，规定从2008年开始，采用财政补贴方式力推高效节能灯。2009年，中央财政安排6亿元推广节能灯1.2亿只。面对国家的支持，省级政府更应该重视好利用好现有节能灯的政策支持，大力推进节能灯的清洁生产的产业政策。

4. 由省级环保行政主管部门定期发布节能灯清洁生产良好信誉企业和品牌，以及节能灯回收相关信息，以引导公众环保消费和产品回收。——

---

① 第十二条第一款："国家对浪费资源和严重污染环境的落后生产技术、工艺、设备和产品实行限期淘汰制度。国务院经济贸易行政主管部门会同国务院有关行政主管部门制定并发布限期淘汰的生产技术、工艺、设备以及产品的名录。"

② 第七条第二款："国务院及其有关行政主管部门和省、自治区、直辖市人民政府，应当制定有利于实施清洁生产的产业政策、技术开发和推广政策。"

根据《中华人民共和国清洁生产法促进法》第十条、第十一条①。

环保行政主管部门发布的优秀品牌首先具有良好的社会效应,会促进公众关注企业环保的行为。其次,由环保行政部门发布的优秀品牌具有很高的公信力,更加提高企业自身的品牌效应。再次,环保行政部门发布回收信息使回收废旧节能灯具有可操作性。可以说由环保部门定期发布节能灯清洁生产良好信誉企业和品牌是一个多赢的措施,一方面企业提高了自身品牌价值,企业用了最权威的机构免费替自己做了一回广告,更加激励了企业科技创新和回收废旧节能灯的热情;另一方面,社会大众由权威机构了解到回收信息可以增强大众的环保意识,也方便了群众了解回收废旧节能灯的途径;最后,全社会的行动必将带动全民环保意识的上升,更好地保护社会环境,使社会发展和环境保护做到协调发展。这符合了和谐社会的要求,也是我们建设社会主义社会的题中之义。

5. 地方政府确定部门责任,对废旧节能灯进行集中回收。——《中华人民共和国固体废物污染环境防治法》第四十七条第一款②。

现在回收废旧节能灯的主要问题就是社会大众无法发现回收地点和方式,这是现在回收废旧节能灯的关键问题。根据《中华人民共和国固体废物污染环境防治法》的规定,地方政府应该明确具体部门的责任,对废旧节能灯进行集中回收。落实具体回收地点和方式。目前,含汞废弃节能灯已被列入《国家危险废物名录》,对于回收废旧节能灯的问题要求地方政府切实履行自身责任,建立健全回收机制。

6. 新闻出版、广播影视、文化等单位和有关社会团体,应当发挥各自优势做好节能灯泡的购买、使用和回收等引导和宣传工作。——根据

---

① 第十条"国务院和省、自治区、直辖市人民政府的经济贸易、环境保护、计划、科学技术、农业等有关行政主管部门,应当组织和支持建立清洁生产信息系统和技术咨询服务体系,向社会提供有关清洁生产方法和技术、可再生利用的废物供求以及清洁生产政策等方面的信息和服务。"第十一条"国务院经济贸易行政主管部门会同国务院有关行政主管部门定期发布清洁生产技术、工艺、设备和产品导向目录。"

② 第四十七条第一款:"城市人民政府应当组织建设对危险废物进行集中处置的设施。"

《中华人民共和国清洁生产促进法》第十五条第三款[①]。

新闻媒体在回收工作中可以发挥自身的优势，首先，积极配合相关部门，对于废旧节能灯的危害要向社会大众进行广泛宣传，让社会大众明白其危害性。其次，要发挥其舆论监督的作用，对于生产不合格产品的企业要进行曝光，使其没有生存的土壤。最后，对于回收信息要及时准确地发布，方便消费者了解回收信息，使社会大众能便利地进行回收废旧节能灯的活动，让国家和政府的一系列政策能落到实处。

三、渤海湾康菲溢油事件的环境法分析

（一）事件回顾

由中国海洋石油总公司（以下简称"中海油"）和美国康菲石油公司的全资子公司康菲中国石油公司（以下简称"康菲中国"）合作开发的渤海湾蓬莱19－3号油田于2011年6月4日起发生漏油事故。6月30日，国家海洋局介入调查，中海油和康菲石油官方均未做出回应；7月1日，中海油首次回应漏油事故，称渗漏点已经得到控制；7月3日，中海油称原油泄漏范围比较小，只涉及200平方米左右，已基本处理完毕；7月5日，国家海洋局召开新闻发布会称事故已得到控制，溢油污染840平方公里；7月6日，康菲中国表示清洁工作已近尾声；7月11日，该油田B、C钻井平台再次出现漏油；7月28日海监人员再次发现溢油，并且面积有所增大；8月3日，康菲中国称油田原油及油基泥浆溢出超过1500桶；8月12日，康菲中国称B平台发现新的溢油点；8月22日，康菲中国称C平台发现10处油污渗漏点；8月31日，康菲中国发布书面回答称已经彻底封堵全部溢油（未经国家海洋局证实）。事故发生至今已经三个多月，漏油点数量仍然存疑，康菲中国未做任何赔偿。

（二）社会舆论焦点及环境法分析

焦点一：为何时隔一月才向社会公布事件情况，时隔三月都无结论？

---

① 第十五条第三款："新闻出版、广播影视、文化等单位和有关社会团体，应当发挥各自优势做好清洁生产宣传工作。"

康菲中国称自己在第一时间上报了国家海洋局，等待监管机关的意见，不宜对外公布；中海油称自己只是投资并未直接参与海上石油作业，因而不了解漏油情况，不宜草率公布；国家海洋局称这次发生溢油的原因很复杂，不可能在较短的时间内得到准确的结论，需要一定的时间才能公布。

当事三方的理由显然很苍白，但事件背后的环境立法不够完善，才是此次事故真相未能及时向社会公开的根源。首先，按照我国《海洋环境保护法》第十七条的规定，作为事故直接责任方的康菲中国"必须立即采取有效措施，及时向可能受到危害者通报"，并向"行使海洋环境监督管理权的部门"即国家海洋局报告，"接受调查处理"；然而在相关法律责任条款中，对于如何处罚没有及时履行"通报"义务的当事者却只字未提。其次，该法对于国家海洋局这类代表国家行使海洋监管权力的行政机关，甚至连通报义务条款都没有规定，就更谈不上责任条款了。义务条款的缺失或者没有法律责任条款的保障，使得海洋法相关条款成为一纸空文，事件当事各方找种种托辞不履行向社会公布的义务实属必然。

焦点二：为何只追究康菲中国的责任？根据国家海洋局给出的说法，康菲中国承担事发油田的具体运营活动，因此被认定为事故的责任者；其权益共享方中海油、负责理赔的相关保险公司则不在被告行列。

"环境公平原则"是各国环境立法所普遍遵循的基本原则之一，"污染者负担"、"受益者补偿"、"管理者负责"均是该原则题中之义。如果依照此原则，作为污染者的康菲中国、受益者中海油和管理者国家海洋局三方都应该受到追究。美国1980年《广泛环境反应、赔偿和责任法》就规定了"可追溯的、严格的和连带多方的"责任，除污染者负担外，"潜在责任人"包括污染项目以往的所有者、经营者和承租人、母公司、控股股东等均有可能被追究责任。反观我国的相关立法就没有这么完善——《海洋环境保护法》第九十条规定"造成海洋环境污染损害的责任者，应当排除危害，并赔偿损失……由行使海洋环境监管权的部门代表国家对责任者提出损害赔偿的要求"。该规定有两处明显不足，一是没有明确界定"责任者"的范围，是仅指造成污染的"直接责任人"，还是所有"相关责任人"？这就使本次事件中海油逃避责任有空可钻；二是对政府相关部门只规定了代为求偿的权利,没有规定渎职的赔偿义务。因而,事件最后只追究康菲中国的责任亦属必然。

焦点三:20万元的处罚金额是否太低?事故发生至今,康菲中国未做任何赔偿,甚至连20万元的罚款都没有落实。与此形成鲜明对比的是,去年制造美国墨西哥湾漏油事件的英国石油公司,在事故发生后迅即拿出200亿美元做赔偿基金。据其财报,英国石油公司将最终为漏油事件花费413亿美元。

从法律上讲,康菲中国所要面对的花费应当由三个主要的方面构成:一是国家罚款;二是渔民索赔;三是石油损害赔偿基金。国家罚款,按照我国的海洋环境保护法,此类污染事故的处罚额度最高是20万元,依照现有法律规定康菲中国需要缴纳的罚款与之造成的环境污染治理费用相比,可谓九牛一毛;而在渔民索赔方面,我国法律虽有污染案件"举证责任倒置"的规定,但没有环境公益诉讼的程序制度。因而受害方虽然不需要证明所受损害与康菲中国漏油之间的关联,但仍要证明所受损害的范围和程度。限于计算标准不明、技术条件不足,这种证明责任实难完成,渔民很难支付巨额的调查、评估和诉讼费用;至于石油损害赔偿基金,我国《海洋环境保护法》生效10多年了,其中明确有建立"油污损害赔偿基金"的条款,但实际从未启动。因而,康菲中国逃避"天价"惩罚易如反掌。

(三)对该事件的环境法反思

油一直在漏,康菲中国一直在拖,调查一直在进行,大家眼睁睁看着污染面积越来越大。各方舆论在谴责肇事企业的同时,也是时候反思我国的环保法律制度了。

反思之一:可持续发展理念应贯彻环境立法始终——在我国经济社会发展过程中,此类事件虽然难以避免,但完全可以通过完善的法律制度进行预防,将经济发展对环境的破坏降到最低。既要满足当代人发展的需要,又要及时限制眼前利益以不损害后代人发展的能力。

反思之二:国家环境管理权应当继续强化——在完善污染防治法律责任条款的同时,积极探索配套法律制度的建设。例如,环境立法应当体现环境影响评价制度的科学化、环境监管制度的长效化、环境基金和环境保险制度的社会化等。

反思之三：公民环境权应当落到实处——健全公众参与机制，使公众的环境状况知情权落到实处，真正在环境保护中发挥公众参与的作用，弥补国家环境管理的制度不足。

（四）事件的后续分析

事件发生近 10 个月之后，国家海洋局公布了蓬莱 19－3 油田溢油事故处理的最新进展。两家当事企业，康菲公司和中国海油总计赔偿 16.83 亿元人民币。同时，国家海洋局网站刊发评论，指出对于此次事故的处理是"海洋生态损害索赔的成功实践"。事实上，如果我们仔细分析一下，就不难看出我国的生态环境法治实践在这样"索赔的成功实践"的背后仍有很多无奈，而这些无奈也正是我们国家生态环境法治建设下一步要努力完善的地方。

首先，索赔过程太过漫长，赔偿时间拖延了近一年。正如一句古老的法律谚语所言"迟来的正义不是正义"，如此漫长的等待本身就已经是生态环境法治实践的无奈了。其次，当事的两家公司总计只赔偿了 16.83 亿元人民币，相比制造美国墨西哥湾漏油事件的英国石油公司动辄数百亿美元的赔偿额度，赔偿的象征性意义更大，这难道不是无奈么？再次，国家海洋局在事件发生后主动代理受害人进行索赔，工作非常积极。但我们更希望看到国家海洋局承担起法律规定的"国家海洋行政主管部门"的监管职责。

总之，今天这样的处理结果，客观上的确是我们国家"海洋生态损害索赔实践"中一个不小的进步，但背后的无奈也让我们对国家海洋局的"成功"感到些许遗憾。究其原因，应该是事发时我国生态环境专项立法还不完备，缺少具体的海洋环境保护实施办法。事实证明，此类生态环境保护事件的影响是深远的，也必将不断推动我国生态环境保护的法治进程[1]。

---

[1] 在康菲溢油事件发生之后的 2013 年 12 月，第十二届全国人民代表大会常务委员会第六次会议决定对《中华人民共和国海洋环境保护法》做出修改，对海岸工程环境影响报告书制度、勘探开发海洋石油编制溢油应急计划备案制度等做出了具体的规定。

附录：

2009—2014年山西省地方环境立法案例论证意见精选

附录1：

《山西省气象灾害防御条例》修改建议

山西大学法学院 张钧

2009年3月24日

整体看来，无论在结构上还是在具体条文上，本条例的起草已经相当成熟了。既符合上位法的精神和原则，又结合了本省的特点进行了具体制度方面的细化与拓展，可操作性很强。

仔细分析后，我认为还有少数几个地方值得商榷。建议如下：

一、第二条对"气象灾害"的定义，较《中华人民共和国气象法》多出四类"洪涝"、"龙卷风"、"冰冻"及"霾"，可以看作是我们这个条例的创新提法。

其中有符合我省特点的，如"霾"，但也有不科学不严密的，如"洪涝"与"暴雨（雪）"，实质上是一回事；"龙卷风"与"大风"也没有本质区别。建议在立法中应当严谨，不宜有语意上的重叠。且在后文的第十四至十九条中，也没有继续这一创新，除了"霾"单独提及之外，其余创新提法均无对应表述，也可见这些创新没有实际意义，不如省去。

相反地，"台风"我们保留下来了，但在实际的气象灾害中，我省是没有这一类的。建议直接去掉，更符合山西省的特点。

另外，如果担心此款法条中的气象因素所列不全，就在最后的"所造成的灾害"之前加上"气象因素"一词即可完全概括。

二、第八条可以直接订得更细致些，否则此条很容易成为一纸具文，因为目前我们还没有此类保险业务，相反地，各保险公司无一例外将气象灾害作为不可抗力的一种，而定为公司拒绝赔偿的免责条款。

建议在此条之下，再增加一款"鼓励公民、法人及其他组织在政府气象灾害防御活动过程中捐资、捐物、捐技术"。因为这既符合山西省煤老板多、闲钱多的客观实际，也符合环境法的"环境公平（污染者负担）"原则，从根本上讲，山西省气象灾害多发也与煤炭采掘造成巨额环境欠债密切相关。

三、第四十条制定得不够科学，如果按此条文执行，必然导致采取措施不及时，损害后果扩大化。

建议改为"各级人民政府及相关部门应当组织建立本辖区内的跨行政区域气象灾害联防机制，制定联防措施，并在事发后负责协调应急处置和防御工作。事发地人民政府应当加强与上级、同级、下级政府和相关部门的信息沟通。"

四、关于法律责任的设置

（一）第十三条的第二款在后边第五章里没有对应的法律责任条款，例如，对违反此款的主管、审批机关的责任人应当设置追究行政责任，对施工企业也应当有相应的罚款或其他行政处罚措施，对违法建筑如何处理（是拆是补）也应当有明确规定。

（二）第三十条第二款指出"应当"设立应急联系人或义务信息员，并及时传递预警信息。在第五章也没有相应的法律责任，考虑到这些人一般不是"行政机关工作人员"，如果不好设定法律责任，不如将条文中的"应当"改为"鼓励"更合适些。

（三）第四十一条第一款规定公民等"有义务"报告。而在后边也是没有相应法律责任来约束这种义务的履行。因而可以推测此款的设计将毫无意义，不如索性删掉，否则会有损法律的权威性。

五、个别条文行文中的不统一

第四条第二款，按多数法律的通识，建议将"组织和个人"改为"单位和个人"，更符合一般情况。

第九条第一款，建议将最后一句"提高公众防御灾害的能力"改为

"提高公众气象灾害防御能力",以保持在同款条文内,行文的前后一致性。

第十四条与后边相关的几条,在"各级"人民政府还是"县级"以上人民政府的用词上不一致,究竟哪种提法更准确,建议斟酌。

附录 2：

《山西省减少污染物排放条例（草案）》修改建议
山西大学法学院　张钧

第一章　总　则

第一条　[目的与依据] 为减少污染物排放，保护和改善环境，促进科学发展，根据环境保护法律、法规的有关规定，结合本省实际，制定本条例。　　提高人民生活幸福指数，促进社会经济可持续发展，

第二条　[概念界定] 本条例所称污染物，是指直接或间接向环境排放，使环境的正常组成和性质发生变化，直接或间接有害于人类的物质。　　引起环境质量的改变，影响人们正常生产生活

第三条　[适用范围] 本条例适用于本省行政辖区内的减少污染物排放及其监督管理工作。　　山西省行政所辖区域。

第四条　[原则] 减少污染物排放工作应当坚持统一管理、科学规范、预防为主的原则。　　谨慎预防、科学决策、统一监管

第五条　[适用对象] 向环境排放污染物的公民、法人和其他组织，应当依照国家环境保护法律、法规及本省有关减少污染物排放的规定，采取有效措施，减少污染物排放。　　自然人？

第六条　[监管机构] 县级以上人民政府环境保护行政主管部门是减少污染物排放工作的主管机关，对本行政区域的减少污染物排放工作实行统一监督管理。

县级以上人民政府其他相关行政主管部门，按照各自的职责，对减少污染物排放工作实施监督管理。

第七条 ［政府职责］县级以上人民政府应当加强对减少污染物排放工作的领导，实行减少污染物排放工作行政首长负责制，建立健全责任制，制定减少污染物排放工作目标和年度实施计划，并将减少污染物排放工作绩效作为对所属相关部门、下级人民政府负责人政绩以及国有企业负责人业绩考核的重要内容。

县级以上人民政府应当每年向同级人民代表大会或者其常务委员会报告减少污染物排放工作，自觉接受人大的监督。

第八条 ［资金保障］县级以上人民政府应当每年在财政预算中安排适当经费，用于保障减少污染物排放工作的开展，并建立多元的投融资机制，实施激励措施，引导社会资金用于减少污染物排放工作。

第九条 ［社会监督］县级以上人民政府环境保护行政主管部门应当定期在当地主要媒体上公布本行政区域内污染物排放情况，接受社会监督。要充分发挥新闻媒体的作用，强化舆论监督。

第十条 ［奖励措施］县级以上人民政府应当鼓励和支持排污单位减少污染物排放，对减少污染物排放成效显著或者做出突出贡献的单位和个人应当给予表彰奖励。

第二章 污染物排放总量控制

第十一条 ［总量控制］主要污染物排放实行总量控制制度。

本条例所称主要污染物，是指国家和本省确定的对环境影响较大，需要实施重点控制的污染物。

第十二条 ［指标分解］省人民政府应当根据区域经济社会发展水平、环境质量状况、实际排污情况和国家有关规定,制定全省主要污染物排放总量控制指标分解方案,下达到下一级人民政府。

设区的市和县（市、区）人民政府应当根据上一级人民政府下达的主要污染物排放总量控制指标,结合本区域的实际情况,制定减少主要污染物排放的工作计划和控制措施,将主要污染物排放总量控制指标分解落实到排污单位。

排污单位的主要污染物排放量不得超过主要污染物排放总量控制指标。

第十三条 ［减排措施］县级以上人民政府应当采取下列措施减少主要污染物的排放总量：

（一）严格执行国家和本省主要污染物排放标准；

（二）建设城镇污水集中处理、集中供热等工程；

（三）建设城镇固体废物、危险废物处理工程；

（四）组织和督促排污单位采用清洁生产工艺或者其他治理技术,对重点污染企业推行强制性清洁生产审核；

（五）在本辖区内划定禁止销售、使用国家规定的高污染燃料区域。

第十四条 ［总量限批］县级以上人民政府应当将超过主要污染物排放总量控制指标和需要重点加强生态环境保护的地区确定为环境保护重点监管区,并制定重点监管区的环境治理目标。

县级以上人民政府有关行政主管部门对未达到环境治理目标的重点监管区不予备案或者核准、审批其可能增加当地主要污染物排放总量的建设项目。

第十五条 〔淘汰限批〕对未完成淘汰落后产能任务的地区，县级以上人民政府有关行政主管部门不予备案或者核准、审批其可能增加当地主要污染物排放总量的建设项目。

第十六条 〔违法限批〕区域内环境违法问题突出、河流主要控制断面水质达不到国家和地方规定的减排标准的，暂停审批该区域新增污染物的建设项目。

第十七条 〔减排能力建设限批〕有下列情形之一的地区，环境保护行政主管部门不得审批该区域新增污染物的建设项目：

（一）城市污水处理设施建设严重滞后的；

（二）不落实收费政策的；

（三）污水处理厂建成后一年内实际处理水量达不到设计能力60％的；

（四）已建成污水处理设施但无故不运行的。

第十八条 〔总量削减平衡〕新建项目的主要污染物排放可能导致当地主要污染物排放总量增加的，设区的市或者县（市、区）人民政府可以采用削减现有排污单位主要污染物排放量等措施，确保本行政区域主要污染物排放总量不增加。

第十九条 〔企业限批〕排污企业有下列情形之一的，环境保护行政主管部门不得审批其新增污染物的建设项目：

（一）已投产项目未完成总量削减任务的；

（二）排放污染物超过国家和地方规定的污染物排放标准或者总量控制指标的；

（三）未完成本单位落后产能淘汰任务的；

（四）多次或长期存在环境违法行为的；

（五）拒不执行环境保护行政主管部门行政决定的。

<u>排污企业有上述情形之一的，取消评优、上市、融资资格，政府有关部门不得安排环保资金。</u>应当集中体现在法律责任一章中。

第三章 污染物排放监督管理

第二十条 ［排污许可证］排污单位应当依法向县级以上人民政府环境保护行政主管部门申请领取排污许可证，并按照排污许可证的规定排放污染物。

禁止排污单位无排污许可证排放污染物。

第二十一条 ［污染防治设施］排污单位应当确保污染物处理设施的正常运行。下列行为，属于污染物处理设施不正常运行的行为：

（一）将未经处理超过排放规定标准的污染物直接排入环境；

（二）擅自停止使用或者违反操作规程使用污染物处理设施排放污染物；

（三）污染物处理设施发生故障后，不及时排除故障，仍排放污染物；

（四）违反污染物处理工艺，排放污染物；

（五）私设暗管或者采取其他规避监管的方式排放水污染物；

（六）其他不正常使用污染物处理设施向环境排放污染物。

第二十二条 ［自动监测］重点排污单位应当

按照相关规定安装污染物排放自动监测设备,与环境保护行政主管部门的环境污染监控系统联网,保证污染物排放自动监测设备正常运行,出现故障时,排污单位应当立即向当地环境保护行政主管部门报告并及时修复。

县级以上人民政府环境保护行政主管部门应当定期检查排污单位的污染物排放自动监测设备的运行情况,并可以将所属的环境保护监控机构核实确认的自动监测数据作为执法的依据。

禁止擅自拆除、停运、毁损污染物排放自动监测设备。

第二十三条 [限期治理制度] 排污单位排放的污染物超过国家和本省规定的污染物排放标准或者主要污染物排放量控制指标的,由市级以上人民政府环境保护行政主管部门或县级人民政府依法作出限期治理决定。

限期治理期限最长不得超过一年。因不可抗力情形需要延长的除外。

做出限期治理决定的单位不得通过重复下达限期治理决定等方式,变相延长限期治理期限。

第二十四条 [企业限期治理] 排污单位在限期治理期间,应当采取限制生产、限制排放、停止生产等措施,使污染物的排放达到限期治理决定所规定的排放要求。

排污单位在限期治理期间不得新建、改建、扩建可能增加污染物排放的建设项目。

排污单位在限期治理期间应当制定治理计划,定期向环境保护行政主管部门报送治理情况;限期治理期满或者限期治理任务完成后,由环境保护行政主管部门对排污单位的治理效果进行检查验收。

第二十五条 〔清洁生产审核〕排污单位有下列情形之一的，县级以上人民政府环境保护行政主管部门应当将其作为必须实施清洁生产审核的排污单位实行动态管理，在当地主要媒体上公布。

（一）超过国家和本省规定的污染物排放标准的；

（二）超过当地人民政府核定的污染物排放总量的；

（三）生产中使用有毒、有害原料或者排放有毒、有害物质的；

（四）排放污染物严重影响环境质量的；

（五）未完成与政府有关部门签订的总量削减任务的。

被公布的排污单位必须向社会公布其污染物的排放和治理情况，减少污染物的排放量。

第二十六条 〔禁止规定〕禁止排污单位向环境或者城镇污水管网、垃圾站点等排放、倾倒毒害性、放射性、腐蚀性物质或者含有传染性病原体等危险废物。

第二十七条 〔禁止规定〕禁止在大中城市及其近郊，新建、扩建高耗能企业和除热电联产外的燃煤电厂。

第二十八条 〔高硫、高灰煤炭开采的规定〕限制高硫份、高灰分煤炭的开采。推行煤炭洗选加工，降低煤炭中硫分和灰分的含量。所采煤炭属于高硫分、高灰分的煤矿，必须同步建设配套的煤炭洗选设施，使煤炭中的硫分、灰分达到规定的标准。

第二十九条 ［清洁能源使用的推广］各级人民政府应当采取措施，控制城市燃煤用量，改进城市能源结构，推广天然气、液化石油气、电或者其他清洁能源的使用。

第三十条 ［城市集中供热的推广］城市建设应当统筹规划，统一解决热源，推行集中供热。

拆除集中供热管网覆盖范围内的分散燃煤采暖锅炉。

第三十一条 ［电厂脱硫、脱硝的有关规定］新建、扩建燃煤发电厂，必须同步配套建设脱硫、除尘设施，并对燃料燃烧过程中产生的氮氧化物采取低氮燃烧技术或建设脱硝控制设施。

鼓励燃煤电厂采用先进的脱硫、脱硝、除尘、除汞等多种污染物综合控制技术。

第三十二条 ［环境保险］积极推进高耗能、高污染行业，有毒有害化学品生产、危险废物处理等重污染排污单位参加环境污染责任保险。

第三十三条 ［社会化运营鼓励措施］各级政府应当支持和鼓励城镇污水、生活垃圾等集中处理设施和污染源自动监测设备的社会化运营。

第三十四条 ［超标排放的生态补偿］污染物排放总量超过控制指标的地区，造成相邻地区环境污染加剧或者环境功能下降的，应当向相邻地区支付生态补偿金。具体补偿办法由省人民政府制定。

第三十五条 ［因生态保护的生态补偿］为保护生态而禁止开发的区域应当得到因生态保护而受益地区支付的生态补偿金。具体补偿办法由省人民政府制定。

第三十六条 ［资源开发生态补偿］因开发资

源而受益的地区应当向因资源开发而造成生态破坏或者环境功能下降的相邻地区支付生态补偿金。具体补偿办法由省人民政府制定。

第四章 扬尘污染防治管理

第三十七条 〔概念界定〕本条例所称扬尘污染，是指泥地裸露，以及在房屋建设施工、道路与管线施工、房屋拆除、物料运输与堆放、道路保洁、植物栽种和养护等活动中产生粉尘颗粒物，对大气造成的污染。

第三十八条 〔扬尘污染防治总体方案和计划〕省级人民政府环境保护行政主管部门应当根据扬尘污染防治的需要，会同有关管理部门制定扬尘污染防治总体方案。

建设、市政、公安、交通、市容环卫、绿化等有关部门以及市、县人民政府环境保护行政主管部门应当根据扬尘污染防治总体方案，制定扬尘污染防治实施计划，采取有效措施，减少扬尘污染。

第三十九条 〔扬尘污染防治方案〕建设单位依法向环境保护行政主管部门提交的环境影响评价文件中，应当包括有可能产生扬尘污染建设项目的扬尘污染防治方案。

第四十条 〔扬尘污染防治责任〕建设单位应当将防治扬尘污染的费用列入工程概预算，并在与施工单位签订的施工承发包合同中明确施工单位防治扬尘污染的责任。施工单位应当制定具体的施工扬尘污染防治实施方案。

第四十一条 〔建设工程施工防尘要求〕建设

> 第四、五章关于扬尘和汽车排放的规定是山西省的创新，前边三章均与2009年5月生效的《河北省减少污染物排放条例》没有太多的区别。

工程施工应当符合下列扬尘污染防治要求：

（一）施工工地内堆放水泥、灰土、砂石等易产生扬尘污染物料的，应当在其周围设置不低于堆放物高度的封闭性围栏，并采取覆盖防尘网或者防尘布，配合定期喷洒粉尘抑制剂、洒水等措施；

（二）施工工地的地面、车行道路应当进行硬化等降尘处理；

（三）工程项目竣工后 30 日内，施工单位应当平整施工工地，并清除积土、堆物；

（四）不得使用空气压缩机来清理车辆、设备和物料的尘埃；运输车辆应当在除泥、冲洗干净后方可驶出作业场所；

（五）在进行产生大量泥浆的施工作业时，应当配备相应的泥浆池、泥浆沟，做到泥浆不外流，废浆应当采用密封式罐车外运；

（六）需使用混凝土的，应当使用预拌混凝土或者进行密闭搅拌并采取相应的扬尘防治措施，严禁现场露天搅拌；

（七）闲置 3 个月以上的施工工地，建设单位应当对其裸露泥地进行临时绿化或者铺装；

（八）在建筑物、构筑物上运送散装物料、建筑垃圾和渣土的，应当采用密闭的方式，禁止高空抛掷、扬撒；

（九）气象部门发布扬尘污染天气预警期间，应当停止土石方挖掘、爆破、房屋拆除等作业。

第四十二条 ［道路与管线施工防尘要求］道路与管线工程施工，除符合本条例第四十一条的规定外，还应当符合下列扬尘污染防治要求：

（一）施工机械在挖土、装土、堆土、路面切割、破碎等作业时，应当采取洒水、喷雾等措施；

（二）对已回填后的沟槽，应当采取洒水、覆盖等措施；

（三）使用风钻挖掘地面或者清扫施工现场时，应当向地面洒水。

第四十三条 ［房屋拆除防尘要求］拆除房屋或者其他建筑物、构筑物时，除符合本条例第四十一条的规定外，施工单位还应当对被拆除物进行洒水或者喷淋；但采取洒水或者喷淋措施可能导致危及施工安全的除外。

建筑垃圾在 48 小时内不能完成清运的，应当采取遮盖、洒水等防尘措施。

第四十四条 ［堆场、露天仓库的防尘要求］堆放易产生扬尘污染的物料的堆场和露天仓库，应当符合下列扬尘污染防治要求：

（一）堆场和露天仓库的地面应当进行硬化处理；

（二）采用混凝土围墙或者天棚的储库，库内应配备喷淋或者其他抑尘设施；

（三）采用密闭输送设备作业的，应当在装料、卸料处配备吸尘、喷淋等防尘设施，并保持防尘设施的正常使用。堆场露天装卸作业时，应当采取洒水等抑尘措施；

（四）临时性的废弃物堆场，应当设置围挡、防尘网等设施；长期存在的废弃物堆场，应当构筑围墙或者在废弃物堆场表面种植植物；

（五）划分料区和道路界限，及时清除散落的物料，保持道路整洁，并及时清洗。

现有堆放易产生扬尘污染的物料的堆场和露天

仓库不符合前款规定要求的,应当在本条例实施之日起6个月内,按规定改造完毕。

本条例所称易产生扬尘污染的物料,是指煤炭、砂石、灰土、灰浆、灰膏、建筑垃圾、工程渣土等易产生粉尘颗粒物的物料。

第四十五条 ［采石取土场作业防尘要求］采石取土场作业,除符合本条例第四十一条第（二）、（四）、（九）项的规定外,还应当符合下列扬尘污染防治要求：

（一）废石、废渣、剥离的泥土应当堆放到专门存放地,并采用围挡、防尘网等措施；

（二）对于可能遭破坏的植被、生态环境要做到边开采、边恢复。

第四十六条 ［物料运输防尘要求］运输单位和个人,运输易产生扬尘污染物料的车辆应当符合下列防尘要求：

（一）采用密闭化车辆运输；

（二）在运输物料途中不得泄漏、散落。

运输建筑垃圾、工程渣土的车辆不符合密闭化运输要求的,市容环卫管理部门不予发放《建筑垃圾、工程渣土处置证》。

第四十七条 ［道路保洁防尘要求］环境卫生清扫保洁单位应当按规定对城市道路、人行天桥、人行隧道、公共广场等进行清扫保洁,防止扬尘污染。

市容环卫管理部门、市政管理部门应当将道路保洁过程中扬尘污染防治要求,纳入保洁作业技术规范。

第四十八条 ［绿化和养护作业的防尘要求］

进行绿化和养护作业应当符合下列防尘要求：

（一）气象部门发布扬尘污染天气预警期间，应当停止平整土地、换土、原土过筛等作业；

（二）栽植行道树，所挖树穴在48小时内不能栽植的，对树穴和栽种土应当采取覆盖等扬尘污染防治措施。行道树栽植后，应当当天完成余土及其他物料清运，不能完成清运的，应当进行遮盖；

（三）3000平方米以上的成片绿化建设作业，在绿化用地周围设置不低于1.8米的硬质密闭围挡，在施工工地内设置车辆清洗设施以及配套的排水、泥浆沉淀设施。运输车辆应当在除泥、冲洗干净后方可驶出施工工地。

第四十九条 ［加强城市绿化］城建和园林绿化管理部门应加强城市环境绿化和绿化隔离带建设，大力推进城郊绿化工作，扩大市区绿化和铺装地面面积，防止自然沙尘。

第五十条 ［监督检查］各级环境保护行政主管部门应当加强扬尘污染防治的监督管理，其他有关管理部门应当加强对扬尘污染场所、设施的监督检查。对综合性的扬尘污染防治工作，各级环境保护行政主管部门可以组织相关管理部门实施联合执法检查。

被检查的单位或者个人应当如实反映情况，提供与检查内容有关的资料，不得隐瞒，不得拒绝和阻挠有关管理人员的监督检查。

第五十一条 ［社会公布］有关单位或者个人不按照本条例的规定采取有效防尘措施的，环境保护行政主管部门可以定期向社会公布违法名单。

第五十二条 ［投诉和举报］各级环境保护行

政主管部门和有关管理部门应当设立举报电话,接受公众对扬尘污染的举报和投诉。受理扬尘污染的举报和投诉后,环境保护行政主管部门和有关管理部门应当及时赶赴现场检查,并将处理结果告知举报人或者投诉人。对查证属实的,环境保护行政主管部门和有关管理部门应当给予举报人或者投诉人奖励。

第五章 机动车排气污染防治管理

第五十三条 [概念界定] 本条例所称机动车排气污染,是指由排气管、曲轴箱和燃烧系统蒸发排放的污染物所造成的污染。

第五十四条 [政府责任] 市、县人民政府应将机动车排气污染防治纳入当地环境保护规划,并从城市规划、建设、管理等方面采取综合措施,扶持发展公共交通,改善道路状况,控制机动车排气污染总量。

第五十五条 [鼓励使用清洁能源和环保车型] 禁止销售不符合国家规定标准的车用燃油及清洁剂。鼓励和推广使用低污染环保车型,鼓励使用清洁能源和优质车用燃油。

第五十六条 [不得销售非环保车型的机动车] 任何单位和个人不得生产、销售和进口超过国家机动车生产污染物排放标准、未列入国家环保达标车型名录的机动车。

在用机动车排气污染物超过国家规定排放标准的,不得上路行驶。

第五十七条 [机动车定检及环保检验合格标

志的规定]在用机动车应当进行排气污染定期检测。列入在用机动车高排放车型目录的在用机动车、城市公交及道路客运机动车应当每六个月进行一次排气污染检测,其他在用机动车应当每年进行一次排气污染检测。

检测合格的,由检测机构发放相应的机动车环保分类标志;检测不合格的,公安机关交通管理部门不予办理车辆年度检验、车辆所有权转移登记手续。

第五十八条 [机动车环保检验合格标志的管理]机动车环保分类标志由省环境保护行政管理部门统一制作,禁止伪造、转借、涂改机动车环保检验合格标志。不得使用过期的机动车环保检验合格标志。

第五十九条 [机动车抽检规定]公安机关交通管理部门应当会同环境保护行政主管部门对行驶或者停放的机动车排气污染状况进行抽检,驾驶员应当予以配合。抽检不得收取费用,不得妨碍交通的安全和畅通。检测人员应当向机动车的驾驶人明示检测结果。

再加一款:"检测合格的,现场发放相应的机动车环保分类标志(这样可以随机提高政府行政效率,减轻定期检测站的负担);检测不合格的,由公安机关交通管理部门责令当事车辆限期进行复检。"

对在用机动车排气污染抽检可以采用红紫外线遥感自动检测、自动识别或者拍摄数字影像等方法。

在道路上行驶的排放黑烟或者其他明显可见污染物的机动车由公安机关交通管理部门进行查处。

第六十条 [对排气不合格机动车的规定]抽检、路检或者定期检测不合格的机动车应当进行排气污染防治强制维修和复检。

对经维修或者改造后排气污染仍不符合规定标

准的机动车，公安机关交通管理部门应当依据国家机动车强制报废有关规定，对其予以强制报废。

县级以上人民政府可以根据机动车排气污染防治需要，制定鼓励政策，鼓励在用机动车的所有人对高排放的在用机动车提前报废，更换低排放机动车。

第六十一条 ［从事机动车定检业务单位遵守规定］从事机动车排气污染定期检测的单位，应当取得省环境保护行政主管部门的委托和质量技术监督部门的资质认定，并遵守下列规定：

（一）按照国家规定的排气污染检测方法、技术规范和排放标准进行检测，出具客观真实的检测报告；

（二）检测使用的仪器、设备，应当按规定经法定计量检定机构周期检定合格；

（三）建立检测数据传送网络和检测档案；

（四）按照物价部门规定的标准收取检测费用；

（五）不得从事机动车排气污染维修治理业务；

（六）法律、法规规定的其他事项。

第六十二条 ［机动车排气维修企业规定］从事机动车排气污染防治维修业务的企业，应当具备相应的资质，并遵守下列规定：

（一）配备有符合规定标准的排气污染治理测试设备及具有排气污染维修治理技术的人员；

（二）排气污染防治使用的测量仪器，应当经质量技术监督行政管理部门检测合格，并按规定向质量技术监督行政管理部门申请周期检定；

（三）严格按照大气污染防治的要求和有关技术规范进行维修，使维修后的机动车排气污染稳定

达到规定的标准,并提供相应的维修服务质量保证;

(四)实行维修服务承诺和竣工出厂质量保证期制度;

(五)建立完整的维修档案,对机动车号牌、维修项目及维修情况进行详细记录;

(六)法律、法规规定的其他事项。

第六十三条 [公众监督]县级以上环境保护行政主管部门应当会同公安、交通、质监、物价等部门定期发布承担机动车排气检测的单位名单,以及机动车排气污染定期检测、抽检信息,方便公众查询,接受公众监督。

第六十四条 [监督管理]环境保护行政主管部门负责对机动车排气污染定期检测单位的监督管理。

交通运输管理部门负责对从事机动车排气污染维修治理单位的监督管理。

第六章 法律责任

第六十五条 违反本条例,排污单位未取得排污许可证排污的,由县级以上人民政府环境保护行政主管部门责令停止排污,处 2 万元以上 10 万元以下罚款;情节严重的,处 10 万元以上 20 万元以下罚款。

第六十六条 违反本条例,排污单位未按照规定安装污染物排放自动监测设备、未与环境保护行政主管部门的监控设备联网、监测设备未正常运行或者擅自拆除、损坏自动监测设备的,由县级以上人民政府环境保护行政主管部门责令限期改正；逾期不改正的，处1万元以上10万元以下罚款。

第六十七条 违反本条例，排污单位不正常使用污染物处理设施的，由县级以上人民政府环境保护行政主管部门责令限期改正，处应缴纳排污费数额1倍以上3倍以下罚款。应缴纳排污费数额不足1万元的，处1万元以上5万元以下罚款。

第六十八条 违反本条例，排污单位排放的污染物超过国家和本省规定的污染物排放标准或者主要污染物排放量控制指标的，由县级以上人民政府环境保护行政主管部门按照权限责令限期治理，处应缴纳排污费数额2倍以上5倍以下罚款。应缴纳排污费数额不足1万元的，处1万元以上5万元以下罚款。

限期治理的期限不超过一年，逾期未完成治理任务的，由作出限期治理决定的县级以上人民政府环境保护行政主管部门，报经县级以上人民政府批准，责令停产或者关闭，并予以公告。

第六十九条 违反本条例，排污单位未按照国家和本省的规定淘汰落后工艺、技术、设备和生产能力的，由县级以上人民政府责令限期淘汰或者拆除；逾期未淘汰或者未拆除的，由县级以上人民政府责令停止生产或者关闭。

第七十条 违反本条例，排污单位排放污染物造成环境严重污染的，由县级以上人民政府环境保护行政主管部门责令限期采取治理措施，消除污染，并处应缴纳排污费数额2倍以上5倍以下罚款。应缴纳排污费数额不足10万元的，处10万元以上50万元以下罚款。

排污单位不按照要求采取治理措施或者不具备治理能力的，由县级以上人民政府环境保护行政主管部门指定有治理能力的单位代为治理，所需费用由排污单位承担。

第七十一条　违反本条例，排污单位向环境或者城镇污水管网、垃圾站点等排放、倾倒毒害性、放射性、腐蚀性物质或者含有传染性病原体等危险废物的，处以1万元以上5万元以下罚款。

第七十二条　违反本条例，施工单位在房屋建设施工、道路管线施工、房屋拆除中未采取有效防尘措施的，由建设行政主管部门责令限期改正，并可处以1000元以上1万元以下的罚款；对造成严重扬尘污染的，处以1万元以上2万元以下的罚款。施工单位拒不改正的，建设行政主管部门可以责令其停工整顿。

第七十三条　违反本条例，施工单位扬尘污染防治方案不按规定进行备案或者公布的，由建设行政主管部门责令限期改正，并可处以1000元以上1万元以下的罚款。

第七十四条　违反本条例，物料运输不符合扬尘污染防治规定的，由公安交通管理部门按照有关法律、法规和规章的规定处理。

第七十五条　违反本条例，堆场、露天仓库不符合扬尘污染防治规定的，由县级以上环境保护行政主管部门责令限期改正，拒不改正的，处以1000元以上1万元以下的罚款；对造成严重扬尘污染的，处以1万元以上2万元以下的罚款。

第七十六条　违反本条例，道路保洁作业不符合扬尘污染防治规定的，由市容环境卫生管理部门或者市政管理部门按照职责分工责令改正，并可处以 300 元以上 3000 元以下的罚款。

第七十七条　违反本条例，植物栽种和养护作业不符合扬尘污染防治规定的，由绿化行政管理部门责令改正，并可处以 500 元以上 5000 元以下的罚款。拒不改正的，由绿化行政管理部门责令停工整顿。

第七十八条　违反本条例，有关单位对其范围内的裸露泥地不进行绿化或者铺装的，由县级以上环境保护行政主管部门责令限期改正，拒不改正的，由县级以上环境保护行政主管部门组织代为绿化或者铺装，所需费用由违法行为人承担，并可处以 1000 元以上 2 万元以下的罚款。

第七十九条　违反本条例，生产、销售或者进口超过国家规定污染物排放标准的机动车的，由依法行使监督管理权的部门责令停止违法行为，没收违法所得，并处违反所得 1 倍以上 3 倍以下罚款。

第八十条　违反本条例，销售不符合规定标准车用燃油及清洁剂的，由质量技术监督行政管理、工商行政管理部门依照有关法律、法规的规定进行处罚。

第八十一条　违反本条例，不对机动车进行排气污染防治维护的，公安机关交通管理部门可以暂扣机动车，责令进行强制维护，并按机动车每台处以 2000 元罚款，强制维护费用由机动车所有者承担。

第八十二条　违反本条例，未进行排气污染定期检测或者定期检测不合格的机动车上路行驶的，由公安机关交通管理部门按机动车每台处以 500 元

此项规定不具有可操作性，前后矛盾。机动车既然已经被暂扣，车主如何还能对车辆进行维护？如果说按后半句话理解，由公安机关交通管理部门代车主将所扣车辆送去强制维护，则给公安交管部门平添负担，更加剧了交管部门警力不足的问题。

罚款。

第八十三条 违反本条例,在用机动车在停放地经排气污染检测不合格的,由县级以上环境保护行政主管部门责令限期维修,并按机动车每台处以 500 元罚款。

> 该处罚设置不合理(相比前条畸重),因为该车并未实际造成污染,立法者无非是想平衡一下公安和环保部门间的利益,使二者利益均沾,未能体现人文关怀和处罚的公平公正,建议改为:"责令限期维修并进行复检,逾期未进行复检或者复检不合格的机动车上路行使的,按机动车每台处以 500 元罚款。

第八十四条 违反本条例,在道路上行驶的机动车排气污染超标、排放黑烟或者其他明显可见污染物的,公安机关交通管理部门可以暂扣机动车或者行驶证,责令限期维修,并按机动车每台处以 500 元罚款。

第八十五条 违反本条例,未取得省级环境保护行政主管部门委托而从事机动车排气污染定期检测业务的,由省级环境保护行政主管部门责令改正,没收违法所得,并处以 3 万元以上 5 万元以下罚款。

第八十六条 违反本条例,在机动车排气污染检测中弄虚作假的,由县级以上环境保护行政主管部门责令限期改正,并处以 1 万元以上 5 万元以下罚款;情节严重的,解除委托检测关系。

第八十七条 国家机关及其工作人员有下列行为之一的,由其上级主管部门或者监察机关责令改正;情节严重的,对直接负责的主管人员和其他责任人员给予行政处分;构成犯罪的,依法追究刑事责任:

(一)不履行减少污染物排放工作的领导职责或者履行职责不力,造成严重后果的;

(二)不按照规定发放、变更、吊销排污许可证的;

(三)对造成严重污染的排污单位不制止、不责令限期治理的；

（四）对应当受理的举报不受理，对已受理的举报不调查、不处理的；

（五）不依法履行监督检查职责，造成严重后果的；

（六）弄虚作假、玩忽职守、徇私舞弊的。

> 此条和下一条存在一个共同问题：即没有明确做出处罚的主体是哪一级、哪一类国家行政机关。

第八十八条 排污单位造成一般或者较大污染事故的，按照污染事故造成的直接损失的百分之二十计算罚款；造成重大或者特大污染事故的，按照污染事故造成的直接损失的百分之三十计算罚款，并可报经有批准权的人民政府批准，责令关闭。

前款规定的处罚，法律另有规定的，从其规定。

> 同上

第八十九条 排污单位违反本条例规定的，对其主要负责人及直接负责的主管人员，可以处上一年度从本单位取得收入的百分之二十以上百分之五十以下罚款。

由国家行政机关任命的国有企业、事业单位主要负责人及直接负责的主管人员和其他直接责任人员违反本条例规定的，由任命机关或者监察机关给予警告或者记过、记大过处分；情节较重的，给予降级或者撤职处分；情节严重的，给予开除处分。

第九十条 违反本条例规定，构成违反治安管理行为的，依法给予治安管理处罚；构成犯罪的，依法追究刑事责任。

第七章　附　则

第九十一条 本条例自　年　月　日起施行。

此立法稿存在的问题：

1. 第三十五条生态保护补偿、第三十六条资源开发补偿，均与减少污染物排放没有直接关系，可以不列。

2. 通篇没有一条提到"噪声污染排放"的问题，然而这个问题在我省还是比较突出的。

3. 条例的架构逻辑性不强（第一章总则，第二章污染物排放总量控制，第三章污染物排放监督管理，第四章扬尘污染防治管理，第五章机动车排气染污防治管理，第六章法律责任，第七章附则），一、六、七章没有问题，比较标准，但中间的二、三、四、五章逻辑关系较为混乱。二章和三章是并列关系，四章和五章其实是第三章的突出问题的具体化而已，并非并列关系（所以河北省的该条例就没有单独列出四、五章，而是把这些内容涵盖在第三章里）。所以不如按照环境要素的存在形态分章进行规范，第一、二章不变，第三章有形（固体和液体）污染物排放监督管理，第四章无形（气体和噪声）污染物排放监督管理，第五章法律责任，第六章附则。

附录3：

《山西省排放污染物许可证管理办法》
（修订草案）专家论证意见

山西大学法学院　张钧

2009年3月24日

一、此稿优势

（一）动手早，理念还算领先。

我国环境保护部 2008 年（当时还是环境保护总局）就对《排污许可证管理条例》征求意见了，但至今没有发布普遍适用于全国及所有排污单位的统一的排污许可立法，而我省现在已经是在修改 2004 年的办法了，可见我们的领先。

（二）结构不错，尤其是第二章突出强调总量核定制度是亮点。

排污许可证制度核心就是贯彻污染物总量控制的理念，我国的总量控制制度呈现出由目标总量控制向容量总量控制过渡的趋势，此稿规定了排污权交易制度是亮点中的亮点。

二、此稿不足

（一）内容不够完善，只规定了大气和水污染物排放许可证管理，未涉及噪声、固体废物、电磁辐射污染等方面，似显不足。

（二）第三条规定多余，可以删除。因为此条规定过于空泛，且与二、四条重复，有第二条和第四条具体规定足矣。环境保护部的《排污许可证管理条例（征求意见稿）》中就没有此条。即使一定要保留，也必须将"实行许可证制度"修改为"实行许可制度"，才更准确。

（三）第四条第二款有语病，就改为"<u>禁止排污单位无排污许可证排放污染物</u>"。

（四）第六条和第七条都存在用词前后不统一的问题，应将第六条的"排放污染物许可证"和第七条的"排放许可证"统一称谓为"排污许可证"，才能保持与前后文一致，体现法律条文的严肃性和法律用语的严谨性。

（五）第七条规定不规范，缺少依据，没有科学性。不应该将"排污许可证的核发权限"与"环评文件审批权限"硬关联，一是环评审批权的客体仅限建设项目，所以导致环保行政部门受理建设项目之外的排污单位申领排污许可证行为没有了执法依据；二是法律条文的规定应当明确易理解，不能图省事，让当事人在执法或守法过程中再去查找另外的概念。

（六）第八条如能加上奖励条款，则更有环境法的共性。建议改为："政府鼓励单位或者个人对违反本办法的行为进行举报，反映的情况，经查证属实后，应当给予奖励，同时对在查处违法行为过程中做出显著成绩的单位和个人给予表彰或奖励。"

（七）第九条有语病，建设在"排污单位"之前加上"对"字，语句就通顺了。另外，是否能注意将主要污染物列举全面。

（八）第十一条规定是否有依据，如果没有上位法的授权，最好不要随意设定行政相对人的义务，切忌通过立法无端加重相对人负担①。此条所言的立法依据《中华人民共和国水污染防治法》第十八条只说在总量超标的地区不批准环评文件（这是行政机关的义务），而并未涉及排污单位申请污染物排放总量指标的问题（不是相对人的义务）。

（九）第十三条规定不严谨，法条指示性不明，究竟是否为强行性条款不清楚。建议将"排污单位采取"改为"政府鼓励排污单位采取"或者"排污单位应当采取"，以表明立法意图。如果是"应当"，则还需要在该办法最后的法律责任一章中增加相应的责任条款。

（十）第十八条文字错误。应改为"符合<u>本办法</u>第<u>十五</u>条、第<u>十六</u>条规定的，……不符合本办法第十五条、第十六条规定的，不予受理，并一次性告知<u>申请人需要补充的全部材料</u>。

（十一）第十九条文字错误。建设改为"自受理……<u>申请之日起</u>……

---

① 可以在上位法设定的行政许可事项范围内，对实施该行政许可做出具体规定。法规、规章对实施上位法设定的行政许可做出的具体规定，不得增设行政许可；对行政许可条件做出的具体规定，不得增设违反上位法的其他条件。

不予核发排污许可证的……"。

（十二）第二十条第（四）项，改为"未按规定安装……和未将仪器联网的"，就没有歧义了。

（十三）第二十一条"依法进行复核"不准确，建议改为"依程序及时进行复核"。

（十四）第二十二条和二十五条的书名号应当去掉。二十五条语病，应改为"核发排污许可证的环境保护行政主管部门"。

（十五）第二十四条语句不够准确精练。建议改为"排污单位变更名称或者法定代表人的，应当在工商登记变更之日起 15 日内……"。

（十六）第二十七条第（五）项的规定不严密，是只要一发生排污权交易就需要重新申领许可证呢，还是到期之后才重领呢？

（十七）第三十一条后半句话没有实际意义，建议删除。如果一定要保留，则必须修改语病。改为"并按照本办法规定的权限查处违法排污行为"即可。

（十八）法律责任条款的设置应当与前边的义务条款设定一一对应，不能留有漏洞。例如：

第三十七条应在第（一）、（二）项之后增加第（三）项"排污许可证期满不予延续仍排放污染物的"和第（四）项"排污许可证年检不合格仍排放污染物的"。

第三十九条前半句应改为"违反本办法第二十四条、二十五条、二十七条、二十八条之规定"……

（十九）关于三十七条、三十八条、三十九条法律责任设定的处罚力度问题，是否偏小？

在许多地方，排污许可证制度事实上处于"名存实亡"的境地，执法机构对许可证的实施情况缺乏经常有效的监督，无证排污和超证排污的现象未能及时纠正，对违法行为不予处罚，或处罚太轻，排污许可证对许可证持有者的约束力不强，这进一步削弱了许可证的权威性。

逐步建立企业披露环境信息的制度，除了鼓励企业自愿向社会披露排污信息外,还应明确在特定情况下对其提出强制披露环境信息的要求①。

从长远来看,应完善听证制度。听证制度是公众参与的主要方式。2003年8月23日颁布的《中华人民共和国行政许可法》第四章规定了听证制度。

---

① 国家环保总局于2003年11月发布了一个《关于企业环境信息公开的公告》,要求各省、自治区、直辖市环保部门按照《清洁生产促进法》的规定,在当地主要媒体上定期公布超标准排放污染物或者超过污染物排放总量规定限额的污染严重企业名单;列入名单的企业,应当按照本公告要求,于2003年10月底以前公布2003年上半年的环境信息,2004年开始在每年3月31日以前公布上一年的环境信息。

附录4：

《山西省主要水污染物初始排污权分配指导意见》修改建议

山西大学法学院　张钧

一、总则

（一）为规范山西省主要水污染物（化学需氧量、氨氮）排污权有偿使用与交易行为，保障排污权有偿使用与交易依法有序进行，为控制全省主要水污染物排放总量，防治水环境污染，促进经济、社会和环境可持续发展，根据财政部、环保部《关于同意山西省开展主要污染物排污权有偿使用和交易试点的复函》（财建〔2010〕19号）、《山西省人民政府关于在全省开展排污权有偿使用和交易工作的指导意见》（晋政发〔2009〕39号）和山西省人民政府签订的《"十二五"水污染物总量削减目标责任书》的要求，制定本指导意见。

> 与前半句语义重复，且不符合环境立法一般指导思想，建议删除。

> 要注意本文件的法律地位，如果是地方政府规章一级的法律文件，则不可以此类文件为效力依据。

（二）本指导意见适用于山西省环境保护厅对省辖区内排污单位分配化学需氧量、氨氮初始排污权。本指导意见所称排污单位，是指直接或间接向环境排放水污染物的企事业单位或其他工业污水集中处理设施等。

> 此段对文件所涉及概念的界定，与下一条类似，放在一起为宜。另，排污单位是否仅限于此处界定的"……企事业单位或…设施"，如果有其他可能应当列全。

（三）本指导意见所称主要污染物排污权（以下简称"排污权"），是指排污单位向环境直接或间接排放主要污染物的权利，即对环境容量资源的使用权。排污单位的排污权以排污许可证的形式确认。

二、排污单位初始排污权分配

（四）分配排污单位的化学需氧量、氨氮初始排污权时，坚持公平合理、技术可行和绩效提高的原则，在达到国家或地方污染物排放标准的基础上，以具有较好的生产工艺、治理技术和管理水平的排污单位为基准分配初始排污权。

（五）排污单位化学需氧量、氨氮初始排污权采用定额达标法予以分配，按照现有的国家行业污染物排放标准中规定的排污定额为依据确定排污权指标。在优先考虑生活污水的基础上，对工业企业分配初始排污权（不考虑农业面源的污染影响）。

工业企业化学需氧量、氨氮初始排污权的计算方法如下：

①工业企业有行业排水定额时，以企业的产品数量、排水定额、废水排放浓度核算初始排污权指标：

$$M_i = A_i \times B_i \times C_i$$

式中：M_i——第 i 个工业污染源在定额排放情况下的初始排污权指标；

A_i——第 i 个工业污染源环评批复的生产规模；

B_i——第 i 个工业污染源所属行业单位产品最高排水定额；

C_i——第 i 个工业污染源废水执行排放浓度，其中纳管排污单位按所接纳的集中式污水处理厂执行排放标准计算。

②当工业企业行业标准无排水定额、有行业污染物排放定额时，以企业的产品数量和污染物排放定额核算初始排污权指标：

$$M_i = A_i \times D_i$$

不必须，可删除，留下反而容易产生歧义。

"较好"的标准如何确定，是否应当明确。比如说："同类行业排名前 30% 的排污单位的平均值"为基准核定该区域环境容量的总资源量，并参照此类单位排污量分配初始排污权。

此句话意思表达不到位。建议将生活污水排放、工业企业排污、农业面源污染三者的关系单列一条进行充分说明。

式中：D_i—第i个工业污染源单位产品排放污染物的限值。

③工业企业既无排水定额也无污染物排放定额时，以企业的污染物产生量、行业平均污染物去除效率核算初始排污权指标：

$$M_i = E_i \times q$$

式中：E_i—第i个工业污染源污染物产生量，采用2010年全省污染物普查数据；

q—第i个工业污染源所属行业污染物平均去除效率。

（六）无相应定额达标排放标准的排污单位，其化学需氧量、氨氮初始排污权指标主要以环评批复允许排污量为主，参考原排污许可证排污量，"三同时"竣工验收监测报告结合生产负荷确定的排污量和满负荷生产情况下的实际排污量进行核定。

环评批复和经批复的环境影响评价报告没有确定允许排放量的，其化学需氧量、氨氮初始排污权指标以满负荷生产情况下的实际排污量为主，参考企业现有排污量和行业污染物平均治理水平进行核定。

（七）按定额达标法分配的各排污单位总量指标之和超过上一级政府下达的工业总量控制指标时，根据区域总体削减水平，以区域内排放水污染的重点排污单位（包括重点工业企业和其他工业污水集中处理设施）排放定额为基础，按等比例分配方法重新分配其初始排污权；其他工业企业则按定额达标排放量进行分配。等比例分配方法计算公式如下：

$$W_i = \frac{M_i}{\sum_{i=1}^{n} M_i} \times W$$

式中：W_i—第 i 个排污单位化学需氧量总量指标；

W—已确定的地方工业总量控制指标。

（八）废水排入城市污水处理设施或其他工业污水集中处理设施的排污单位，对其分配的化学需氧量排放量不计入区域总量控制指标中。

（九）新建、扩建和改建项目的化学需氧量、氨氮初始排污权，应从省排污权交易中心经排污权交易取得；已经审批的新建、扩建和改建项目，按照环境影响评价文件和区域污染总体削减要求及本指导意见方法核定化学需氧量、氨氮初始排污权。

（十）为兼顾我省经济发展的需要，提高政府部门产业结构调整力量，方便政府直接为未来低污染行业、尤其是新兴的行业提供排污权，将预留一部分总量指标作为建设项目的发展用量或调节指标备用。 应当明确其百分比。

（十一）对依法被责令限期整改、停产治理的，或不按规定利用城市污水处理设施或其他工业污水集中处理设施的排污单位，环境保护部门将暂缓分配初始排污权给具体的排污单位。 将暂停对其初始排污权的分配。

（十二）分配给企业的初始排污权长期有效。排污单位对其获得的初始排污权具有使用权和处置权，既可用于自身生产需要，也可通过排污权交易的方式出让。

科学么？还是规定一定时间为宜，如一年或几年。因为排污单位的技术水平、生产工艺和流程、国家和地方标准、总量核定等诸多情况都在不断变化，不宜"长期有效"。

"使用、处分和收益的权利"

（十三）山西省环境保护厅结合国民经济发展规划和主要污染物总量控制政策，对排污单位主要污染物初始排污权每五年进行一次重新核定，并向

"市场"

"根据"

社会公示。通过有偿方式取得排污指标的建设项目参与下一个五年规划期排污权的核定。已关停或关闭的企业不参加下个五年规划期排污权核定。

另：全文只有"总则"和"排污权初始分配"两个部分，无论从结构上还是从内容上均显得不够完整和成熟。建议分六个部分：总则、（水环境区域）排污总量核定、排污权初始分配、排污权再分配、排污权交易监管、公众监督与奖励。

附录5：

《山西省气候资源条例》修改建议
山西大学法学院　张钧

第一章　总　则

第一条　〔立法目的和依据〕为了加强气候资源管理，规范开发利用行为，保护气候资源，适应和减缓气候变化，促进经济和社会及气候资源可持续发展，根据《中华人民共和国气象法》等有关法律法规，结合本省实际，制定本条例。

建议修改为："为了保护和改善气候资源，规范气候资源的开发利用，应对气候变化，促进社会经济可持续发展，根据《中华人民共和国气象法》、《中华人民共和国环境影响评价法》等有关法律法规，结合本省气候资源的特点，制定本条例。"

第二条　〔适用范围〕在本省行政区域内从事气候资源开发利用和保护等活动，应当遵守本条例。

第三条　〔基本原则〕气候资源开发利用和保护应当遵循自然规律，坚持统筹规划、科学开发、合理利用、趋利避害的原则。

第四条　〔政府职责〕县级以上人民政府应当加强气候资源管理工作的领导和协调，将其纳入同级国民经济和社会发展规划，所需经费列入本级财政预算。

第五条　〔部门职责〕省气象主管机构负责全省气候资源监测、预测、评价及气候资源开发利用和保护工作。地方各级气象主管机构在上级气象主管机构和本级人民政府的领导下，负责本行政区域内的气候资源监测、预测、评价及气候资源开发利用和保护工作。

省人民政府其他有关部门应当按照职责分工，共同做好气候资源管理的相关工作。

第六条 ［标准规范］从事气候资源开发利用和保护活动，应当遵守国家和省制定的<u>标准、规范和规程</u>。

> 能否再说详细一些？

第七条 ［鼓励政策］县级以上人民政府应当鼓励公民、法人和其他组织参与气候资源开发利用和保护活动，支持相关科学研究和技术推广。

县级以上人民政府对气候资源开发利用和保护工作中取得显著成绩的组织和个人给予奖励。

第八条 ［科学研究］省气象主管机构应当加强对气候资源基础理论、评估模型和气候资源敏感行业、敏感区域的研究。

省科技主管部门应当加强对气候资源科研项目的支持，促进气候探测和保护领域的自主创新与科技进步。

第九条 ［涉外管理］外国组织和个人在本省区域从事气候资源开发利用和保护活动，应当<u>按照国家有关规定</u>执行。

> 涉外事宜事关保密，应当再明确一下，并且严格审批程序和行动范围。例如增加"必须报请省气象主管机构批准，在某个一定的范围内进行"等限制性条件。

第二章　气候资源监测

第十条 ［气候资源监测审批］省级气象主管机构负责全省气候资源监测工作的管理。从事气候资源监测的组织或者个人进行气候资源监测的，<u>应当报经省气象主管机构批准。</u>

第十一条 ［气候资源监测规划］县级以上人民政府应当依据本行政区域气候资源特点，根据本区域开发利用、保护和应对气候变化的需求，强化

> 此条讲的是监测工作的基础（软硬件）建设，而非监测规划。文题不符。

气候资源监测基础设施建设，建立和完善气候资源监测站网和信息平台，提高气候资源监测能力。

第十二条 ［气候资源监测站网的建设］建设气候资源监测站，应严格遵守国务院气象主管机构制定的建站规定；监测站的地理信息等基本数据应报省级气象主管机构备案。

第十三条 ［气候资源监测及设备审核］气候资源监测及资料的收集、审核、处理应遵循国务院气象主管机构有关监测规范；气候资源监测及资料传输，应当使用经国务院气象主管机构认定的专用技术装备，并按规定由有资质的单位进行检测。

第十四条 ［监测资料共享和汇交］气候资源监测资料实行统一汇交、管理制度。

从事气候资源监测的组织和个人，应当按照国家有关规定向当地气象主管机构汇交有关气候资源监测资料。

省级气象主管机构应会同有关部门建立气候资源监测资料汇交和共享机制，制定汇交资料的管理办法，实现气候资源监测资料共享，最大限度地提高其使用价值。

第十五条 ［监测资料的安全与保密］气候资源监测、气候资料传输以及储存中，涉及国家安全和秘密的，应当依照《中华人民共和国保守国家秘密法》和国家有关规定执行。

第十六条 ［监测资料使用］从事气候资源开发利用和保护活动，应当使用气象主管机构提供的或者经其质量审核的气候资料。

第十七条 ［气候和气候资源公报发布］省级气象主管机构应当向本级政府和有关部门提供该区

域监测到的气候变化事实分析；会同有关部门组织开展气候变化对生态环境和经济社会发展的影响评估，为政府决策提供技术支持。

县级以上气象主管机构应当组织收集、分析气候信息，开展气候预测，为所在区域政府和有关部门提供决策所需的服务，统一向社会发布区域气候公报。

其他单位和个人不得向社会发布气候资源公报和气候预测。

第三章 气候资源区划与规划

第十八条 ［综合调查］县级以上人民政府应当组织气象等有关部门对本行政区域内的太阳辐射、热量、云水、风和大气成分等气候资源进行综合调查，建立气候资源数据库，为科学合理开发利用和保护气候资源提供依据。

第十九条 ［气候资源评价和区划］县级以上气象主管机构应当在省级气象主管机构的指导下，会同有关部门，根据当地经济和社会发展需要，依据气候资源综合调查结果，进行本行政区域内气候资源的评价和区划工作。

气候资源评价和区划结果应当作为应对气候变化工作决策和制定、调整经济发展规划、行业规划、气候资源开发利用和保护规划的依据。

第二十条 ［规划制定］县级以上人民政府应当根据国民经济和社会发展规划及本行政区域气候资源的评价和区划成果，组织有关部门编制气候资源开发利用和保护规划，并组织实施。

此两条逻辑顺序不对，应当互换一下。

第二十一条 ［规划内容］气候资源开发利用和保护规划应当包括以下内容：

（一）规划编制的背景、现状；

（二）指导思想、原则和目标；

（三）气候资源的特点及其分析评价；

（四）气候资源开发利用的方向、保护的重点；

（五）气候资源开发利用的工程、项目；

（六）实施上述工程、项目对气候环境可能造成影响的分析；

（七）气候资源可持续利用的保障措施；

（八）其他应当列入规划的内容。

第二十二条 ［气象专篇］下列规划和项目，应当由设区的市级以上气象主管机构组织编写气象专篇：

（一）重点领域或区域发展规划、城市总体规划；

（二）区域性经济开发项目和大型工矿企业、重大基础设施项目的选址布局；

（三）大型农业规划、区域性农业种植结构调整和生态建设规划；

（四）其他应当进行气候资源评价的规划和项目。

气象专篇应当作为上述规划或项目立项、验收的依据。

> 有没有不同？立项的依据与验收的依据是对不同阶段的评价依据，最好是有所区别。

第四章　气候可行性论证

第二十三条 ［气候可行性论证机构］建设项目的气候可行性论证应当由国务院气象主管机构确

> 要区别与环境影响评价的异同。即：是否有必要将气候可行性论证单独立法？

取得相关资质 认的具备相应论证能力的机构（以下称论证机构）进行。

论证机构进行建设项目的气候可行性论证时应当编制气候可行性论证报告，并对报告的科学性、准确性负责。

第二十四条 ［气候可行性论证制度］编制经济、社会发展规划和重大项目的布局、建设，应当与当地气候资源条件相适应，并进行气候可行性论证。

下列与气候条件密切相关的规划或者建设项目应当进行气候可行性论证：

（一）城乡规划、重点领域或者区域发展建设规划；

（二）重大基础设施、公共工程和大型工程建设项目；

（三）重大区域性经济开发、区域农（牧）业结构调整建设项目；

（四）大型太阳能、风能等气候资源开发利用项目；

（五）其他依法应当进行气候可行性论证的规划和建设项目。

省 由该主管机构出具审查意见。

第二十五条 ［可行性论证报告的应用］气候可行性论证报告应当报送设区的市以上气象主管机构审查，并出具审查意见。

有下列情况之一的，气候主管机构审查不予通过：
（一）……价值低的；
（二）……不利影响的；
（三）……隐患的。

有下列情况之一的，负责有关项目规划立项的主管部门不予立项：

（一）气候可行性论证报告未经审查的；

（二）实施该项目的风能、太阳能利用价值低的；

（三）该项目实施会对气候资源环境造成不利

影响的；

（四）该项目实施存在气象灾害隐患的。

第二十六条 ［气候可行性论证实施］规划或者建设项目审批、核准部门应当将气候可行性论证结果纳入规划或者建设项目的审查内容。可行性研究报告或者申请报告中未包括气候可行性论证的，不予审批或者核准。

> 应当与下面一条规定合并。因为同属于对规划部门的要求。
> 此三项情况应当是在气候主管机构审查可行性报告时就注意到的，不应当把这种审查责任推到项目规划主管部门。

第二十七条 ［气候可行性论证禁止行为］在气候可行性论证活动中禁止下列行为：

（一）伪造气象资料或者其他原始资料的；

（二）出具虚假论证报告的；

（三）涂改、伪造气候可行性论证报告书面评审意见的。

> 或者气候可行性报告未经气象主管机构经审查的，

第二十八条 ［项目跟踪监测］对已经批准实施的重大建设项目，应当由具有相应资质的机构进行气候环境的跟踪监测及项目实施完成后的气候影响评价。

跟踪监测的设施建设及其后影响评价所需费用，应当纳入建设项目的投资预算。

> 禁止性条款不应该出现在这里，与法律责任条款第40条的后几项完全重合，没有必要。最好改为义务性条款的表述方式。
> 建议修改为："从事气候可行性论证活动的，应当保证气象资料或者原始资料、论证报告以及评审意见的真实性。"

第五章 气候资源开发利用和保护

第二十九条 ［开发利用和保护］开发利用和保护气候资源，应当符合气候资源开发利用和保护规划。

第三十条 ［开发利用建议］省级气象主管机构应当定期分析本行政区域的气候资源变化和分布状况，组织开展气候变化影响评估和气候资源变化趋势分析，提出本行政区域气候资源开发利用和保护的建议。

第三十一条 [太阳能、风能利用1] 县级以上人民政府应当科学合理组织太阳能、风能资源开发利用工作。

各级气象主管机构应当为太阳能电站和风电场的勘查、选址、建设、运营等提供技术支持和服务。

第三十二条 [太阳能、风能利用2] 鼓励开发利用太阳能发电，太阳能供热、采暖和制冷，太阳能热水工程等太阳能利用系统。

鼓励和支持农村地区推广应用太阳能热水器、太阳能灶等户用太阳能技术以及建设小型光伏发电系统。

鼓励和支持风能资源丰富地区优先开发利用风能资源。

第三十三条 [云水资源开发1] 县级以上人民政府应当根据抗旱、储水、气象灾害防御和经济、社会发展等需要，加强对人工影响天气工作的领导和协调。

第三十四条 [云水资源开发2] 各级气象主管机构应当根据空中云水资源监测评估情况和气象条件，适时组织和指导实施人工增雨（雪）或者防雹等人工影响天气作业。

有关单位可以向当地气象主管机构申请开展专项人工影响天气作业，费用由申请单位承担。

第三十五条 [保护措施1] 县级以上人民政府应当在气候资源丰富区域或者气候敏感区域，划定气候资源保护范围。

气候资源保护范围内不得建设破坏气候资源的

是仅限于提建议，还是要做好规划？如果是后者，则建议此条与前一条位置互换更符合逻辑。

没有特别针对云水资源开发，所以看能不能与三十一条合并，统一放在前面讲。

项目。

第三十六条 [保护措施2]新建、扩建、改建建（构）筑物设计施工应当符合国家有关应对气候变化的要求，避免或者减轻热岛效应、风害、光污染和气体污染。

第三十七条 [保护措施3]开发建设项目、工业生产项目、工程建设项目和气候资源开发利用项目，应当与当地气候资源承载能力相适应，避免气候和生态环境恶化。

第三十八条 [保护措施4]可能影响气候变化或者直接涉及公众气候环境权益的项目，应当举行气候环境影响听证会。

导致气候环境恶化的项目不得实施；因国民经济建设、居民生活确需实施的，应当在项目实施的同时，采取保护措施，减轻对气候环境的破坏。

第六章 法律责任

第三十九条 [法律责任1]违反本条例规定，有下列行为之一的，由县级以上气象主管机构责令停止违法行为，处五万元以上十万元以下的罚款；有违法所得的，没收违法所得： 并没收全部违法所得

（一）未经批准开展气候资源监测的；

（二）非法从事气候可行性论证活动的；

（三）应当进行气候可行性论证的规划或建设项目未进行气候可行性论证的；

（四）气候可行性论证报告未经审查的；

（五）在气候资源保护范围内建设破坏气候资源项目的。

第四十条 ［法律责任2］违反本条例规定,有下列行为之一的,由县级以上气象主管机构责令改正,给予警告,可以并处五万元以下的罚款：

（一）使用未经认定的装备进行气候资源监测和监测资料传输的；

（二）非法向社会发布气候资源公报和气候预测的；

（三）在气候资源开发利用活动中未使用气象主管机构提供或者经其审查的气候资料的；

（四）伪造气象资料或者其他原始资料的；

（五）出具虚假论证报告的；

（六）涂改、伪造气候可行性论证报告书面评审意见的。

第四十一条 ［法律责任3］违反本条例规定,有关部门及其工作人员对可行性研究报告或者申请报告中未包括气候可行性论证内容的建设项目,违法审批或者核准的,由其上级机关或者监察机关责令改正；情节严重的,对直接负责的主管人员和其他直接责任人员依法给予处分；构成犯罪的,依法追究刑事责任。 <!-- 行政处分 -->

第四十二条 ［法律责任4］气象主管机构以及论证机构的工作人员在气候可行性论证工作中玩忽职守、滥用职权、徇私舞弊,尚不构成犯罪的,由所在单位给予处分；构成犯罪的,依法追究刑事责任。 <!-- 行政处分 -->

第四十三条 ［救济条款］违反本条例规定,对相关行政机关做出的行政处罚决定不服的,可以依据《中华人民共和国行政复议法》进行行政复议或者依据《中华人民共和国行政诉讼法》向人民法院提起行政诉讼。　　　　　　　　　　　无用，建议删除。

第七章　附　则

第四十四条　[名词解释]本条例中下列用语的含义是：

（一）气候资源，是指可以被人类生产和生活利用的太阳辐射、热量、云水、风和大气成分等自然物质和能量。

（二）气候资源监测，是指以气候资源开发利用和保护为目的，对气候资源相关的气象要素、大气成分要素进行长期、连续观测，并进行统计、分析和计算的活动。

（三）气候可行性论证，是指对与气候条件密切相关的规划和建设项目进行气候适宜性、风险性以及可能对气候产生影响的分析、评估活动。

第四十五条　[施行日期]本条例自　年　月　日起施行。

附录6：

《山西省节约用水条例》修改建议

山西大学法学院　张钧

2012 年 8 月 17 日

一、值得肯定的立法过程

1. 水利厅起草：根据第十届省人大常委会立法规划安排，省水利厅按照 2002 年新《中华人民共和国水法》的规定，于 2003 年成立了起草工作小组，开始《山西省节约用水条例（代拟稿）》的起草工作，起草小组认真学习《中华人民共和国水法》及有关法律、法规，通过较为长期的深入调查研究，在总结现行节约用水管理实践经验并研究、借鉴省外节约用水管理立法经验的基础上，在 2007 年 10 月中旬形成了《山西省节约用水条例（代拟稿）》。2008 年 2 月征求了各市、县（市、区）意见，并根据反馈意见和建议进行了修改。

2. 省政府法制办调研几次。

3. 省政府法制办组织论证会几次。

4. 省人大调研一周。

5. 省人大组织论证会。

结论：《山西省节约用水条例》征求意见稿经过长期酝酿、精心组织，目前已经比较成熟，基本具备出台条件。

二、需要商榷的宏观问题

1. 本"特别立法"出台的时效性及与"上位法"、本省级"旧法"和"一般法"的衔接问题。

1982 年《山西省水资源管理条例》。第二章"水资源规划"非常有地方特色。

1998 年《山西省泉域水资源保护条例》。也有地方特色。

2000 年《山西省城市供水和节约用水管理条例》。

2002 年《中华人民共和国水法》，2003 年省水利厅起草《山西省节约用水条例》。

2007年《山西省水资源管理条例》修订。同年省水利厅完成《山西省节约用水条例》草稿，并于次年开始征求意见。

2010年《山西省泉域水资源保护条例》修订。

2012年《山西省节约用水条例》正式进入省级立法程序。

结论：《山西省节约用水条例》很多条文是直接从本省旧法中照搬过来的，只做了简单的拼凑，而未进行有效衔接，新旧法关系不明。如，条例制定应当注意与《中华人民共和国水法》"法律责任"一章的协调，注意与《山西省水资源管理条例》第五章"节约用水"的协调；注意与《山西省泉域水资源保护条例》第25—28条的协调；注意与《山西省城市供水和节约用水管理条例》第四章"节约用水"的协调。

2. 国内立法地位及兄弟省市立法借鉴。

最早是2004年《深圳市节约用水条例》，五章52条（总则、计划与定额、节约用水、法律责任、附则），特点是首创，体系构建合理，法律责任分三大类设定。问题是很多条款规定较为一般，不够细致。

期间，2006年珠海市也曾公布《供水节水条例（征求意见稿）》，但半途而废。

其次是2008年《成都市节约用水管理条例》，五章40条（总则、城镇节约用水管理、农业节约用水管理、法律责任、附则），特点是体系创新，问题是条文比较粗，不宜操作。因此2012年成都市准备再出台《条例实施细则》。

第三是2009年《苏州市节水用水条例》，六章36条（总则、计划用水、节约用水、再生水和雨水利用、法律责任、附则），特色是第四章，问题是第二、三章逻辑混乱，第五章比较粗糙。

第四是2010年《吉林省节约用水条例》，六章63条（总则、计划用水、节约用水、保障措施、法律责任、附则），特点是首个省级立法，创新是第四章保障。问题是基本照搬前人，没有地方特色；法律责任设定太过细化，且逻辑性不强，不如分类设定。

结论：《山西省节约用水条例》出台目前仍居于国内领先地位，但对省外立法借鉴多，而自创少。因而，需要进一步彰显我省地方特色，才能体现创新，否则就失去了出台的意义。

3. 条款的拘束力和可操作性问题。

例如，第三十一条第二款"洗车业必须安装和使用循环用水洗车设备或者经处理的废水洗车，禁止一次性使用清洁水洗车"，这样的规定有可操作性么？最大的现实问题就是水行政、环保等相关部门执法力量有限。如果有法不执，必然影响法律的权威性。还有，如比较普遍的个人自己院内洗车等是否需要规制，如何规制？

再如，第十四条"应当安装使用经质量监督检验部门检定合格的取用水计量设施"，这种授权容易在实践中造成相关部门的权力寻租，在计量设备市场中质检部门一家说了算。建议增加相应的监督条款，以约束相关行政部门的行政许可权力。

结论：个别条款仍然需要进一步调研，重新拟定，以增强条例的可操作性。

三、建议修改的具体内容

1. 第三条关于节水原则的规定过于繁琐，且前后语意重复，建设修改。第一款删除，第二款改为"节约用水应当坚持统一规划、计量管理、高效利用的原则，应当优先使用再生水，合理利用地表水，有效涵养和保护地下水。"

2. 第十条是"计划用水管理1"，在正文却没有"计划用水管理2"，不知为何？

3. 第二十一条和第四十一条，均是监督管理的内容，建议集中放在第四章"监督管理"中更合适。

4. 第三十二条第二款，规定的建设施工单位不属于本条所谓"园林节水"内容，建议放在上一条"特殊待业节水"中，或者放在第三十六条里，一并对建设单位进行规定。

5. 第三十二条第二款、第三十八条、第三十九条、第四十条、第四十六条、第四十七条第三款，均无对应的法律责任条款设定。建议补齐。

6. 第五章"法律责任"是本条例重点，但目前看来比较凌乱，建议借鉴深圳条例，对法律责任进行分类设定。

7. 第五十三条和第五十四条，行为类似，但处罚迥异。同为违法排放废水，却处罚差距巨大，不知是何标准？同样的问题还存在于第五十六条和第五十七条，都是"未安装节水设施的"行为，却一个是罚"五万至十万"，另一个只罚"一千到五千"？

8. 第五十七条中，对"洗车"行业安装节水设施进行了两项不同的规定，存在漏洞。

附录7：

《山西省森林公园条例》修改建议

山西大学法学院　张钧

2013年3月6日

一、森林公园条例出台意义

（一）契合十八大精神——"美丽中国"、"生态文明建设"的要义

（二）迎合我省经济转型跨越发展的要求——由煤炭经济转向旅游经济的需要

（三）引国内地方森林公园立法之先——在2011年4月国家林业总局出台《国家级森林公园管理办法》之后第三个省级立法

二、整体修改建议

（一）建议与省政府2000年4月出台的《山西省森林公园管理办法》相衔接——新《条例》在立法的效力层级上了一个台阶，就需要立法形式上更完备，内容上更科学、更与时俱进，另外在本条例附则中也应当明确二者的关系。

（二）建议更有山西省特色——应当根据我省森林公园的建设、管理、保护、利用的具体情况，将有特色的部分扩充，将一般性条款或同于其他地方或国家已有相关规定的条款减少。

（三）关于条例结构建议改为五章：（条文前后位置可以根据章节题目做调整）

第一章　总则（原稿"总则"条款）

第二章　森林公园的设立（原稿第二章有关设立的条款）

第三章　风景资源保护与利用（原稿第二章"建设"条款和第三、四章内容合并）

第四章　法律责任（还需要再细致些，注意与前几章条款的对应）

第五章　附则（原稿"附则"条款，再补充与我省《办法》的关系条款）

三、条款修改建议

1. 第一条:"为保护和合理利用森林风景资源,规范森林公园建设和管理,促进生态文明建设,根据《中华人民共和国森林法》、《森林公园管理办法》、《国家级森林公园管理办法》等有关法律法规,结合本省实际,制定本条例。"

2. 第二条:将"提供休闲、游憩"改为"提供休憩"。立法文件中不要出现非常用词。

3. 第三条:将"设立、建设"合并一词即可,建议用"设立"。

4. 第四条:与第三条中的几个概念应当一一对应,以保持立法条文前后一致和严谨。

5. 第五条:建议删除第一款,因无实际意义;并将第二款与第二条合并。

6. 第六条:"县级以上人民政府应当协调相关部门,将森林公园建设纳入当地国民经济发展规划,加大政策扶持和财政投入力度。"

7. 第七条:第三款"根据需要,可以设立……"的规定是否妥当,有赋权过大之嫌,并且与国家"大部制"改革的机构精减精神相违。建议删除。

8. 第十条:第一款"省林业行政主管部门……编制全省国家级以下森林公园发展规划";第二款"市、县……编制本行政区域省级以下森林公园发展规划。"

9. 第十一条:第一款"分为国家级、省级和市、县级森林公园"。因为国家的《办法》第六条已经有规定,我省规定不能与上位法相违;第二款规定有逻辑错误,建议另立一条或删除(如果没有实际用途的话)。

10. 第二十三条:第一款"环保设施、旅游安全设施和森林防火设施应当同时设计……"(依据《山西省森林公园管理办法》第八、十三、二十四条)

11. 第三十条:"在森林公园进行下列活动,应当由原批准机关依照有关法律组织进行环境影响评价工作"。

12. 第三十五条:"鼓励有条件的森林公园免费向公众开放"建议删

除，因有违环境法"受益者补偿"的基本立法原则。

13. 第四十二条："或会同有关部门"建议删除，以免增加执法成本。建议"没收违法所得"之后也要加上"并处罚款"的规定，否则仅没收违法所得并不足以起到惩戒作用。

附录 8：

《山西省土地整治条例（草案）》修改建议

山西大学法学院　张钧

2013 年 10 月 28 日

一、建议修改完善草案体例

原有体例：

  第一章　总则

  第二章　规划与计划

  第三章　项目立项与设计

  第四章　项目实施与管护

  第五章　资金管理与补偿

  第六章　指标与权属管理

  第七章　法律责任

  第八章　附则

建议体例：

  第一章　总则

  第二章　土地整治规划与资金管理

  第三章　项目立项与设计审批

  第四章　项目实施与后期管护

  第五章　新增耕地权属与指标管理

  第六章　法律责任

  第七章　附则

修改理由：

（一）将原来第二章与第五章合并的理由

1. 原来第二章"规划与计划"，其具体内容中关于"计划"只有第十二条一条，而且"计划"也是包括在广义的"规划"之中的，因此建议在标题中删除"计划"。

2. 原来第五章"资金管理与补偿",其具体内容中关于"补偿"的只有第三十六条一条,而且此条"补偿"规定的实质也是"资金管理"的内容,因此建议在标题中删除"补偿"。

3. 由于"规划"和"资金管理"均是对整体的"土地整治"而言的,属于总纲性质的规定,建议合并为一章;合并之后的另一个优点是逻辑上更严谨了:因为原来第三章第十三条中就有对各类"资金"的具体规定,但没有对各类"资金"的概念做出解释(解释却在后边的第五章才出现)。

结论:将原来的第二、五章合并,无论在逻辑上还是标题与内容的准确性上都更加科学,更符合立法条文的严谨性要求。

(二)将原来第三章、第四章标题修改

理由是:修改后,更准确,且不易使人产生误解。例如:第三章内容无论是"立项"还是"设计"其最终规范的就是"审批程序";第四章"管护"是项目实施之后的独立环节,因而应当加上"后期"的限定,以使之明确;原来第六章,标题也应当明确是"新增耕地",并且"权属"是规定而不是"管理",位置也应当前置于"指标管理"。

二、具体条文修改建议

1. 第三条、第九条、第十六条中的"整理",如不是专有名词①,建议统一改为"治理",理由是用语应当更规范、更有普适性;如果"整理"是专有名词,建议在第三条里再加一款,对"整理"进行概念界定。

2. 第三条"对历史遗留损毁和自然灾害损毁土地",建议直接改为"对损毁土地",理由是原来的提法没有意义,还显得繁琐。

3. 第八条"重点工程布局要与上一级",建议将"要"改为"应当",理由是更符合立法语言规范。

4. 第十三条第二款出现的前两处"承担",建议改为"承管",理由是第一款规定了"土地整治实行项目管理",而且第二款关于"承管"部

---

① 《贵州省土地整治条例》第二条,使用的就是"治理",而非"整理"。

门的规定，也是赋予其"管理"的职责，而非具体"承担"。

5. 第十四条，因为是我省的特色规定，所以要再认真斟酌一下第一款的几个部门，究竟怎么规定更准确。关键是负责"审批"的部门，不能在"申报"之列，否则就是出现自己申报、自己审批的笑话。例如，发展和改革、国土部门，就是明确不能列为"申报"范围的部门。

另外，该条的第二款和第三款中的"立项、审批"，建议调换一下顺序，改为"审批、立项"，更符合办事逻辑。

6. 第十五条第二款第（六）项，建议改为"土地权属明晰，无产权纠纷"，更规范、更简洁。

7. 第十七条，建议在最后加一句"论证通过后批准立项"，此条规定就更完整了，而本条例第二十一条也有类似的规定，从立法前后一致性上考虑，本条也应该加上这么一句。

8. 第二十四条，建议将第五款前移至第一款的后面，与第一款合并，改为"……合同管理等制度。本条例第十六条第二款规定的土地整治项目除外。"理由是改过后的行文更符合立法规范。

9. 第二十六条，第二款建议单独成条，并且位置放在本条例的第四十条之前。理由：此款是对"新增土地"备案的规定，与本条第一款联系不紧密，反而与四十条联系更多。

10. 第二十七条，建议对"及时"做出更明确的时限规定，否则在操作中易起纠纷。

11. 第二十八条，"要制定"改为"应当制定"。

12. 第二十九条，在后边没有对应的法律责任条款，建议补充。

13. 第三十条第二款，建议放在第三十一条，作为第一款。理由：从规定的内容上看，逻辑更严密。

14. 第三十一条第七款（最后一款），建议独立成条。理由同上。

15. 第三十七条，建议改为"按照谁受益谁补偿的原则，由新增耕地的实际使用人支付补偿资金"。理由是这样修改更规范。

16. 第四十三条、四十六条，"对国家造成重大损失的，依法追究刑事责任"，建议改为"造成损失的，依法承担民事责任；构成犯罪的，依法追究刑事责任"。

17. 第四十七条"责令限期退回骗取的资金"改为"没收违法所得,并处一倍罚款"。理由:原规定不规范,也不易执行。

附录9：

《山西省矿产资源开发生态环境补偿办法（草案）》修改建议

山西大学法学院　张钧

2013年11月5日

第一条　［目的与依据］为规范矿产资源合理开发，保障区域生态系统的功能及环境受损群众的权益，实现环境成本化、外部成本内部化，落实矿产资源开发者依法经营，承担经济和社会责任，根据《中华人民共和国环境保护法》及有关法律、法规，结合本省实际，制定本办法。

> 其他都是手段，目的只有"为使矿产资源开发利用与生态环境保护相协调，保障我省经济社会可持续发展，"

第二条　［适用范围］在本省行政区域内，从事矿产资源开发的，适用本办法。

> 本省行政区域内与矿产资源开发相关的生态环境补偿活动，适用本办法。

第三条　［名词解释］本办法所称生态环境补偿，是指矿产资源开发者对其因开采行为造成的生态破坏、环境污染、生物多样性损失以及人居环境与健康损害等支付补偿资金费用以恢复自然生态系统功能、提升环境质量、保障人民正常生产生活的行动。

> 本办法所称生态补偿，是指运用特定方式或者专项资金，对因矿产开采造成的生态系统破坏进行恢复和修复所采取的各种补救措施的总称。

第四条　［补偿原则］矿产资源开发生态环境补偿遵循"谁破坏，谁恢复，谁受益，谁补偿""生态环境惠益公平、共享"的基本原则。

> "谁开发谁修复、谁受益谁补偿；补偿并举、先补后偿"的原则。

第五条　［监管职责］省级环境保护行政主管部门和财政主管部门负责全省矿产资源开发过程中的生态环境补偿的政策制定、实施、督查、监管等工作。

各级环境保护行政主管部门依据区域环境影响

评价审批权限的管理要求,负责本辖区内矿产资源开发企业生态环境补偿的具体实施、监管工作。

各级财政主管部门按照省财政主管部门的安排具体负责矿产企业应提自然补偿资金的提取、专户管理、资金使用、环境权益补偿资金支付等方面的监督管理工作。

> 这两个新概念,应当在前述第三条之下,分别增加两款进行说明和界定。

> 保证金计提和履行生态环境补偿义务是两件事,需要加"同时"做界定,否则易产生误解。

第六条 [补偿主体] 从事矿产资源开发的企业应当按时、足额完成保证金计提,履行生态环境补偿义务,接受相关部门的审核与督查。

第七条 [补偿类型与内容] 补偿类型主要分为自然补偿和环境权益补偿两种。自然补偿是指由于生产引起了生态环境的破坏、环境受到污染、生态系统受到损失,要保护和修复原生态环境系统功能而进行货币量补济。环境权益补偿是指由于生产者生产造成生产地居民丧失了原本具备生活和发展的自然禀赋的物质条件,居民的生活健康受到影响,居民生产的方式、产品、质量、数量受到影响,降低了收益,由生产者进行货币化赔偿的行为。

> 两种提法均不正确。"自然补偿"按正文的表述,也是人为造成的,不宜使用"自然"的概念;"环境权益"的提法在上位法中没有明确提出,本办法不宜超越立法权限,设定新的"权利"。
>
> 建议按照"生态动态修复"、"生态补偿保证金"两类补偿内容进行设计。
>
> 不是立法语言。

第八条 [自然补偿的制度及原则] 针对自然补偿,所有矿山企业应当实行矿山生态环境保证金制度。保证金遵循"企业所有、列入成本、税前列支、专款专用、专户存储、政府部门监管"的原则。具体矿山企业保证金管理办法由省人民政府制定。

> 本办法已经是省级人民政府的规章了,不能再二次授权同级人民政府立法,相当于自己给自己授权!
>
> 具体办法应当在本办法中及时明确。
>
> 文字需要再斟酌,没有表述清楚。

第九条 [环境权益补偿的制度及原则] 针对环境权益补偿,采矿权人应当在资源开发前,与当地政府和居民达成协议,完成企业投产前的各种补偿,对生产过程中产生的环境权益补偿,遵循"受损者举证,政府部门协调评判,企业支付"的原则。此补偿资金不得列入生产成本,不享受税前列支的优惠政策。

第十条 [资金构成]矿产资源开发生态环境补偿资金主要包括矿山环境恢复治理保证金和企业按国家政策规定从生产性收益中列支用于因自然灾害造成的生态环境破坏补偿资金。

> 本条的位置应当提前至第七条和第八条之间。另外,这两种资金的名称概括不准确,建议再斟酌。下一条同理,需要再议。

第十一条 [资金管理主体]矿山环境恢复治理保证金提取和专户存储按照相关规定进行管理,各级财政主管部门是管理主体。

因自然灾害造成的生态环境破坏的补偿资金,征缴额度经相关领域专家开展生态环境破坏评估鉴定后可从企业生产性收益中列支。补偿范围包括一切生态环境保护与恢复治理、人民生产生活及身体健康的经济补偿。

第十二条 [变革事宜]采矿权人变革矿区范围、主采矿种、开采方式、开采规模的,应当报重新核定应提保证金。采矿权人转让采矿权,保证金权属一并转让,由采矿权的受让人接替承担矿山生态环境保护与恢复治理任务。

> 此条应分列两款。另外"报重新核定"的提法欠妥,没有说完整、没有说明确。

第十三条 [终止事宜]矿山停办、关闭或闭坑前,采矿权人应当完成矿山生态环境保护与恢复治理工作,经环境保护行政主管部门验收合格的,向财政主管部门提交返还保证金本金和利息的相关材料,财政行政主管部门审核后办理资金退付事项,按照国家相关规定扣税后作为企业生产性收益进行处置。矿山生态环境保护与恢复治理工作不符合要求的,保证金不予返还,继续用于恢复治理工作。

> 此条与前述第五条,在内容上有重复,建议合并或者重新设计条款内容。

第十四条 [监督检查]各级环境保护行政主

部门应当联合同级财政主管部门对审批的矿山生态环境保护与恢复治理方案开展督查，对工程设计、施工、工程进展、资金使用成效进行监督，并针对督查中发现的问题要求企业限期整改，加快进度，保证项目实效。

第十五条 〔奖惩措施〕对矿山生态环境保护与恢复治理工程实施规范、效果良好的，在其工程验收后（财政主管部门）可进行保证金的核减，完成会计记账。对生态环境保护和恢复治理工程完成效果显著，成果突出的，（财政主管部门）可以提前返还其保证金。对验收不合格的，环境保护行政主管部门应联合财政主管部门下达定期整改通知书，对限期整改仍不达标的，可以冻结保证金账户。

采矿权人因违法受到行政处罚或因其他原因终止采矿的，不免除矿山生态环境保护与恢复治理义务。

第十六条 〔法律责任〕违反本办法规定，截留、滞留、挪用、挤占、超标准、超范围使用资金的、骗取补偿资金的，由县级以上财政、审计等部门责令改正，并由有关部门依法给予行政处分。

第十七条 〔法律责任〕在矿产资源开发生态环境补偿工作中玩忽职守、徇私舞弊、滥用职权的，行政监察机关对直接责任人给予行政处罚；构成犯罪的，依法追究刑事责任。

第十八条 〔生效日期〕本办法自 年 月 日起施行。

旁注：

"会同"。
但这样设计的条款，在执法过程中可操作性不强，因为两部门分工不明确，很可能出现推诿扯皮的现象。这些都是文件用语而非立法语言。

此条第一款和第二款并无密切联系，不宜放在一起，建议分列两个独立的条款。另外，第一款建议放在总则部分，也就是本办法的前面位置，比如第六条和第七条之间。

保证金本来就不在企业账户上，何谈冻结？

不能把几种类型的违法行为混为一谈，换句话说，把它们放在一起设定法律责任是不科学的。

修改意见：

一、从整体结构和内容上看，总则与分则比例不适当，法律责任部分也不完善。总则条款设定基本到位；分则条款不全面、不细致；法律责任条款不完善、不规范。

二、具体条文在遣词造句方面不规范，多处出现直接搬用政府公文用语的情况，并非规范的立法语言。

三、条款的设计也大都不科学，具体修改意见已经在原稿上做了批注。

附录10：

山西省人大推动转型综改区建设立法
调研座谈会——煤炭领域立法建议

山西大学法学院　张钧

2013年12月2日

一、煤炭行业当前现状及主要问题

（一）行业现状

我省煤炭行业经过统一的大规模的资源整合之后，当前运行有序、状态良好，基本实现了当初的整合目标。

1. 行业生产能力显著增强。煤炭行业各项主要指标完成情况良好。整合后（以2011年为例），山西省煤炭工业增加值实现2400亿元，比上年增长45%，比2005年增长2.5倍；实现利税1136亿元，比上年增长35%，比2005年增长2倍。

2. 产业集中化水平明显提高。煤炭资源整合后，全省矿井个数由2008年年底的2600座压减到现在的1053座，煤炭产能占全国的比重由2008年年底的24%增加到2011年的30%，矿井单井生产规模达到年产120万吨/年以上，催生了4个年生产能力亿吨级和3个5000万吨级以上的"巨无霸"煤炭企业。

3. 资源利用效率大幅上升。通过煤炭资源整合，山西省地方小煤矿资源回收率由整合前的不足20%提高到目前的80%以上，采煤综合机械化程度由24.8%提升到81%。

4. 煤炭安全生产明显改善。2011年与2005年相比，山西省煤炭生产百万吨死亡率由0.905下降到0.085，下降了90%，与全国相比，整合后的煤矿百万吨死亡率低于全国平均水平0.564。

（二）主要问题

1. 全国性的产能过剩问题开始凸现。前几年煤炭产业投资增长迅猛，目前已经进入新建煤矿和改扩建煤矿建成投产的高峰期，煤炭产能正值集中释放期。煤炭需求与煤炭生产能力的逆向发展,使煤炭市场面临较大的库存压力和过剩压力。①

2. 煤价上涨空间缩小与成本大幅增加的矛盾日益突出。一方面煤炭市场宽松,价格上涨乏力。另一方面政策性增支因素多。今年以来煤炭运价、煤炭资源税相继提升、安全投入加大等因素造成煤炭成本大幅度增加。②

3. 煤炭开发和利用的环境压力愈来愈大。目前,我国原煤入洗率仅为 40% 左右,比世界主要产煤国家低 20—50 个百分点,每年产生煤矸石 7000 万吨,累计堆存近 30 亿吨。占用土地 15 万亩。而且煤矸石堆存自燃现象所产生的大量有害气体,弥漫于广阔的区域,对周边地区的居民、牲畜、农作物、地表水及农田构成了极大的危害,使周边的自然生存环境、生态环境遭到极大的破坏。

二、需要地方立法解决的问题

(一)国家立法概况

我国煤炭资源相关立法的现状是:煤炭资源开发利用相关管理体制和机制相对比较完善,而煤炭资源保护、相关环境保护、矿山安全、产权制度等立法层级较低或者还不完善。

1. 法律③

《煤炭法》(1996 年 8 月 29 日)

---

① 截至 2006 年 5 月底,全国在建煤炭项目 2743 个,总投资 3430 亿元,剔除煤炭洗选和煤化工等项目投资,按吨煤 350 元左右投资计算,煤矿在建项目规模 8 亿吨左右。

按照我国经济发展情况预计,今后几年我国煤炭需求总量将保持在 24 亿吨上下。但据有关部门预测,目前仍有一批新建和改建项目正在建设中,如果建成,到 2010 年,煤炭产能将达到 28.6 亿吨。

② 电煤价格双轨制取消后,重点合同电煤和市场煤价格并轨遭到了一些电力企业的抵制,个别省份制定了新的电煤指导价格,限制重点合同电煤价格上涨。受钢铁工业产能过剩、煤炭供应充足的双重影响,冶金用煤价格普遍下降。

根据已经出台或正在酝酿的一些政策,资源税将由吨煤 0.3—0.5 元/吨提高到 2.50—3.20 元/吨,煤炭资源价款平均吨煤 6 元,资源补偿费征收标准由收入的 1% 提高到 3%—6%,安全成本 19 元/吨。按照山西省试点政策,建立矿区生态环境补偿机制、煤矿转产基金等,将增加吨煤成本近 70 元。

③ 相关的法律还有《中华人民共和国环境保护法》、《中华人民共和国矿山安全法》、《中华人民共和国矿产资源法》、《中华人民共和国环境影响评价法》等。

2. 行政法规①

《乡镇煤矿管理条例》（1994年12月20日）

《煤炭生产许可证管理办法》（1994年12月20日）

3. 行政规章②

《煤炭工业环境保护暂行管理办法》（1994年11月2日）

《乡镇煤矿管理理条例实施办法》（1995年3月29日）；

《煤炭生产许可证管理办法实施细则》（1995年3月29日）

《煤炭生产许可证环境保护审查管理规定》（1995年5月16日）

《开办煤矿企业审批办法》（1997年5月19日）

《煤矸石综合利用管理办法》（1998年2月12日）

《生产矿井煤炭资源回采率暂行管理办法》（1998年3月9日）

（二）我省立法重点

1. 贯彻国家相关立法的实施细则。国家的上位法基本是齐全的，但是我们没有相关的实施细则，这是需要今后完善的地方。

2. 战略储备立法。由于煤炭是为数不多的几种战略性资源，在战争等非常时期能够发挥极其重要的作用，经常可以决定一个国家或民族的存亡。因此，建议按照类似《中央储备粮管理条例》出台相关的立法。

3. 资源保护立法。现行的煤炭相关立法，均是从发展生产、开发利用的角度展开的，没有一部立法是从资源保护的角度进行设计的。例如，对煤炭的开采只强调"有序开发"，而不涉及"高效利用"，的确不利于对煤炭资源的保护。

4. 生态补偿立法。同上所述，现行煤炭立法无非围绕煤炭开发利用、或者安全生产等问题展开，而并不注重生态补偿要求，不利于我省的环

---

① 相关的行政法规还有《土地复垦规定》、《中华人民共和国资源税暂行条例》、《矿产资源补偿费征收管理规定》、《矿产资源监督管理暂行办法》、《中华人民共和国矿产资源法实施细则》、《矿产资源勘查区块登记管理办法》、《矿产资源开采登记管理办法》、《探矿权采矿权转让管理办法》》等。

② 相关行政规章还有《中华人民共和国资源税暂行条例实施细则》、《探矿权采矿权评估管理暂行办法》、《探矿权采矿权使用费和价款管理办法》、《矿业权出让转让管理暂行规定》、《探矿权采矿权招标拍卖挂牌管理办法》等。

境保护，更谈不上转型发展和可持续发展。因此，建议今后增加生态补偿相关立法的力度。

三、现行地方性立法分析

（一）地方性法规和地方政府规章、其他规范性文件

总体看来，我省与煤炭相关的地方立法明显多于其他省份，但仍不够充分，地方性法规相对不足，地方政府规章相对丰富，甚至还有一些规范是靠政策性文件。

《山西省矿产资源管理条例》（1998 年）

《山西省煤炭管理条例》（2001 年 1 月 12 日）

《山西省乡镇煤矿安全生产规定》（2001 年省政府第 151 号令）

《山西省矿业权公开出让暂行规定》（2003 年省政府第 164 号令）

《山西省煤矿安全生产监督管理规定》（2004 年省政府第 171 号令）

《山西省煤炭资源整合有偿使用办法》（2006 年省政府第 187 号令）

《山西省煤炭可持续发展基金征收管理办法》（2007 年省政府第 203 号令）

《山西省矿产资源补偿费实施管理办法》（1994 年 11 月 8 日省政府文件）

《山西省煤炭企业办矿标准暂行规定》（2007 年 12 月 12 日省政府文件）

（二）现行地方立法的"立改废"分析

1. 由于 2013 年《煤炭法》修改了，因此作为下位法的地方相关立法也应当做出及时的调整。这类立法包括：《山西省煤炭管理条例》、《山西省乡镇煤矿安全生产规定》、《山西省煤矿安全生产监督管理规定》等。

2. 对于类似《山西省矿产资源补偿费实施管理办法》、《山西省煤炭企业办矿标准暂行规定》的以省政府文件形式出台，并在实践中发挥重要规范作用的文件，建议尽早上升为地方政府规章或者地方性法规，以实现更加规范的形式并增强其法律效力。

参考文献

(一) 中文文献

著作类:

1. [英] 彼得·斯坦、约翰·香德:《西方社会的法律价值》,王献平译,中国法制出版社 2004 年版。

2. 蔡昉、张车伟:《可持续发展战略》,中共中央党校出版社 1998 年版。

3. 常纪文、王宗廷:《环境法学》,中国方正出版社 2003 年版。

4. 陈慈阳:《环境法总论》,中国政法大学出版社 2003 年版。

5. [日] 谷口安平:《程序的正义与诉讼》,王亚新、刘荣军译,中国政法大学出版社 2002 年版。

6. [英] 哈耶克:《法律、立法与自由:第 1 卷》,邓正来等译,中国大百科全书出版社 2000 年版。

7. 郝海青:《环境保险制度中的权利义务研究》,中国海洋大学出版社 2005 年版。

8. 黄树标:《环境责任保险法律制度研究》,广西师范大学出版社 2007 年版。

9. 洪荣标、郑冬梅:《海洋保护区生态补偿机制理论与实证研究》,海洋出版社 2010 年版。

10. 吕忠梅:《环境法学》,法律出版社 2004 年版。

11. 孟庆瑜:《环境资源法概论》,中国民主法制出版社 2003 年版。

12. 牛仁亮:《山西省煤炭开采对水资源的破坏影响及评价》,中国科学技术出版社 2003 年版。

13. 秦玉才、汪劲：《中国生态补偿立法：路在前方》，北京大学出版社 2013 年版。

14. 史玉成、郭武：《环境法的理念更新与制度重构》，高等教育出版社 2010 年版。

15. 宋蕾：《矿产资源开发的生态补偿研究》，中国经济出版社 2012 年版。

16. 小哈罗德·斯凯博等：《国际风险与管理：环境·管理分析》，荆涛等译，机械工业出版社 1999 年版。

17. 王明远：《环境侵权救济法律制度》，中国法制出版社 2001 年版。

18. ［美］詹姆斯·安修：《美国宪法解释与判例》，黎建飞译，中国政法大学出版社 1994 年版。

19. 张文显：《法理学（第三版）》，高等教育出版社、北京大学出版社 2007 年版。

20. 邹海林：《责任保险论》，法律出版社 1999 年版。

21. 邹雄：《环境侵权救济研究》，中国环境科学出版社 2004 年版。

期刊论文类：

22. 安树民、曹静：《试论环境污染责任保险》，《中国环境管理》2000 年第 3 期。

23. 才惠莲：《论生态补偿法律关系的特点》，《中国地质大学学报（社会科学版）》2013 年第 3 期。

24. 曹明德：《对建立生态补偿法律机制的再思考》，《中国地质大学学报（社会科学版）》2010 年第 5 期。

25. 曹晓凡、程伯仕、周黎：《矿业权制度的历史沿革》，《资源环境与工程》2006 年第 4 期。

26. 常纪文：《三十年中国环境法治的理论与实践》，《中国地质大学学报（社会科学版）》2009 年第 5 期。

27. 陈金钊：《法律解释（学）的基本问题》，《政法论丛》2004 年第 3 期。

28. 陈泉生：《略论环境法的目的和作用》，《福建论坛（经济社会版）》1999 年第 5 期。

29. 陈晓勤：《我国生态补偿立法分析》，《海陕法学》2011 年第 1 期。

30. 陈维田：《建立矿业权有偿取得和依法转让的制度》，《广西地质》1997年第2期。

31. 杜辉、陈德敏：《论〈矿产资源法〉制度重构的模式选择与具体路向》，《资源科学》2012年第1期。

32. 杜群：《生态补偿的法律关系及其发展现状和问题》，《现代法学》2005年第3期。

33. 冯艳芬、刘毅华等：《国内生态补偿实践进展》，《生态经济》2009年第8期。

34. 巩固：《气候变化应对与〈森林法〉修改——兼评〈森林法（修改草案第一次征求意见稿）〉》，．《中国地质大学学报（社会科学版）》2013年第4期。

35. 韩卫平、黄锡生：《利益视角下的生态补偿立法》，《理论探索》2014年第1期。

36. 黄海、李国梁：《权力主导与程序理念——中国权力主导型国家的程序建设》，《南京工业大学学报（社会科学版）》2003年第1期。

37. 胡玉鸿：《关于"利益衡量"的几个法理问题》，《现代法学》2001年第4期。

38. 贾爱铃：《环境责任保险的运作机制》，《四川环境》2003年第2期。

39. 焦艳鹏：《论中国矿产资源费税制度的缺陷及重新设计——基于采矿权的物权属性》，《社科纵横》2006年第11期。

40. 康纪田：《让矿业法独立于矿产资源法的法治价值》，《资源环境与工程》2006年第6期。

41. 孔凡斌、魏华：《森林生态保护与效益补偿法律机制研究》，《干旱区资源与环境》2004年第5期。

42. 孔凡斌：《我国生态补偿政策法律制度的特征、体系与评价研究》，《北京林业大学学报》2010年第1期。

43. 孔凡斌：《生态补偿机制国际研究进展及中国政策选择》，《中国地质大学学报（社会科学版）》2010年第2期。

44. 李爱年、刘旭芳：《对我国生态补偿的立法构想》，《生态环境》2006年第1期。

45. 李慧、袭燕燕：《我国矿业权法律体系重构》，《法治》2010 年第 26 期。

46. 李健：《铸剑卫矿业——写在《中华人民共和国矿产资源法》颁布实施 20 周年之际》，《国土资源》2006 年第 10 期。

47. 李新玉、曹清华：《加强生态环境保护全面建设小康社会》，《国土资源》2003 年第 12 期。

48. 梁冬梅、周博敏、王晓彤、孙晶：《〈物权法〉视野下〈矿产资源法〉的局限性——兼论其法典化立法模式确立的可行性》，《黄金》2011 年第 4 期。

49. 刘国涛：《科学发展观指导下的环境法体系之创新》，《法学评论》2004 年第 4 期。

50. 刘旭芳、李爱年：《论生态补偿的法律关系》，《时代法学》2007 年第 1 期。

51. 刘作翔：《理想的法律模式构建之内容要件》，《法律科学》1995 年第 2 期。

52. 刘作翔：《理想的法律模式构建之形式要件》，《法商研究—中南政法学院学报》1995 年第 2 期。

53. 马世骏：《现代化经济建设与生态科学——试论当代生态学工作者的任务》，《生态学报》1981 年第 1 期。

54. 毛显强、钟渝、张胜：《生态补偿的理论探讨》，《中国人口资源与环境》2002 年第 4 期。

55. 孟庆瑜、陈佳：《论我国自然资源立法及法律体系构建》，《当代法学》1998 年第 4 期。

56. 秦绪才：《证据法律模式论——从民事诉讼视角》，《探索与争鸣》2009 年第 12 期。

57. 秦艳红、康慕谊：《国内外生态补偿现状及其完善措施》，《自然资源学报》2007 年第 22 期。

58. 任勇、俞海、冯东方等：《建立生态补偿机制的战略与政策框架》，《环境保护》2006 年第 19 期。

59. 任世丹、杜群：《国外生态补偿制度的实践》，《环境经济》2009 年第 11 期。

60. 单飞跃、罗小勇:《经济法程序理念论》,《湖南大学学报（社会科学版）》2003 年第 4 期。

61. 宋宗宇、李扬:《环境责任保险制度的国际实践与借鉴》,《山西政法管理干部学院学报》2005 年第 3 期。

62. 孙佑海:《提高环境立法质量对策研究》,《环境保护》2004 年第 8 期。

63. 汪劲:《论生态补偿的概念——以〈生态补偿条例〉草案的立法解释为背景》,《中国地质大学学报（社会科学版）》2014 年第 1 期。

64. 汪劲:《以硬约束引导生态补偿驶入快车道——中国生态补偿制度建设历程及展望》,《环境保护》2014 年第 5 期。

65. 王蓓蓓、王燕、葛颜祥、吴菲菲:《流域生态补偿模式及其选择研究》,《山东农业大学学报（社会科学版）》2009 年第 1 期。

66. 王彬彬、刘祖云:《解读生态型政府:提出,意旨及其价值》,《晋阳学刊》2008 年第 4 期。

67. 王世进、孟春阳:《论我国矿山环境恢复治理保证金制度的完善》,《江西理工大学学报》2008 年第 4 期。

68. 王清军、蔡守秋:《生态补偿机制的法律研究》,《南京社会科学》2006 年第 7 期。

69. 王效梅:《山西省综改区建设中的生态补偿模式研究》,《经济问题》2013 年第 12 期。

70. 王燕燕:《我国环境责任保险制度研究》,《特区经济》2005 年第 10 期。

71. 王健:《论地方环境立法中的若干问题》,《新疆环境保护》1999 年第 6 期。

72. 夏新华:《勒内·达维德与〈埃塞俄比亚民法典〉》,《西亚非洲》2008 年第 1 期。

73. 项继权:《基本公共服务均等化:政策目标与制度保障》,《华中师范大学学报（人文社会科学版）》2008 年第 1 期。

74. 肖兴:《论我国地方环境立法之完善》,《中南林业科技大学学报（社会科学版）》2007 年第 4 期。

75. 薛凤海:《山西省水资源问题研究》,《水资源保护》2004 年第 1 期。

76. 徐绍史：《国务院关于生态补偿机制建设工作情况的报告——2013年4月23日在第十二届全国人民代表大会常务委员会第二次会议上》，《中华人民共和国全国人民代表大会常务委员会公报》2013年第3期。

77. 徐永田：《我国生态补偿模式及实践综述》，《人民长江》2011年第11期。

78. 叶文虎、魏斌、仝川：《城市生态补偿能力衡量和应用》，《中国环境科学》1998年第4期。

79. 曾绍金：《矿产资源利用及管理》，《资源·产业》2000年第8期。

80. 张诚谦：《论可更新资源的有偿利用》，《农业现代化》1987年第5期。

81. 郑志国：《构建生态修复和贡献二重补偿机制》，《晋阳学刊》2009年第6期。

82. 张钧、王希：《环境立法在区域社会治理中的实践与反思》，《山西省政府环境公报》2012年第21期。

83. 张钧、王希：《生态补偿法律化：必要性及推进思路》，《理论探索》2014年第3期。

84. 张振明、刘俊国：《生态系统服务价值研究进展》，《环境科学学报》2011年第9期。

85. 赵春荣：《"可持续发展"理论和战略的形成》，《理论前沿》1996年第2期。

86. 郑俊涛：《我国环境责任保险制度的研究》，《黑河学刊》2005年第2期。

87. 竺效：《我国生态补偿基金的法律性质研究——兼论〈中华人民共和国生态补偿条例〉相关框架设计》，《北京林业大学学报（社会科学版）》2011年第1期。

论文集收录论文类：

88. 秦天宝．论环境法在我国新型工业化中的作用［A］．水污染防治立法和循环经济立法研究——2005年全国环境资源法学研讨会论文集（第二册）［C］．2005．

89. 颜世鹏．论环境基本法的功能与我国《环境保护法》的修改［A］．环境法治与建设和谐社会——2007年全国环境资源法学研讨会（年会）论文集（第一册）[C].2007.

90. 张钧.中国环境法学研究的回顾与展望—对环境法学发表论文情况的分析与反思[A].三晋法学（第三辑）[C].2008.

学位论文类：

91. 安平.我国环境责任保险制度研究[D].大连：东北财经大学.2007.

92. 程亚丽.我国生态补偿法律制度构建研究[D].合肥：安徽大学.2010.

93. 李玄.从管理到治理：环境行政的法治转向[D].长春：东北师范大学.2009.

94. 刘艳敏.煤炭价格影响因素分析及机制研究[D].北京：中国矿业大学.2012.

95. 罗小勇.论我国证券监管法律模式的完善（从社群主义视角思考）[D].湘潭：湘潭大学.2003.

96. 马丽娟.环境责任保险制度研究[D].北京：清华大学.2004.

97. 邢璐.社会公平视角下生态补偿法律制度的完善[D].济南：山东大学.2010.

98. 杨娟.生态补偿法律制度研究[D].武汉：武汉大学.2005.

99. 张俭.我国环境治理法律模式研究[D].哈尔滨：黑龙江大学.2009.

其他文献类：

100. 环境科学大辞典编委会：《环境科学大辞典》，中国环境科学出版社1991年版。

101. 中华人民共和国国家统计局：《中国统计年鉴》，中国统计出版社2001年版。

102. 赵娜：《生态补偿在实践中摸索前行》，《中国环境报》2012年5月9日第7版。

103. 罗旭：《山西治理煤矿生态环境年征收160亿煤炭可持续发展基金》，2010年10月12日。http://politics.people.com.cn/GB/14562/12927599.html

104. 山西省环保厅：《山西省环境状况公报（2000－2013）》，http://www.sxhb.gov.cn/news.do?action=newsList

(二) 外文文献

研究报告类：

105. Wunder Seven. "Payments for environmental services: some nuts and bolts". *CIFOR Occasional Paper No.* 42. 2005.

106. Community and Small scale Mining (CASM). "Guidance note: Form alizing informal artisanalm in ing activity— Global re—viw and comparative analysis of mining codes and policy approaches towards (ASM)" (draft). *Communiy and Small Scale Mining Initiative.* 2005.

107. Wilson. "Barriers and opportunities to the use of payments for ecosystem services". *Report prepared for Defra.* 2011.

期刊论文类：

108. Hilson G. Paidie S.. "Mercury: An agent of poverty in Ghana's smallscale goldmining sector". *Resources Policy.* 2000 (31).

109. Hilson G.. "Smallscale mining and its socioeconomic impact in developing countries". *Natural Resources Forum.* 2000, 01 (26).

110. Jennifer J. Hinton、Marcello M. Veiga、A. Tadeu C. Veiga. "Clean artisanal gold mining 4. Auto pian approach". *Journal of Cleaner Produtction.* 2003, 02 (11).

111. Dunn H. "Payments for ecosystem services". *Defra Evidence and Analysis Series Paper.* 2011 (04).

网络文献资料类：

112. Jennins N. S.. "Report on small scale mining in Papua New Guinea". 2001. http://www.iied.org/mmsd/mm sd-pdfs/ asm-png. pdf.

后　记

"时间就像海绵里的水,只要愿挤,总还是有的。"在这句鲁迅名言的激励下,我们不断地努力着、奋斗着。但是,随着人生角色的叠加和社会责任的传承,我们却无奈地发现,无论怎么挤,时间总是不够用。央视马年春晚一曲《时间都去哪儿了》迅速红遍大江南北当是此故吧。书稿主体已经成稿多时,不能付梓竟然是因为挤不出时间写前言和后记,这是之前无论如何料想不到的。由此反思"海绵挤水"恐怕还必须有个前提,即"海绵有水",否则便是空谈。海绵吸水其实就是一个积渐所至的过程,而积渐所至就是积累的量变达到质变的过程,也是一般事物的发展规律。现在看来,书稿的诞生也蕴含着至少三个积渐所至的过程,除本书前言所述的"生态环境法理念与实践"两个积渐所至之外,个人的学术积累和科研转型,也是一个积渐所至的过程。

学术积累是一个漫长的过程,虽然从本科到博士,所获学位始终是法学学科的,但仔细想起来,分别是极大的。本科阶段攻读的是国际关系学院国际政治系的国际政治专业,硕士研究生阶段攻读的是山西大学法学院经济法专业,博士研究生阶段攻读的是中国人民大学法学院法律史专业。事实证明,看似相去甚远的三个专业,开阔了我的学术视野,也为之后我的学术研究奠定了一个比较宽阔的学术基础。本科教育让我初识学术,但还谈不上对研究的理解,当时指导我完成人生第一篇论文的国际法知名学者吴慧教授应算是我的学术启蒙导师了。硕士研究生教育是我学术研究起步的关键环节,师从的经济法著名学者王继军教授让我对学术研究有了新的认识和领悟,无论是学术习惯的养成,还是学术方法的训练,抑或是学术方向的把握,均受益于导师的点拨,并最终在导师的强力推荐下，得以继续攻读博士研究生。博士研究生教育是我对学术研究加深理解和内化于心的重要步骤，时任中国人民大学法学院院长的曾宪义先生对我个人学术和人生的影响是巨大的，曾先生的学术视野、学术见地和学术胸怀将成为我学术研究和人生道路上永远闪耀的灯塔。本科阶段对于国际政治和国际关系的学习，让我养成了关注时局的习惯；硕士研究生阶段对于经济法以及其他部门法的学习，逐渐让我形成了逻辑严密、程序规范、言必有据的法治思维；博士研究生阶段对法律史的深入理解，则赋予了我更立体、更系统、更理性、更客观地认识事物和分析问题的研究能力。

科研转型是一番痛苦的经历。2005年我获得博士学位回到山西大学那年，恰逢法学院的环境法任课老师退休。当时的环境法是一门新兴的、边缘性部门法学科，说白了就是一门不受重视的、眼下没利益、日后没前途的凑数课程，当然是没人愿意为之分神、为之投入了。作为刚进入学院教师队伍的年轻人，在院长的鼓励下，我毅然接下这个没人疼的"宝贝"课程，同时也放弃了自己曾经熟悉的专业，开始了一次艰难的科研转型。2005年至2013年，九年间我很少公开发表环境法的科研论文，因为知道自己在环境法的专业方向上可能还没入门，即便是2006年晋升副教授的文章和专著，也还是博士研究生阶段产品的延续。2007年教育部高校法学学科教学指导委员会在中国人民大学举行全体委员会议，将环境与资源保护法和劳动与社会保障法增设为法学本科的核心课，我也是从这一年开始招收山西大学法学院第一届环境法硕士研究生。2008年我带着自己的研究生尝试着向"第二届中部崛起法治论坛"提交了三篇环境法方面的论文，并获得大会发言的机会。三篇文章分别在大会评审中获得了二、三等奖。奖励本身可能不重要，但于我而言意义重大，至少让我看到了科研转型的一丝希望。2007年、2011年和2014年，我选定的"环境法在我国和谐社会构建中的作用"、"环境立法在区域社会治理中的地位与作用"以及"山西省生态补偿与司法鉴定机制研究"等三个环境法学领域的研究题目，先后获得山西省软科学研究项目立项。不断地获得省级项目，开始激起我心底的斗志，也决心继续自己的转型之路。2013年又获得教育部项目"生态补偿法律制度建设疑难问题研究"，这个项目立项极大地鼓舞了自己，提升了科研转型的自信心。2014年，在执着地申报了八年之后，我终于获得了国家社科基金项目的资助，选题是"新型城镇化进程中地方生态补偿样本的法治化研究"。十年磨一剑，国家社科基金项目的立项是对自己九年来科研转型的肯定，也更坚定了自己继续走下去的信念。

  如前所述，本书的写作并非一气呵成，而是笔者多年教学与科研成果的积累与探讨。其中有自己独立的探索与思考，也有与学生教学相长的研讨，很多观点的创新都是在研究生指导过程中、在辅导研究生学术例会的思辨过程中突然激发的。书中关于环境强制保险、中部地区环境立法分析和资料收集整理及观点探讨，就是我在指导第一届研究生的过程中完成的；书中关于山西省环境立法情况的探讨，思路形成于我指导的第二届研究生，定稿于我的第三届研究生；从第四届研究生开始，我特别制定了每周一次的学术例会制度，开始系统地训练他们的科研能力。同时，通过学术例会的情况通报，及时了解和掌握研究生一周的学习和科研训练情况，并部署下周的学习和科研任务。这种制度设计也在客观上发挥了督促研究生学习和科研的作用，避免了文科研究生自由有余、计划不足的普遍现象，大大提高了文科研究生的培养质量和科研效率。在与第四届至第七届研究生的交流与互动过程中，不断激励着我的创新，书中有关生态补偿的一些研究选题，如法律化推进思路、理论考察与架构、制度选择与模式分析、基本原则与前沿问题等，均是与研究生共同探讨的成果。第一届的梁艳、尉婧静、冯芳莲、王玥、王若轩，第三届的王宇辰，第四届的申宁，第五届的王希和张曦，第六届的王燚、王斐、郑俊武，第七届的武英都为书稿的付梓做了很多工作，即使是刚刚入学的南茜也为校稿付出了辛勤的劳动。事实证明，鼓励研究生真正融入导师的科研过程，体验写作，参与校对，在学术推敲和文稿的反复修改过程中培养他们独立科研的能力，不失为研究生培养的优选路径。

  积渐所至，时间是漫长的，过程是艰辛的；但结果是令人鼓舞的，前景是让人期待的。本次积渐所至的终点，是下次积渐所至的起点；本

后 记

次积渐所至的收获,亦是下次积渐所至的基础。生态环境法的理论研究只能算是正在起步,书中提出的诸多基本概念仍需要我们进一步推敲和明确,并争取在学者之间获得共识,这是中国生态环境法确立和发展的前提;书中提到的一些基础理论也需要我们进一步探讨和商榷,以解决或指导解决国内社会经济发展面临的实际问题,这是中国生态环境法可持续发展的前提;作为一个新兴的、边缘性的部门法学科,生态环境法的法理学基础、法律史背景,以及生态环境法与其他部门法的合作与分工、与国外环境法相关学科的交流与互动等选题,都应当是下一步研究的主要领域;此外,就目前国内经济社会发展所暴露出的生态环境问题来看,现阶段我们的研究方向应当主要关注"自然资源有偿使用制度"和"生态补偿制度体系建设"两个焦点问题。这两个焦点,前者解决中国可持续发展的生态环境动力保障问题,后者解决中国可持续发展的生态环境桎梏解除问题,而这两个问题也正是党的十八届三中全会报告中提到的。实践的热点更是理论的焦点,理应得到学界的普遍关注。

作为笔者个人学术转型后系统研究生态环境法的第一次尝试,本书的粗浅和瑕疵在所难免,权且算作记录笔者科研历程的阶段性成果,以资自勉。当然,笔者也不免奢望在生态环境法研究领域营造抛砖之效,如能成为学界前辈及同人研究之铺路碎石,亦为幸事。

张钧

于山西大学主楼法学院办公室

责任编辑：贺　畅

图书在版编目(CIP)数据

积渐所至:生态环境法的理论与实践/张钧 著.-北京:人民出版社,2015.9
ISBN 978－7－01－014200－5

Ⅰ.①积… Ⅱ.①张… Ⅲ.①生态环境-环境保护法-研究-中国
Ⅳ.①D922.684

中国版本图书馆 CIP 数据核字(2014)第 270073 号

积渐所至:生态环境法的理论与实践
JIJIAN SUOZHI SHENGTAI HUANJINGFA DE LILUN YU SHIJIAN

张　钧　著

人民出版社 出版发行
(100706 北京市东城区隆福寺街99号)

北京市大兴县新魏印刷厂印刷　新华书店经销

2015 年 9 月第 1 版　2015 年 9 月北京第 1 次印刷
开本:710 毫米×1000 毫米 1/16　印张:19.5
字数:271 千字

ISBN 978－7－01－014200－5　定价:57.00 元

邮购地址 100706　北京市东城区隆福寺街99号
人民东方图书销售中心　电话 (010)65250042　65289539

版权所有·侵权必究
凡购买本社图书，如有印制质量问题，我社负责调换。
服务电话:(010)65250042